白話
區塊鏈

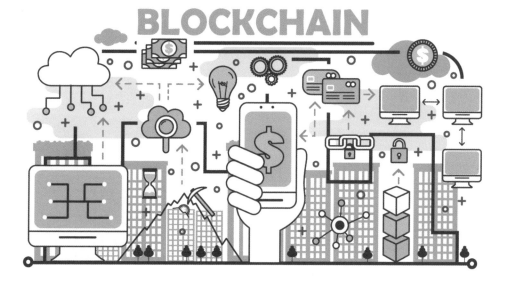

BLOCKCHAIN

Reviewer 技術審校

韓璐，畢業於北京工業大學電腦科學與技術專業，現任大型金融機構資訊安全架構師，深度參與網路金融資訊安全建設，對手機銀行、網路銀行等金融交易安全設計富於經驗。從 2014 年開始關注區塊鏈和數位貨幣，具有數位貨幣交易經驗，同時也熱衷於研究學習區塊鏈技術原理，結合現任工作方向思考比特幣、以太坊、零幣等區塊鏈技術安全特點及優勢，也曾參與區塊鏈相關專案。她是一個區塊鏈及數位貨幣的愛好者，也是去中心化思想的支持者。

前　　言 *Preface*

為什麼要寫這本書

想要寫一本綜合介紹區塊鏈的書，這個想法是從 2016 年年底開始有的。一直以來，關於這方面的資料比較少，能夠找到的資料，或著眼於經濟金融方面的發展遠景，或著重介紹區塊鏈的發展歷史，或闡述純技術化的內容，讀來總是有一種意猶未盡的感覺。而身邊的朋友或對區塊鏈完全陌生，或是有很多誤解，還有些朋友甚至簡單地認為區塊鏈就等於比特幣。筆者也曾多次在一些類似讀書會的場合對區塊鏈進行較為通俗的介紹，然而很多感興趣的朋友來自銀行、投融資等行業，他們並非都有完備的電腦知識背景，當然也不乏一些希望從事區塊鏈技術開發的程式師。然而即便是用了自認為很通俗的文字和語言來介紹，也難以在短短的一兩個小時內講清楚，對於各種名詞術語、各種新鮮概念，每當他們希望我推薦一些資料的時候，我都很頭疼。對於一個還沒有廣為人知的事物，大家的求知欲是很強烈的，並不滿足於囫圇吞棗地瞭解概念，但也不喜歡去啃枯燥深入的技術文字，他們只是希望能有一個系統化的介紹，白話點的，通俗些的，能把每個點都講到，把技術原理、應用場景、發展歷史、當前現狀等都貫穿起來。鑒於此，寫這麼一本書的想法就愈發強烈了。

我自 2012 年由比特幣開始關注區塊鏈技術，一直只在一個小範圍的技術圈內進行討論交流，每每為理解了一個技術概念而欣喜不已。區塊鏈技術絕不僅僅代表一種數位貨幣，某種程度上，與其說是一門技術不如說是一類思想或者價值觀。比特幣把區塊鏈技術帶入了世人的眼中，以一種"貨幣"的身份降臨，著實帶來了不少的神秘感，其帶來的理念為後來者所發揚光大，閃電網路、比特股、以太坊、超級帳本等，不斷冒出各種新的理念和產品，它們都是為了解決某一特定問題以及應用到更多領域而發展起來的。區塊鏈技術的各種特點（分散式、可信任、不可篡改、智慧合約等），在與傳統技術領域結合的過程中，一定會顯示出巨大的優勢。事實上這兩年區塊鏈技術的發展可以說是勢如破竹，相當迅猛，開始有大量的機構或者企業投入研究，力圖能夠抓住這未來的一縷陽光。

這一切，都要從全面瞭解區塊鏈開始。

本書將呈現給讀者一個全方位的視角，從技術到應用以及未來展望，以通俗的語言闡述區塊鏈的各個技術點，力求給讀者一個通透的講解，並希望能拋磚引玉，引導讀者拓展出新穎而有價值的思路。

本書特色

從章節安排來說，本書從比特幣開始，到區塊鏈技術的骨骼（密碼演算法）和靈魂（共識演算法），再到目前知名的系統，最後到從零開始構建一個微型區塊鏈系統。讀者的學習是一個由生到熟的漸進過程，對區塊鏈完全陌生的讀者，可以先從章節中的非專業技術部分讀起，對於已經有一定基礎的讀者，可以從中挑選感興趣的內容。

從內容安排來說，除了概念與原理的介紹之外，更多的是各種示例以及圖表，以大量示例介紹比特幣的源碼編譯、以太坊智慧合約的開發部署、超級帳本 Fabric 的配置使用、類比比特幣的微型區塊鏈系統的設計實現等。闡述中會使用各種示意圖，形象、直觀地幫助讀者理解各個概念和過程。

行文風格方面，力求白話通俗，避免枯燥感，使閱讀體驗更好。

讀者對象

- 希望進行區塊鏈開發的程式師。

- 希望投資或參與區塊鏈專案的人員。

- 對區塊鏈感興趣的愛好者。

如何閱讀本書

第 1 章　介紹區塊鏈的技術組成，並以比特幣為例介紹各種基礎技術原理。

第 2 章　綜合介紹目前的各種區塊鏈應用，為後面的技術介紹鋪墊場景。

第 3 章　介紹現代密碼演算法在區塊鏈中的作用。

第 4 章　介紹各種網路共識演算法。

第 5 章　介紹區塊鏈的鏈內外互聯擴展技術。

第 6 章　詳細介紹以太坊的技術結構以及智慧合約開發。

第 7 章　詳細介紹超級帳本專案以及 Fabric 的設定使用。

第 8 章　詳細介紹如何從零開始設計一個微型區塊鏈系統（簡稱微鏈）。

第 9 章　介紹目前出現的各種區塊鏈技術問題。

勘誤和支持

由於筆者水準有限，編寫時間倉促，書中難免會出現一些錯誤或者不準確的地方，懇請讀者批評指正。如果你有更多的寶貴意見，歡迎通過微信或郵件進行討論。你可以通過微信 Cshen003、微博 @ 行者 C 神，或者發送郵件到郵箱 tnix_blockchain@outlook.com 聯繫到我，我會盡量給出滿意的解答，期待能夠得到你們的真摯回饋，在技術之路上互勉共進。

致謝

感謝我的夥伴：文延和嘉文，他們在工作之餘，擠出寶貴的時間為本書貢獻了他們對區塊鏈技術的深入理解以及應用的展望分析，他們的專業和敬業令我感到欽佩。

感謝韓璐女士為本書做的審核工作，為書稿的內容品質付出了辛勤的勞動。

感謝比特幣社區、以太坊社區、超級帳本社區以及巴比特論壇各位技術專家，每次閱讀他們的技術文章都讓我有所收穫，本書也多處引用了他們的觀點和思想。

感謝中本聰，是他帶來了區塊鏈！

特別致謝

最後，感謝父母從小對我的培養，他們為我創造了良好的學習環境並培養了我愛好讀書的習慣，這個習慣將伴隨我終生並使我受益匪淺。因為工作和寫書，犧牲了很多陪伴家人的時間，所以我更要感謝太太王曉英長期以來對我的默默支持，以及女兒 Cindy 對我工作的理解。

謹以此書獻給我最親愛的家人，多年以來幫助、支持我的朋友們，以及眾多熱愛區塊鏈技術的朋友們！

蔣勇

目 錄 *Contents*

技術審校

前言

第 1 章 初識區塊鏈

第 2 章　區塊鏈應用發展

第 3 章　區塊鏈骨架：密碼演算法

第 4 章　區塊鏈靈魂：共識演算法

第 5 章　區塊鏈擴充：擴充、側鏈和閃電網路

第 6 章　區塊鏈開發平台：以太坊

第 7 章　區塊鏈開發平台：超級帳本

第 8 章　動手做個實驗：搭建微鏈

第 9 章　潛在的問題

後記：區塊鏈與可程式化社會

初識區塊鏈 *Chapter 1*

本章我們將從區塊鏈的原理及分類、技術組成、技術特點等出發來初步介紹區塊鏈的概念，並透過分析比特幣的結構讓大家對區塊鏈有一個感性的認識。比特幣作為區塊鏈技術的第一個應用，它的原理設計影響深遠。

1.1 何謂區塊鏈？

1.1.1 從一本帳本說起

很久以前，農村通常會有個帳房先生，村民派工或者買賣種子肥料等，都依靠這個帳房先生來記帳。大部分情況下，大家沒有查帳的習慣，帳本基本上就是帳房先生保管著。到了年底，村長會根據帳本餘額購置些小東西發給村民，一直以來也都是相安無事，沒人懷疑帳本會有什麼問題。帳房先生因為承擔著替大家記帳的任務，因此不用出去做事派工，額外會有些補貼，光是一點就讓人羨慕不已。下圖便是當時帳本的記帳權圖示：

終於有一天,有個人無意中發現了帳房先生的那本帳。看了一下帳面,發現數字不對,最關鍵的是支出、收入、結餘居然不能平衡。帳對不上這可不行,他立即向大家報告,結果大家都不願意做事了。經過一番討論,大家決定,輪流來記帳,這個月張三,下個月李四,大家輪著來,防止帳本被一個人拿在手裡。於是,帳本的記帳權發生了如下圖所示的變化:

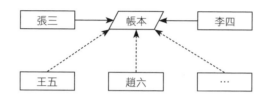

從上圖可以發現,村裡的帳本由大家輪流來保管記帳,一切又相安無事了。直到某一天,李四想要挪用村裡的公款,可是他又怕這件事情被後來記帳的人發現,怎麼辦呢?李四決定燒掉帳本的一部分內容,這樣別人就查不出來,回頭只要告訴大家這是不小心碰到蠟燭,別人也無可奈何。

這個理由,大家聽了也是無可奈何。可是緊接著,趙六也說不小心碰到蠟燭了;王五說不小心掉進河裡;張三下次說被狗啃……終於大家決定坐下來重新討論這個問題。經過一番爭論,大家決定啟用一種新的記帳方法:每個人都擁有一本自己的帳本,任何一個人改動帳本都必須要告知所有其他人,其他人會在自己的帳本上同樣地記上一筆,如果有人發現新改動的帳目不對,可以拒絕接受,到最後,以大多數人都一致的帳目表示為準。

果然,使用這個辦法後,很長一段時間內都沒有發生過帳本問題,即便是有人真的不小心損壞一部分帳本的內容,只要找到其他人重新複製就行了。

然而,這種做法還是有問題,時間長了,有人就偷懶了,不願意這麼麻煩地記帳,只等別人記好帳後,自己拿過來核對一下,沒問題就直接抄一遍。這下子記帳記得最勤的人就有意見了。最終大家開會決定,每天早上擲骰子,根據點數決定誰來記當天的帳,其他人只要核對一下,沒問題就複製過來。

我們可以看到，在這個時候，帳本的記帳權變成：

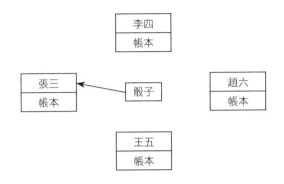

從上圖可以看出，經歷幾次風雨之後，大家終於還是決定共同來記帳，這樣是比較安全的做法，也不怕帳本損壞遺失了。後來大家還決定，每天被擲到要記帳的人，能獲得一些獎勵，從當天的記帳總額中撥出一定比例，作為獎勵。

最後大家決定的做法，就是區塊鏈記帳方法的雛形。接下來要了解一下區塊鏈的技術概念。

1.1.2 區塊鏈技術概念

區塊鏈在本質上就是一種記帳方法，當然並不是透過人來記帳，而是透過軟體，我們暫且簡稱為區塊鏈用戶端。以上面的例子來說，張三、李四、王五、趙六等人，就相當於一個個的區塊鏈用戶端軟體，它們在不同設備上運作，彼此之間獨立作業。通常我們把運作中的用戶端軟體稱為 "節點"。

這些節點運作後，彼此之間會認識一下。它們彼此之間是這樣認識的：張三認識李四也認識王五，趙六聯繫到張三，讓張三將其熟人的聯絡方式發給自己，這樣趙六也認識了李四和王五，透過這樣的方式，大家就形成了一張網，有什麼事只要招呼一聲，訊息馬上就會傳遍整個網路節點。這種方式跟新聞轉發差不多，不需要依靠某一個人，大家就能互通訊息了。在區塊鏈軟體的結構中，這種互相通訊的功能稱為 "網路路由"。

在這個網路中，每個節點都維護著自己的一份帳本，帳本中記錄著網路中發生的一筆筆帳務。實際是什麼樣的帳務呢？這得看實際是什麼樣的功能網路。區塊鏈技術屬於一種技術方法，可以用於各種不同的業務功能，小到如上例中的日常記帳，大到各種複雜的商業合約等等，記錄的資料也各自不同。

網路中的節點是獨立記帳的，可是記帳的內容要保持彼此一致。所用的方法就是設定一個遊戲規則，藉由這個規則選出一個記帳的節點，就如上例中的擲骰子。在區塊鏈系統中，這個所謂的「擲骰子」稱為「共識演算法」，就是一種大家都遵守的篩選方案，我們可以先這麼簡單地理解。選出一個節點後，則一段時間內的帳務資料都以這個節點記錄的為準，這個節點記錄後會把資料廣播出去告訴其他的節點，其他節點只需要透過網路來接收新的資料，接收後各自根據自己現有的帳本驗證一下能不能接得上、有沒有不相符的，如果都符合要求，就儲存到自己的帳本中。

在有些系統中，會考慮到被骰子投中節點的勞動付出，畢竟它要負責整理資料，驗證資料，打包資料，還要再廣播出去，很辛苦。所以會設計一種獎勵機制，負責打包資料的那個節點可以獲得系統的獎勵，這個獎勵類似於論壇積分，站在軟體技術的角度，就是一筆資料。這筆資料可以視為獎金，有時候大家會很積極地去爭取獎金，因而希望骰子能投中自己，有些區塊鏈系統在這個部分會設計出一種帶有競爭的機制，讓各個節點去搶，誰能搶到這個機會就能獲得打包資料的權力並且同時獲得這筆獎勵。在這種情況下，我們俗稱這個競爭的過程為「挖礦」。

話又說回來，我們將一個個運作用戶端稱為節點，那到底怎麼標記不同的使用者呢？也是透過使用者名稱註冊嗎？實則不然。在區塊鏈系統中，這個地方的設計很有意思，用到一種密碼演算法，實際上是利用一種叫公開密鑰演算法的機制。我們知道，對於一種密碼演算法來說，無論演算法過程如何，都會有一個密鑰。而公開密鑰演算法擁有一對（也就是兩個）密鑰，跟古代領兵的虎符一樣，是彼此配合使用的，可以互相用來加解密。其中一個叫私鑰，另外一個叫公鑰，公鑰可以公開給別人，私鑰要自己保管好。

在區塊鏈系統中，公鑰就是用來作使用者身份識別的，一般不會直接使用公鑰，因為不容易讓人記住。公鑰往往都比較長，實際處理時都會進行轉換；例如，取得公鑰的最後 20 個位元組或經過一系列更複雜的轉換，最後得到一個稱為"位址"的轉換結果，這個"位址"就能代表一個使用者。

為什麼在區塊鏈系統中要用這麼一個奇怪的使用者身份表示方法呢？似乎看起來除了有些創意外，也沒特別的用處。這裡我們就得再介紹一下這個公開密鑰演算法的特別能力。之前曾提到這種演算法有兩個密鑰，而這兩個密鑰是怎麼配合工作的呢？

簡單說明一下：用公鑰加密的資料必須用對應的私鑰來解密，而用私鑰加密（通常稱為"簽名"）的資料必須用對應的公鑰來解密。這個特點可是能發揮很大用處的，就如上述的例子中，如果張三要發送給李四一張支票，該如何傳送呢？直接發送，會被記帳的人拿到，風險太大。於是張三想了一個辦法，他在支票上用李四的公鑰加密，再簽上自己的名字（使用自己的私鑰簽名），這個時候其他人就算拿到支票也沒用，因為只有李四才有自己的私鑰，也只有李四才能解開這張支票來使用。這種功能設計在區塊鏈系統中稱為"腳本系統"。

現在我們知道，區塊鏈的技術概念，其實就是大家共同參與記帳，透過一種規則不斷地選出帳務打包者，其他節點接收驗證，並且每個使用者都有一對密鑰表示自己，透過腳本系統的功能實作在公共網路中定向發送有價值的資料。

1.1.3 一般工作流程

透過上面的例子，相信讀者朋友對區塊鏈已經有了基本認識。區塊鏈系統有很多種，第一個應用區塊鏈技術的軟體就是比特幣，事實上區塊鏈的概念就是比特幣帶出來的。到現在為止，已經出現相當多基於區塊鏈技術的衍生系統，例如閃電網路、公證通、以太坊、超級帳本專案等。每一類系統都有自己的特點，例如汽車設計，有的設計成跑車、有的設計成運輸車、有的設計成商務車，但無論是什麼類型的車，它的工作方式或者說工作流程都是類似的，在本質上它們都是同一類技術結構的產物。在這一小節，我們從一般性的角度闡述一下區塊鏈系統的工作流程，為了便於說明，將選一些情境來舉例。

我們先來看一個轉帳交易的流程。轉帳交易本質上就是發送一筆資料，這個資料可以表示為資產，也可以表示為訂單或其他各種形式的資料，請看以下圖示。

從圖中可以看到，整個資料的發送過程其實還是很簡單的，資料發送出去後，會被打包進區塊，然後廣播給所有的節點確認，確認沒有問題後就寫入到各自的本地區塊鏈帳本中，當網路中的大多數節點都確認寫入後，這個轉帳過程就算是完成了。有讀者可能會問，在這種分散式的網路中，如何得知大多數節點確認寫入了？這裡並沒有任何伺服器登記呀？這個問題留待下面講到區塊鏈分類時會有詳細的解釋，大家可以先思考一下。

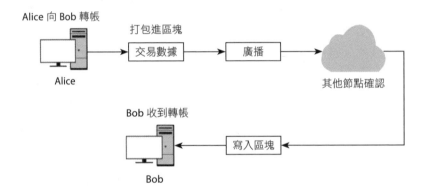

這是很有代表性的工作流程圖，其他各種系統都是在這個基礎上進行衍生和擴充。例如有些會增加身份認證功能，以確保只有符合身份驗證的使用者才能發送資料；有些則擴充交易資料的表達能力，不但能用來表示一般的交易轉帳，還能表示更複雜的商業邏輯。各種應用很多，但是萬變不離其宗。

實際上無論如何，整個區塊鏈網路，就是大家共同來維護一份公共帳本。請注意，這個公共帳本是一個邏輯上的概念，每個節點各自都是獨立維護自己帳本資料的，而所謂的公共帳本，是指各自的帳本要保持一致，保持一致的部分就是公共帳本。請看下圖：

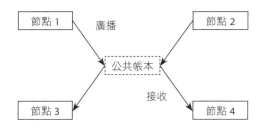

如圖所示，有些節點在廣播新的資料，有些節點在接收資料，大家共同維護一個帳本，確保達成一致。區塊鏈技術的核心其實就是如何保持資料的一致，如何讓這個公共帳本的資料不被篡改。為了解決這些問題，區塊鏈技術擁有一套技術堆疊，見下節討論。

1.2　區塊鏈技術堆疊

區塊鏈本身只是一種資料的記錄格式，就像我們平常使用的 Excel 表格、Word 文件一樣，按照一定的格式將資料儲存在電腦上。與傳統的記錄格式不同的是，區塊鏈是將產生的資料依一定的時間區段，分成一個個的資料塊記錄，然後再根據先後關係串聯起來。按照這種規則，沿著時間線不斷增加新的區塊，就像是時光記錄儀一樣，將發生的每一筆操作都記錄下來。

這種資料記錄的方式很新穎，在此種記錄方式下，資料很難被篡改或者刪除。有讀者可能會說，這有什麼不好修改、刪除的！例如我在自己電腦上保存了一份 Excel 資料，再怎麼複雜的格式，我也能改呀！如果區塊鏈的資料格式只是應用在單機環境或一個中心化的伺服器上，那確實是的，畢竟自己對自己的資料擁有完全的支配權力。然而，一切才剛剛開始，讓我們看下去。

如果區塊鏈代表的僅僅只是一個記錄格式，那麼也實在算不上是偉大的發明，也看不出有什麼特別的能力，例如難以篡改之類。

事實上，區塊鏈是一整套技術組合的代表，在這一組技術的配合下，才能散發出驚人的能力和耀眼的光芒。區塊鏈系統有很多種，就像聊天軟體有很多種、電子信箱有很多種一樣，而無論是什麼樣的區塊鏈系統，其技術元件的組合都是類似的。就像汽車基本都是由發動機、底盤、車身、電器四大元件組成的，計算機都是由 CPU、儲存器、輸入 / 輸出設備組成的，不管是比特幣、萊特幣、以太坊還是其他，核心結構和工作原理都是共同的。以下來看看最基本的技術組合有哪些：

共識機制	密碼算法
網路路由	腳本系統
區塊鏈帳本	

如圖所示，這是區塊鏈系統結構的基本組成，各種系統本質上都是在這個經典結構之上直接實作或擴充實作。這些零件裝配在一起，組成一個區塊鏈軟體，運作後就稱之為一個節點，多個這樣的節點在不同的計算機設備上運作，就組成了一個網路。在這個網路中每個節點都是平等的，大家互相為對方提供服務，這種網路被稱為點對點的 "對等網路"。為了讓大家對這些組成模組的名詞有更實際的感受和瞭解，以下將一一說明。

1. 區塊鏈帳本

如上所述，它表示一種特有的資料記錄格式。區塊鏈，就是 "區塊＋鏈"，所謂的區塊就是指資料塊，每一個資料塊之間透過某個標誌連接，進而形成一條鏈，以下為示意圖：

如圖所示，一個區塊一個區塊地銜接。大家可以發現在生活中有很多相似的記錄方式，例如企業的會計帳簿，每個月會計將記帳憑證彙整為帳簿並且月結，一段時間下來，就按月形成了一個連續帳簿，每個月的資料就相當於區塊，區塊與區塊之間透過年月串聯起來。以比特幣來說，大約是每 10 分鐘產生一個區塊，區塊中主要包含交易事務資料以及區塊的摘要訊息。下圖為比特幣中區塊鏈資料的組成示意圖：

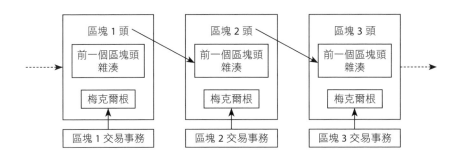

從上圖，我們可以看出比特幣中區塊鏈帳本的資料組成以及關係，並且可以看到區塊資料在邏輯上分成區塊頭和區塊體，每個區塊頭中透過梅克爾根 [1] 連結區塊中眾多的交易事務，而每個區塊之間經由區塊頭雜湊值（區塊頭雜湊值就是一個區塊的 ID 編號）串聯起來。

這是一個很有趣的資料格式，它將連續不斷發生的資料分成一個一個的資料塊。在下載同步這些資料時，可以並行地從各個節點來獲得，無論資料先後，到達本地後再根據 ID 編號組裝起來即可。另外，這是一種鏈條格式，鏈條最大的特點就是一環扣一環，很難從中間去破壞。例如，若有人篡改中間的 2 號區塊，就得同時把 2 號區塊後續的所有區塊都更改掉，這個難度就大了。在區塊鏈系統中，一個節點產生的資料或更改的資料，要發送到網路中的其他節點接受驗證，而一個被篡改的資料是不會被其他節點驗證通過的，因為跟自己的本機區塊鏈帳本資料無法匹配，這也是使區塊鏈資料無法篡改的重要技術設計。

---

[1]　梅克爾根也稱為 "梅克爾根雜湊值"，具體概念後續有詳細介紹，暫且可以認為就是一個區塊中所有交易事務的集體身份證號。

這種格式還有個巧妙之處，如果這個資料總是由一個人來記錄，自然也沒什麼問題，但是如果放到網路中，大家共同來記錄這個資料，那就有意思了，每個區塊資料由誰來記錄或者說打包，可以有一個規則。例如擲骰子，大家約定誰能連續 3 次擲出 6，就讓他來記錄下一個區塊的資料，為了補償他的辛苦，獎勵他一些收益。比特幣正是使用這樣的原理不斷發行新的比特幣出來，用新發行的比特幣，獎勵給打包記錄區塊資料的那個人。

2. 共識機制

所謂共識，是指大家都達成一致的觀念。在生活中也有很多需要達成共識的情境，例如開會討論、雙方或多方簽訂一份合作協定等。在區塊鏈系統中，每個節點必須要做的事情就是讓自己的帳本跟其他節點的帳本保持一致。如果是在傳統的軟體結構中，這幾乎就不是問題，因為有一個中心伺服器存在，也就是所謂的主資料庫，其他的從屬資料庫向主資料庫看齊就行了。

在實際生活中，很多事情也都是按照這種概念來的，例如企業老闆發布了一個通知，員工照著做。但是區塊鏈是一個分散式的對等網路結構，在這個結構中沒有哪個節點是 "老大"，一切都要互相商量。在區塊鏈系統中，如何讓每個節點透過一個規則將各自的資料保持一致是一個很核心的問題，這個問題的解決方案就是制定一套共識演算法。

共識演算法其實就是一個規則，每個節點都按照這個規則去確認各自的資料。我們暫且拋開演算法的原理，先來想一想在生活中會如何解決這樣一個問題：假設一群人開會，這群人中並沒有一個領導或者老大，大家各持己見，那麼最後如何統一出一個結果來呢？實際處理時，我們通常會在某一個時間段中選出一個人來發表意見，此人負責匯整大家的內容，然後公布完整的意見，其他人投票表決，每個人都有機會來做彙整公布，最後誰的支持者多就以誰的最終意見為準。這種概念其實就算是一種共識演算法了。

然而在實際過程中，如果人數不多並且數量是確定的，那還好處理些，如果人數多而且數量也不固定，就很難讓每個人都發表意見再投票決定，畢竟效率太低。我們需要利用機制篩選出最有代表性的人，在共識演算法中就是篩選出具有代表性的節點。

如何篩選呢？其實就是設定一組條件，就像篩選運動員、模範生一樣，拿出一組指標讓大家來完成，誰更能夠完成指標，就能有機會被選上。

在區塊鏈系統中，存在著多種這樣的篩選方案，例如 PoW（Proof of Work，工作量證明）、PoS（Proof of Stake，權益證明）、DPoS（Delegate Proof of Stake，委託權益證明）、PBFT（Practical Byzantine Fault Tolerance，實用拜占庭容錯演算法）等，各種不同的演算法，其實就是不同的遊戲玩法，限於篇幅，這裡暫不進行演算法過程的詳述，大家只需知道這些都是篩選演算法。區塊鏈系統就是透過這些篩選演算法或者說共識演算法，使網路中各個節點的帳本資料達成一致。

3. 密碼演算法

密碼演算法的應用在區塊鏈系統中是很巧妙的，應用的點也很多，我們在這裡不詳細介紹密碼演算法的原理，只簡單介紹幾個關鍵的應用。

首先來回顧區塊鏈帳本格式。我們已經知道，區塊鏈帳本就是連接起來的一個個區塊。它們到底是透過什麼來連接的呢？學過資料結構的讀者都知道，在資料結構中，有一種變數叫指標，它是可以用來指向某個資料的位址。那麼區塊的連接是不是透過這樣的資料位址呢？生活中的位址（地址）連接例子很多，例如路牌、門牌等。然而，區塊之間的連接，往往都不是靠資料位址來做關聯的，而是以一種叫作雜湊值的資料來做關聯。

什麼叫雜湊值？它是透過密碼演算法中的雜湊演算法計算得出的。雜湊演算法可以計算一段資料後，得出一段摘要字串，這種摘要字串與原始資料是唯一對應的。什麼意思呢？如果對原始資料進行修改，哪怕只是一點點修改，則計算出來的雜湊值都會完全不同。區塊鏈帳本對每個區塊都會計算出一個雜湊值，稱為區塊雜湊，並以區塊雜湊來串聯區塊。這有一個好處，如果有人篡改了中間的某一個區塊資料，那麼後面的區塊就都要進行修改。這個時候並不是簡單地修改一下後面區塊的位址指向就能完成，由於後面的區塊是透過區塊雜湊指向，只要前面的區塊發生變動，這個區塊雜湊就無效，無法指向正確的區塊。

密碼演算法的另外一個應用就是梅克爾樹結構，梅克爾樹結構在 3.1.3 節中有詳細介紹，在此先初步認識一下。透過上述說明可知，每個區塊會被計算出一個雜湊值。實際上，除了整個區塊會被計算雜湊值外，區塊中包含的每一筆事務資料也會被計算出一個雜湊值，稱為 "事務雜湊"，每一個事務雜湊都可以唯一地表示一個事務。

對一個區塊中所有的事務進行雜湊計算後，可以得出一組事務雜湊，再對這些事務雜湊進行加工處理，最終會得出一棵雜湊樹的資料結構。雜湊樹的頂部就是樹根，稱為 "梅克爾根"。從梅克爾根可以約束整個區塊中的事務，只要區塊中的事務有任何改變，梅克爾根就會發生變化，以確保區塊資料的完整性。

當然，密碼演算法在區塊鏈系統中的應用還遠不止這些，如利用密碼演算法來建立帳戶位址、簽名交易事務等，這些應用在後續章節中會逐步介紹。

4. 腳本系統

腳本系統在區塊鏈中是一個相對抽象的概念，也是極其重要的一個功能，可以說區塊鏈系統之所以能形成一個有價值的網路，依靠的就是腳本系統，它就像是發動機一樣，驅動區塊鏈系統不斷進行著各種資料的收發。所謂腳本，就是指一組程式規則。

在區塊鏈系統，有些系統中的程式規則是固定的，例如在比特幣系統只能進行比特幣的發送與接收，這個發送與接收的過程就是透過實作在比特幣中的一組腳本程式來完成的；而有些系統允許使用者自行編寫一組程式規則，編寫好後可以部署到區塊鏈帳本中，這樣就可以擴充區塊鏈系統的功能，例如以太坊就是透過實作一套可以自訂功能的腳本系統，進而達成智慧合約的功能。

腳本系統使得在區塊鏈中可以實作各式各樣的業務功能。本來大家只是透過區塊鏈來記財務帳，透過腳本系統，大家可以使用區塊鏈來記錄各式各樣的資料，例如訂單、眾籌帳戶、物流訊息、供應鏈訊息等，這些資料一旦可以記錄到區塊鏈上，那麼區塊鏈的優點就能夠被充分地發揮。有關腳本系統的實際使用和開發，可以在第 6 ～ 8 章深入認識。

5. 網路路由

這個功能模組比較簡單。區塊鏈系統是一個分散式的網路，這些網路中的節點如何在彼此間進行連接通訊呢？其依靠的就是網路路由功能。前面曾提到，張三、李四、王五、趙六是經由彼此介紹認識，這個其實就是網路路由的雛形。在分散式的網路結構中，不存在一個指定的伺服器，大家沒辦法從一個伺服器直接交換彼此的身份訊息，就只能依靠彼此聯繫並傳播訊息。在區塊鏈系統中，這個功能一般會定義成一種協定，稱為 "節點發現協定"。

除了要發現節點外，更重要的一個功能就是同步資料。節點要保持自己的帳本資料是最新的，就必須要時常更新自己的資料。從哪更新呢？既然沒有伺服器可下載，那就是透過鄰近的節點了。向鄰近節點發送資料請求以獲得最新的資料，節點彼此都充當服務者和被服務者，透過這種方式，網路中的每一個節點都會在某一個時刻達成資料上的一致。

網路路由可以說是區塊鏈系統中的觸角，經由大量的觸角將每個節點連入網路，形成一個功能強大的區塊鏈共識網路。

1.3 區塊鏈分類與架構

從以上敘述，我們知道區塊鏈系統實際上就是一個維護公共資料帳本的系統，一切技術單元的設計都是為了進一步維護好這個公共資料帳本。透過共識演算法達成節點的帳本資料一致；透過密碼演算法確保帳本資料的不可篡改性以及資料發送的安全性；透過腳本系統擴充帳本資料的表達範圍。我們甚至可以認為，區塊鏈系統實際上就是一種特別設計的資料庫系統，或者分散式資料庫系統，在這個資料庫中可以儲存數位貨幣，也可以儲存邏輯更複雜的智慧合約，以及範圍更加廣闊的各種業務資料。

在區塊鏈系統的發展過程中，也經歷了這樣一個階段，從比特幣開始，早期的區塊鏈系統都是用於數位貨幣，如比特幣、萊特幣等，這個階段我們可以認為區塊鏈系統是一個支援數位貨幣合約的系統；此後便出現了更加靈活的，能夠支援自訂智慧合約的系統，其代表作是以太坊，以太坊可以視為擴充比特幣的數位貨幣系統，然而以太坊仍內建了對數位貨幣的支援，延續比特幣系統的金融特徵，也使得以太坊的應用更偏向金融範圍；接下來的代表就是超級帳本專案，尤其是其中的 Fabric 子專案，在這個系統中，超越了對金融範圍的應用，支援各個領域的資料定義，我們分別將這三個階段稱為區塊鏈系統的 1.0、2.0、3.0 架構時期。為了讓大家對發展過程中的區塊鏈系統有一個整體的概念，在本節中，將會描述一般區塊鏈系統的架構，並站在不同的角度對區塊鏈系統進行分類。

1.3.1 區塊鏈架構

1. 區塊鏈 1.0 架構

如上所述，這個階段區塊鏈系統主要是用來實作數位貨幣，請參考下面示意圖。

如圖所示，在整個架構中，分為核心節點和前端工具，這裡提一下核心節點中"礦工"功能。礦工在 1.0 架構的系統中，主要是擔任兩項任務：

- 首先，透過競爭獲得區塊資料的打包權後，將記憶集區（發送在網路中但是還沒有確認進區塊的交易資料，屬於待確認交易資料）中的交易資料打包進區塊，並且廣播給其他節點；

■ 其次，接受系統對打包行為的數位貨幣獎勵，系統透過這種獎勵方式完成
新增貨幣的發行。

在前端工具中，最明顯的就是錢包工具，錢包工具是提供給使用者管理自己帳
戶位址以及餘額的；瀏覽器則用來查看當前區塊鏈網路中發生的資料情況，例
如最新的區塊高度、記憶集區的交易數、單位時間的網路處理能力等；RPC 用
戶端和命令列介面都是用來連線核心節點的功能的，在這個時候，核心節點就
相當於一個伺服器，透過 RPC 服務提供功能呼叫介面。

2. 區塊鏈 2.0 架構

區塊鏈 2.0 架構的代表產品是以太坊，因此我們可以套用以太坊的架構來說明，
請見示意圖：

如圖所示，與 1.0 架構相比，最大的特點就是支援智慧合約，在以太坊中，我們使用智慧合約開發工具開發合約程式，並且編譯為位元組碼，最終部署到以太坊的區塊鏈帳本中。部署後的智慧合約是運作在虛擬機上的，稱為 "以太坊虛擬機"。正是透過智慧合約的實作，擴充區塊鏈系統的功能，同時也能看到，在以太坊中還是支援數位貨幣，因此在應用工具中也是有錢包工具的。

3. 區塊鏈 3.0 架構

在 3.0 的架構中，超越了對數位貨幣或者金融的應用範圍，而將區塊鏈技術作為一種泛解決方案，可以廣用在極為廣泛的領域，例如行政管理、文化藝術、企業供應鏈、醫療健康、物聯網、產權登記等。

產業應用一般需要具備企業級的屬性，例如身份認證、許可授權、加密傳輸等，並且對資料的處理效能也會有所要求，因此企業級情境下的應用，往往都是聯盟鏈或者私有鏈。請看以下示意圖：

如圖所示，首先在 3.0 架構中，數位貨幣不再是一個必備元件，當然，如果需要也是可以用智慧合約的方式來實作數位貨幣。與先前的架構相比，最大的特點就是增加了一個閘道控制，實際上即為增加對安全保密的需求支援，並且透過資料審計加強管理資料的可靠性。

在 3.0 架構中可以看成是一套框架，對框架做不同的設定和二次開發，即可適應各行各業的需求，例如圖中的 "可插拔共識"，意思就是共識機制不是固定的，而是可讓使用者自己選用設定。

1.3.2 區塊鏈分類

1. 根據網路範圍

根據網路範圍，可以劃分為公有鏈、私有鏈、聯盟鏈。

（1）公有鏈

所謂公有就是完全對外開放，任何人都可以任意使用，沒有權限的設定，也沒有身份認證之類，不但可以任意參與使用，而且發生的所有資料都可以任意查看，完全公開透明。比特幣就是一個公有鏈網路系統，在使用比特幣系統時，只需要下載相應的軟體用戶端，建立錢包位址、轉帳交易、挖礦等操作，這些功能都可以自由使用。

公有鏈系統由於完全沒有第三方管理，因此依靠的就是一組事先約定的規則，這個規則要確保每個參與者在不信任的網路環境中能夠發起可靠的交易事務。通常來說，凡是需要公眾參與，需要最大限度保證資料公開透明的系統，都適用於公有鏈，例如數位貨幣系統、眾籌系統、金融交易系統等。

在公有鏈的環境中，節點數量是不固定的，節點的在線與否也是無法控制的，甚至是否為惡意節點也無從保證。在講解區塊鏈的一般工作流程時，我們曾提到一個問題，在這種情況下，如何知道資料是被大多數節點寫入確認的呢？實際在公有鏈環境下，這個問題沒有很好的解決方案，目前最合適的做法就是透過不斷地互相同步，最終網路中大多數節點都同步一致的區塊資料所形成的鏈就是被承認的主鏈，這也被稱為最終一致性。

（2）私有鏈

私有鏈是與公有鏈相對的概念，所謂私有就是指不對外開放，僅僅在組織內部使用的系統，例如企業的票據管理、帳務審計、供應鏈管理等，或者一些政務管理系統。私有鏈在使用過程中，通常是會要求註冊，也就是需要提交身份認證，而且具備一套權限管理體系。您可能會有疑問，比特幣、以太坊等系統雖然都是公鏈系統，但如果將這些系統搭建在一個不與外網連接的區域網路中，這個不就成為私有鏈了嗎？

從網路傳播範圍來看，可以這樣說，因為只要這個網路一直與外網隔離著，就只能一直是自己使用，只不過由於使用的系統本身並沒有任何的身份認證以及權限設定，因此從技術角度來說，這種情況只能算是使用公鏈系統用戶端搭建的私有測試網路，例如以太坊就可以用來搭建私有鏈環境，通常這種情況可以用來測試公有鏈系統，當然也適用於企業應用。

在私有鏈環境中，節點數量和節點的狀態通常是可控的，因此在私有鏈環境中一般不需要透過競爭的方式來篩選區塊資料的打包者，可以採用更加節能環保的方式，例如在上述共識機制的介紹中提到的 PoS（Proof of Stake，權益證明）、DPoS（Delegate Proof of Stake，委託權益證明）、PBFT（Practical Byzantine Fault Tolerance，實用拜占庭容錯演算法）等。

（3）聯盟鏈

聯盟鏈的網路範圍介於公有鏈和私有鏈之間，通常是使用在多個成員角色的環境中，例如銀行之間的支付結算、企業之間的物流等，這些情境下往往都是由不同權限的成員參與。與私有鏈一樣，聯盟鏈系統一般也是具有身份認證和權限設定的，而且節點的數量往往也是確定的，對於企業或者機構之間的事務處理很合適。聯盟鏈並不一定要完全管控，例如政務系統，有些可以對外公開的資料，就可以部分開放。

由於聯盟鏈一般是用在明確的機構之間，因此與私有鏈一樣，節點的數量和狀態也是可控的，並且通常也是採用更加節能環保的共識機制。

2. 根據部署環境

（1）主鏈

所謂主鏈，也就是部署在生產環境的真正的區塊鏈系統，軟體在正式發布前會經過很多內部的測試版本，用於發現一些可能存在的 Bug，並且用來內部示範以便於查看效果，直到最後才會發布正式版。主鏈，也可以說是由正式版用戶端組成的區塊鏈網路，只有主鏈才會被真正推廣使用，各項功能的設計也都相對最完善。另外，區塊鏈系統有時會因種種原因導致分岔，例如挖礦時臨時產生的小分岔等，此時將最長的原始鏈條稱為主鏈。

（2）測試鏈

這個很容易瞭解吧！即開發者為了方便大家學習使用而提供的測試用途之區塊鏈網路，例如比特幣測試鏈、以太坊測試鏈等。當然，並非是區塊鏈開發者才能提供測試鏈，使用者也可以自行搭建測試網路。測試鏈中的功能設計與生產環境中的主鏈可以有一些差別，例如主鏈中使用工作量證明演算法進行挖礦，在測試鏈中可以更換演算法以便進行測試使用。

3. 根據對接類型

（1）單鏈

能夠單獨運作的區塊鏈系統都可以稱為 "單鏈"，例如比特幣主鏈、測試鏈；以太坊主鏈、測試鏈；萊特幣的主鏈、測試鏈；超級帳本專案中的 Fabric 搭建的聯盟鏈等，這些區塊鏈系統擁有完備的元件模組，自成一個體系。請注意，某些軟體系統，例如基於以太坊的眾籌系統或者金融擔保系統等，只能算是智慧合約應用，不能算是一個獨立的區塊鏈系統，應用程式的運作需要獨立的區塊鏈系統的支援。

（2）側鏈

側鏈屬於一種區塊鏈系統的跨鏈技術，這個概念主要是由比特幣側鏈發起的。隨著技術發展，除了比特幣，出現了越來越多的區塊鏈系統，每一種系統都有自己的優勢特點。如何將不同的連結合起來，打通訊息孤島、彼此互補呢？側鏈就是其中的一項技術。

以比特幣來說，比特幣系統主要是設計用來實作數位加密貨幣，且業務邏輯也都固化了，因此並不適用於實作其他的功能，例如金融智慧合約、小額支付等。然而比特幣是目前使用規模最大的一個公有區塊鏈系統，在可靠性、去中心化保證等方面具有相當的優勢，該如何利用比特幣網路的優勢來運作其他的區塊鏈系統呢？可以考慮在現有的比特幣區塊鏈之上，建立一個新的區塊鏈系統，新的系統可以具備很多比特幣沒有的功能，例如私密交易、快速支付、智慧合約、簽名覆蓋金額等，並且能夠與比特幣的主區塊鏈進行互通。

簡單來說，側鏈是以錨定比特幣為基礎的新型區塊鏈。錨定比特幣的側鏈，目前有 ConsenSys 的 BTCRelay、Rootstock 和 BlockStream 的元素鏈等。大家要注意，側鏈本身就是一個區塊鏈系統，並且側鏈並不是一定要以比特幣為參照鏈，這是一個通用的技術概念，例如以太坊可以作為其他鏈的參照鏈，也可以本身作為側鏈與其他的鏈去錨定。實際上，拋開鏈、網路這些概念，就是不同的軟體之間互相提供介面，增強軟體之間的功能互補。以下為側鏈的示意圖：

透過這個簡單的示意圖可以看到，區塊鏈系統與側鏈系統本身都是一個獨立的鏈系統，兩者之間可以按照一定的協定進行資料互動，透過這種方式，側鏈能發揮一個對主鏈功能擴充的作用，很多在主鏈中不方便實作的功能可以實作在側鏈中，而側鏈再與主鏈的資料互動，增強自己的可靠性。

（3）互聯鏈

如今我們的生活可以說幾乎已經離不開網路了，僅僅互通互聯，帶來的能量已經如此巨大。

區塊鏈也是如此，目前各種區塊鏈系統不斷湧現，有的只實作了數位貨幣、有的實作了智慧合約、有的實作了金融交易平台、有些是公有鏈、有些是聯盟鏈等等。這麼多的鏈，五花八門，功能各異，不斷刷新著更新穎的應用玩法。

這些鏈系統如果能夠彼此之間互聯，又會發生些什麼樣的化學反應呢？與傳統軟體不同的是，區塊鏈應用擁有獨特的性質，例如資料不可篡改性、完整性證明、自動網路共識、智慧合約等，從最初的數位貨幣到未來可能的區塊鏈可程式化社會，這些不單單會改變生活服務方式，還會促進社會治理結構的變革。

如果說每一條鏈都是一條神經的話，一旦互聯，就會像是神經系統一般，為我們的社會發展帶來更新層次的智慧化。

另外，從技術角度來講，區塊鏈系統之間的互聯，可以彼此互補。每一類系統都會有長處和不足之處，彼此進行功能上的互補，甚至可以彼此進行互相的驗證，可以大大加強系統的可靠性以及效能。

1.4　一切源自比特幣

當我們坐在飛機上，開啟一段美妙的旅程時，可曾想起當初的萊特兄弟；當我們坐在高鐵上，享受著高效的城市穿梭時，可曾想起當初的蒸汽機；當我們住在舒適的房屋裡，享受著安心的睡眠時，可曾想起當初的茅草房。是的，這個世界給了我們很多原料，我們使用原料，製造出一項又一項工具，並以此改造這個世界，改善我們的生活。區塊鏈，便是這樣的一個改造世界的原料，而有人用它製造出第一項工具，它的名字叫比特幣。

1.4.1　比特幣技術論文介紹

通常，在介紹重量級人物時，我們常常會在他的名字前面加上很多頭銜，例如某著名歌唱家、慈善大使、兩屆 XX 獎獲得者等，最後才報出名字，為的就是讓大家豎起耳朵聽明白這個高手的成就。而在介紹一個物件時，例如一輛汽車，我們就不會這麼說了，因為這實在沒意義，一個東西嘛，寫個說明不就完了，一目了然。

那麼，比特幣技術論文就是這麼一個說明書。當然，這份說明書可是有正式名字的，大名是《Bitcoin: A Peer-to-Peer Electronic Cash System》，譯名：《比特幣：一種點對點的電子現金系統》。這篇技術論文通常稱為比特幣白皮書，因為它基本上就是宣告了比特幣的誕生。嚴格地說，是理論上宣告了比特幣的誕生。這份文件是在 2008 年 11 月由一位名為 Satoshi Nakamoto（中本哲史）的人發布的。當然，並不是發布在什麼知名論壇或者學術期刊上，而是發布在一個小眾的密碼學討論小組。

在這份白皮書發布後的第二年，也就是 2009 年 1 月 3 日，比特幣軟體就正式啟動運作了，也就是在這個時候，世界上第一個區塊鏈資料誕生。而這個由中本哲史構造出來的第一個區塊，也稱為創世區塊或者上帝區塊，代表神話中創世元靈的意思。從此以後，比特幣以及由比特幣技術衍生出來的各種應用就一發不可收拾，開啟了網際網路應用的一個新紀元。

回到這個白皮書，請注意看它的標題中有兩個關鍵字：“點對點”和“電子現金”。有朋友說，這兩個詞根本就沒提什麼區塊鏈！別著急，我們先來解釋一下。“點對點”，意指這個軟體不需要特定的伺服器，例如登入 LINE 就需要連接 LINE 伺服器，登入 Apple Pay 就需要連接蘋果的 Apple Pay 伺服器，倘若這些伺服器關閉或者出問題，就沒辦法正常使用這些軟體。

而點對點的網路結構，並不依賴於某一個或者某一群特定的伺服器，相當於人人都是伺服器，人人也都是使用者。再來看“電子現金”，顧名思義，現金就是錢或者貨幣的意思，也就是說這份白皮書介紹的是一種數位貨幣系統，這個系統的運作不依賴於某些特定伺服器，而是透過點對點網路（P2P）結構運作的。相信有些讀者看到這裡還是不甚清楚，不要緊，畢竟我們才剛看到標題，有個概念就行了。

翻開白皮書正文可以發現，整個篇幅主要介紹幾個關鍵點。

（1）簡介

試想一個情境：如何不透過一個所謂的權威第三方結構（例如銀行）建構一個可信的交易網路呢？中本哲史很聰明，先拋出個問題給你玩玩，然後吸引你繼續看下去。

（2）交易

描述一種透過密鑰簽名進行交易驗證的方式，實際上就是電腦密碼學在比特幣中的應用。我們在銀行轉帳交易用什麼來證明自己呢？是利用帳戶和密碼，必要時還可以利用身份證確認。而在比特幣系統中沒有銀行這樣的角色，那靠什麼來確定身份呢？只有靠現代計算機密碼學技術。當然，密碼學技術在比特幣中的應用並不只是用來證明身份，是貫穿在各個環節的，可以說，密碼學技術就是比特幣系統的骨架。

（3）時間戳記伺服器

這部分提到區塊以及利用時間戳記運算連接成一條鏈的概念，這也是區塊鏈概念的來源，同時在這裡也說明比特幣資料的儲存方式。

（4）工作量證明

這部分介紹一種在點對點網路中如何對各自的資料進行一致性確認的演算法。為什麼叫工作量證明呢？因為這種演算法很消耗 CPU 的運算力，等同於人們做事一樣，要付出勞力。

（5）網路

比特幣軟體是一種網路軟體，而且是一個不依靠特定伺服器來交換資料的網路軟體。一個個節點之間，該如何確認一筆筆交易資料呢？這部分介紹了交易確認的過程，實際上就是比特幣網路的應用協定，跟日常使用的郵件收發協定、檔案傳輸協定、HTTP 傳輸協定等屬於同一個層級。

（6）激勵

激勵就是獎勵的意思，你做了事，得到一筆獎金，哇，好開心！就會繼續努力做事，這就是激勵。比特幣軟體的資料一致性確認，需要耗費 CPU 運算力，那為什麼有人願意耗費這些運算力，做功德嗎？當然不是，系統會獎勵比特幣，

還有別人交易的手續費。（有人會問，那我為什麼沒被獎勵過啊？別急，在 1.4.3
節中會有詳述。）

（7）回收硬碟空間

比特幣系統從創世區塊開始，大約每 10 分鐘產生一個區塊，也意味著區塊鏈帳
本的"體積"會一直增長。事實上寫作本書時，已經超過了 120GB，只要比特
幣網路一直存在，資料就會一直增長。實際上，只有運作全功能節點的用戶端
才會一直保持完整的區塊鏈資料，這些在 1.4.2 中會有詳述。這裡提出了一個概
念，刪除過老的一些交易資料，同時不破壞區塊的隨機雜湊值，透過這種方法
壓縮區塊資料。

（8）簡化的支付確認

上述提到比特幣用戶端的資料量很大，這麼一來，等於不管是用比特幣系統
做什麼都要帶上大量的資料，這很不方便，而且也會限制在其他一些終端
（例如手機）上的使用。這部分提出一個主要是為比特幣的支付服務的模型。
在這個模型下實作的比特幣支付功能並不需要攜帶那麼龐大的資料，而只需要
保留體積相對很小的區塊頭，實際細節可以查看 3.1.3 節。

（9）價值的組合與分割

這部分介紹的是比特幣中的交易事務組成方式。①什麼叫價值？在比特幣系統
中，價值就是比特幣。②什麼叫組合？例如我口袋裡有 5 枚 1 元硬幣，1 枚 5 元
硬幣，1 枚 10 元硬幣，我要給你 7 塊錢，怎麼給呢？我可以給你 7 枚 1 元硬幣，
也可以給你 2 枚 1 元硬幣加上 1 枚 5 元硬幣，這就是不同的組合。③什麼叫分
割？分割其實就是轉出的意思。我利用不同的組合，構成總計 7 元的金額，然
後轉出給你，這個過程就是價值的組合和重新分割。在這個例子中，還有一枚
10 元的，假如我直接給你 10 元，那會怎樣？這就需要找零 3 元了，找零其實也
是一種重新價值分割。

（10）隱私

一個貨幣系統，保密性也就是隱私，毫無疑問是人人都會關心的。傳統的體系，完全是依賴例如銀行這個第三方的保護，大家相信銀行，銀行也設立各種管理制度和方法來防止帳戶和交易訊息的洩密。

比特幣系統則不同，它不依賴誰，每個人在比特幣系統中也不用登記身份證、名稱、性別等，就是一個位址，誰也不知道位址後面代表的是誰。而且只要你需要，可以自己建立任意多個位址（你到銀行去開多個帳戶試試看，勢必會被刁難），這使得比特幣系統中的交易帶有很大的匿名性和隱秘性。

（11）計算

這部分主要是站在機率統計的角度計算攻擊者成功的機率，以及經過多少個區塊後還能攻擊成功的機率，計算過程這裡不贅述。

白皮書的內容就介紹到這裡。剛剛接觸比特幣、區塊鏈這些概念的朋友，或許還是一頭霧水吧！沒關係，在下面的章節會有詳細的解釋。畢竟，能夠只靠一份白皮書就完全明白比特幣設計的人，或許只有中本哲史這個 "大神" 了。

 小提示 白皮書的原文可以在 https://bitcoin.org/bitcoin.pdf 查看，感興趣的朋友可以閱讀一下，英文不那麼擅長的朋友，可以到巴比特網站（著名的區塊鏈資訊與技術服務網站）上查看中文版，位址是 http://www.8btc.com/wiki/bitcoin-a-peer-to-peer-electronic-cash-system。看懂這份說明書，基本上就瞭解了比特幣的原理，也就入了區塊鏈這個 "坑"（或者說這個 "門"）了。

1.4.2　比特幣核心程式：中本哲史用戶端

1. 用戶端程式介紹

我們知道，比特幣其實就是一個軟體，既然是軟體，那還是百聞不如一見，看看到底長什麼樣子。大家可以到 https://bitcoin.org/en/download 下載用戶端程式，網站提供多種作業系統的運作版本，選擇自己需要的版本下載安裝即可運作，便能看到廬山真面目啦！

在實際介紹之前，咱們先說明一下，為什麼這個程式叫比特幣核心程式，難道還有非核心程式？我們在上述提供的下載頁面中可以看到比特幣程式的名字叫 Bitcoin core，翻譯過來就是比特幣核心的意思，這是最經典，也是中本哲史一開始發布的程式版本，也是使用人數最多的。

可問題是，比特幣程式是開源的，任何一個人或者組織都可以根據需要去修改原始碼發布出一個新的版本，事實上經過多年的發展，比特幣程式已經出現多個版本，例如 Bitcoin Classic、Bitcoin XT 以及 Bitcoin Unlimited，這些版本實際上都是比特幣核心程式的分支版本，本節使用的是比特幣核心程式的用戶端。

現在先安裝一個比特幣核心用戶端，按照下載位址進入頁面後，可以看到針對不同作業系統的下載版本，讀者可以自行選擇，無論哪個系統環境下，其功能都是一樣的。見下圖：

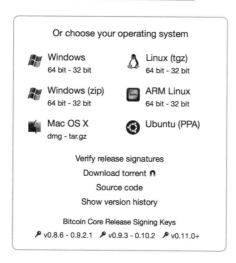

我們以 Windows 版本為例來說明，下載圖中所示的 0.14.1 版。你可能注意到比特幣發展了這麼多年，到現在程式都還沒進化到 1.0 版（通常一個軟體的 1.0 版是第一個正式版本），某種程度上也是因為比特幣是一種實驗性的軟體吧！因此大家研究學習比特幣可以帶著一種玩的心態，不需要那麼嚴肅，任何可能性都是有的，我們學習了解比特幣是為了進一步應用它的設計理念，而不是去迷信它的神秘和權威。下載完成後，打開軟體目錄，可以看到有一個 bin 資料夾，其中有 5 個檔案，如下圖所示。

test_bitcoin.exe
bitcoin-tx.exe
bitcoin-qt.exe
bitcoind.exe
bitcoin-cli.exe

一一說明如下：

（1）bitcoin-qt.exe

包含比特幣的核心節點以及一個錢包的前端功能，這是一個帶有圖形介面的用戶端程式，運作後可以看到如下提示：

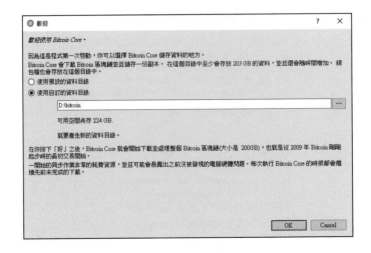

依圖所示，需要選擇一個比特幣的區塊鏈副本資料儲存目錄，目前整個區塊鏈帳本資料已經很大了，選擇一個空間夠大的目錄，然後按 OK 按鈕即可進入主介面。以下為主介面：

如圖所示，這便是比特幣核心用戶端。等等，標題不是錢包嗎？怎麼又是核心用戶端？運作的這個程式到底是什麼？是的，這個用戶端也叫「哲史用戶端」（satoshi client），它實作了比特幣系統的所有方面，包括錢包功能，對整個交易資料也就是區塊鏈帳本完整副本的交易確認功能，以及點對點比特幣對等網路中的一個完整網路節點。

換句話說，這個用戶端套裝軟體包含除了挖礦以外其他所有比特幣的功能模組，我們當然也可以分別去實作一個個的獨立功能用戶端，例如僅僅實作一個錢包功能或僅僅實作一個核心節點功能，只不過這個官方的用戶端都整合在一起了。

從這個介面，我們也能看到在底部顯示出「正在連接到節點」以及「落後 8 年和 16 週」的字樣，這是指運作中的核心用戶端透過發現與連接網路中其他節點進行區塊鏈帳本資料的一致同步。如果是首次開始同步，需要花費不少時間，動輒數十 GB 的資料下載可夠久的。需要注意的是，所有操作都要等到同步完成後才能進行。點擊「落後 8 年和 16 週」的區域可以看到實際的同步進度訊息：

圖中可以看到剩餘的區塊數、進度以及剩餘時間等訊息，耐心等待就是了。
如果想查看一下當前用戶端的版本以及網路連接等訊息，可以按"說明"→
"除錯視窗調校窗口"。

在"資訊"標籤頁下可以看到軟體版本、當前的網路連接數、資料目錄等摘要
資訊。請注意這裡的"用戶端版本"，比特幣是一個分散式的點對點系統，不存
在中心伺服器來統一管理軟體的版本升級，因此不同的節點有可能運作著不同
版本的用戶端，不同版本的用戶端在一些功能支援上可能會有些差異，大家在
操作時一定要注意自己的版本。

在"資訊"標籤頁旁邊有個"主控台"，這可是個很有用的功能，在主控台可
以下達命令，取得一些資訊，進行各種作業。以下來看看主控台。

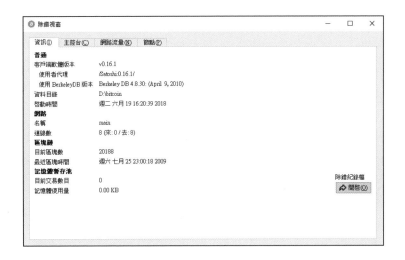

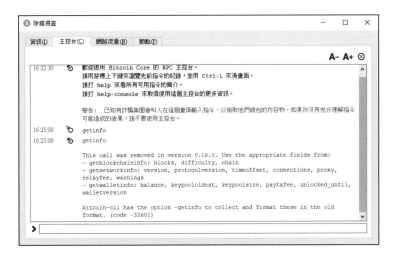

我們在主控台底部的輸入框中輸入一個 getinfo 命令，確認後可以發現回傳了一段訊息，這是關於當前運作的核心用戶端節點的一些摘要訊息，例如 version 表示核心用戶端版本，protocolversion 表示協定版本，walletversion 表示錢包版本，balance 表示當前錢包中的比特幣餘額等。

我們可以發現，比特幣的核心用戶端就像是一個伺服器的角色，透過主控台可以連線，從使用介面也能看到資訊："歡迎使用 Bitcoin Core 的 RPC 主控台。"實際上比特幣核心用戶端就是在啟動的同時啟動一個本機的 RPC 服務，以方便外部程式進行相應的資料操作和連線。

你可能會問，比特幣一下子要同步這麼多的資料，而我只是想看一看，有沒有試用的版本呢？確實有，不過不叫試用版，而是測試網路。該如何連接到測試網路呢？可以透過設定檔案進行設定。比特幣的設定檔案名為 bitcoin.conf，可以在資料目錄也就是錢包資料檔 wallet.dat 所在目錄下建立一個文字檔，命名為 bitcoin.conf 即可，這就是 bitcoin-qt 預設讀取的設定檔案。接下來設定一下以進入測試網路，只需在 bitcoin.conf 中寫入如下設定：

```
testnet=1
```

存檔，然後重新啟動 bitcoin-qt.exe，可看到如下畫面：

我們發現顏色都變了，變成了淡綠色，標題上也有 "testnet" 的字樣，進入主介面後，介面大致相同：

進入測試網路後的比特幣用戶端，其區塊鏈資料會小一些，在功能操作上基本上還是一樣。需要注意的是，設定檔案中的設定項也是可以直接透過參數來傳遞。假設想臨時進入測試網路，就不需要執行設定檔案，輸入如下指令運作即可：

```
bitcoin-qt -testnet
```

在主控台中執行上述指令後，同樣會進入測試網路。有朋友會問，我一開始在運作 bitcoin-qt 時指定了一個資料目錄，現在想更換可以嗎？當然是可以：

```
bitcoin-qt -datadir="D:\mybitcoin_data"
```

這樣在啟動 bitcoin-qt 時重新指定了一個自己建立的資料目錄。當然，不但可以重新指定資料目錄，也可以重新指定設定檔案如下：

```
bitcoin-qt -conf="c:\mybitcoin.conf"
```

可以發現，另外指定的設定檔案，其檔案名可以是自訂的。需要注意的是，bitcoin-qt 支援的所有參數中，除了 -datadir 與 -conf 只能透過命令參數指定外，其他參數都是既可以在命令參數中直接傳遞，也可以在設定檔案中指定。

（2）**bitcoind.exe**

這個其實就是不含介面的 bitcoin-qt.exe，其中同樣包含比特幣的核心節點，並且提供 RPC 服務。比特幣使用的是 JSON-RPC 協定，以便利用命令列互動，連線比特幣系統的資料，例如連線區塊鏈帳本資料，進行錢包操作和系統管理等。

bitcoin-qt 與 bitcoind 是互相相容的，有同樣的命令列參數，讀取相同格式的設定檔案，也讀寫相同的資料檔。使用時，這兩個程式根據需要啟動一個即可，同時啟動也不會出錯，但是同時啟動兩個 bitcoin-qt 或者兩個 bitcoind 會出錯，如下圖：

圖中所示為資料檔的連線衝突了。

bitcoind 預設讀取的設定檔案，在不同作業系統下路徑也不盡相同，如下所示：

- Windows：%APPDATA%\Bitcoin\
- OS X：$HOME/Library/Application Support/Bitcoin/
- Linux：$HOME/.bitcoin/

除了上述的預設設定路徑外，與 bitcoin-qt 一樣，也是可以在啟動時透過傳遞參數來重新指定其他路徑下的設定檔案或者資料目錄：

```
bitcoind -datadir="c:\bitcoin_data" -conf="C:\mybitcoin.conf"
```

如上所示，啟動時，使用 -datadir 指定資料檔需要儲存的目錄，使用 -conf 指定 C 槽目錄下的一個設定檔案，此時這個設定檔案的名稱是自訂的。bitcoind 啟動後可以透過 bitcoin-cli 進行連線，bitcoin-cli 的使用在下一節介紹。

看到這裡，有些朋友可能會有些疑問，比特幣核心用戶端運作後可以與其他節點進行互相的連線通訊，那就得開放一個服務埠，而連線比特幣節點資訊又是透過 RPC 的方式，這相當於開啟了一個 RPC 服務，這麼說來，比特幣網路中的每個節點其實相當於一個伺服器。確實如此，這些開啟的服務埠說明如下：

- 8333，用於與其他節點進行通訊的通訊埠，節點之間的通訊是透過 bitcoin protocol 進行，透過這個埠才能進入比特幣的 P2P 網路。

- 8332，這是提供 JSON-RPC 通訊的埠，透過這個埠可以連線節點的資料。

- 如果是測試網路，分別是 18333 和 18332。

以上通訊埠可以透過參數 -port 與 -r 參數 pcport 分別重新指定。

（3）bitcoin-cli.exe

bitcoin-cli 允許你透過命令列發送 RPC 命令到 bitcoind 進行操作，例如 bitcoin-cli help，因此這是一個命令列用戶端，用來透過 RPC 方式連線 bitcoind 的 RPC 服務。我們可以透過命令列來查看當前的 bitcoin-cli 的版本：

```
bitcoin-cli -version
```

執行後會回傳如下訊息：Bitcoin Core RPC client version v0.14.2。透過回傳的訊息也能看到，bitcoin-cli 就是一個 RPC 用戶端工具。該如何去連接核心用戶端呢？首先 bitcoin-cli 與 bitcoind 是使用同樣路徑下的設定檔案[2]，因此在使用 bitcoin-cli 之前，需要先執行 bitcoind，然後執行 bitcoin-cli 命令：

```
bitcoin-cli getinfo
```

2　這裡是指預設情況下，如果各自都使用參數 -conf 重新指定設定檔那就另當別論了。

可以看到有如下格式的訊息輸出：

```
{
    "version": 140100,
    "protocolversion": 70015,
    "walletversion": 130000,
    "balance": 0.00000000,
    "blocks": 48,
    "timeoffset": 0,
    "connections": 0,
    "proxy": "",
    "difficulty": 1,
    "testnet": false,
    "keypoololdest": 1503043764,
    "keypoolsize": 100,
    "paytxfee": 0.00000000,
    "relayfee": 0.00001000,
    "errors": ""
}
```

看到訊息的回傳，表示已經正常連接且可以連線了，如果想要停止 bitcoind，則可以發送如下指令：

```
bitcoin-cli stop
```

bitcoind 接收到停止命令，執行後退出運作服務。

我們再來看一個例子，在這個例子中，透過參數重新指定資料目錄和設定檔案：

```
bitcoind -datadir="c:\bitcoin_data" -conf="C:\bitcoin.conf"
```

此時，如果仍然要透過 bitcoin-cli 來連線這個運作的 bitcoind，則需要運作如下命令：

```
bitcoin-cli -datadir="c:\bitcoin_data" -conf="c:\bitcoin.conf" getinfo
```

運作後回傳了運作的 bitcoind 中的訊息。

至此，我們可以發現，bitcoin-qt、bitcoind 以及 bitcoin-cli 都能讀取相同格式的設定檔案，也擁有一樣的命令參數。實際支援的各種參數很多，大家可以自行去查閱。另外，比特幣中的很多功能呼叫都是透過 RPC 命令提供的，例如區塊訊息查詢、交易事務查詢、多重簽名使用等，因此要了解完整功能呼叫的朋友可以去實際了解一下這些 RPC 命令的使用，筆者這裡也推薦一些不錯的網站方便大家學習使用：

- https://blockchain.info：方便檢索各項比特幣網路的資料；

- https://chainquery.com/bitcoin-api：網頁模擬的比特幣 RPC 命令使用。

（4）bticoin-tx.exe

這是一個獨立的工具程式，可以用來建立、解析以及編輯比特幣中的交易事務。我們在通常使用比特幣系統時，使用上述介紹的錢包功能也就足夠了，但是如果需要單獨查看或者建立一份交易事務資料，就可以使用這個工具了。既然是用於操作交易事務，那麼我們就來試一試。比特幣的交易事務在本質上是一段二進位制資料，任意找出一段，看看 bitcoin-tx 能解析成什麼樣子，為了方便，將二進位制的交易事務資料轉成十六進位制的格式來顯示，如下：

```
0100000001e0772cd81114d0993922a280e2b29209d6c6c5d2f22d807018d1ef0d55cfe4041c0000006
a473044022008650b496ea573a2d42efbcbfb49288ab3c7f9968a1fa6072155a028a4deb39e02201b2d
d03307fcd1fbb2f9928a8904d50a84ae9d600986a3a8a125fe248b4faf1001210354eb6c85025f3abec
de8236e86aabf6b819a72154e69d39f7ae591a92436c166ffffffff01d938890c000000001976a914fe
5d8413d80c3d3f9b975f45990cf432455b13ef88ac00000000
```

這就是一段交易事務的資料，接下來我們來解析一下，將這段資料轉換成容易閱讀的格式。為了方便閱讀，將其轉換為 JSON 格式，指令如下：

```
bitcoin-tx -json
0100000001e0772cd81114d0993922a280e2b29209d6c6c5d2f22d807018d1ef0d55cfe4041c0000006
a473044022008650b496ea573a2d42efbcbfb49288ab3c7f9968a1fa6072155a028a4deb39e02201b2d
d03307fcd1fbb2f9928a8904d50a84ae9d600986a3a8a125fe248b4faf1001210354eb6c85025f3abec
de8236e86aabf6b819a72154e69d39f7ae591a92436c166ffffffff01d938890c000000001976a914fe
5d8413d80c3d3f9b975f45990cf432455b13ef88ac00000000
```

執行後，可以得到如下的輸出結果：

```
{
    "txid": "2aff308e3e1a9b251ecb701762f6f2c1d28952fe6d0d94efc78880e8a62d2cbb",
    "hash": "2aff308e3e1a9b251ecb701762f6f2c1d28952fe6d0d94efc78880e8a62d2cbb",
    "version": 1,
    "locktime": 0,
    "vin": [
        {
            "txid":
"04e4cf550defd11870802df2d2c5c6d60992b2e280a2223999d01411d82c77e0",
            "vout": 28,
            "scriptSig": {
                "asm": "3044022008650b496ea573a2d42efbcbfb49288ab3c7f9968a1fa607215
5a028a4deb39e02201b2dd03307fcd1fbb2f9928a8904d50a84ae9d600986a3a8a125fe248b4faf10[A
LL] 0354eb6c85025f3abecde8236e86aabf6b819a72154e69d39f7ae591a92436c166",
                "hex": "473044022008650b496ea573a2d42efbcbfb49288ab3c7f9968a1fa60
72155a028a4deb39e02201b2dd03307fcd1fbb2f9928a8904d50a84ae9d600986a3a8a125fe248b4f
af1001210354eb6c85025f3abecde8236e86aabf6b819a72154e69d39f7ae591a92436c166"
            },
            "sequence": 4294967295
        }
    ],
    "vout": [
        {
            "value": 2.10319577,
            "n": 0,
            "scriptPubKey": {
                "asm": "OP_DUP OP_HASH160 fe5d8413d80c3d3f9b975f45990cf432455b13ef
OP_EQUALVERIFY OP_CHECKSIG",
                "hex": "76a914fe5d8413d80c3d3f9b975f45990cf432455b13ef88ac",
                "reqSigs": 1,
                "type": "pubkeyhash",
                "addresses": [
                    "1QBxfKsz2F7xwd66TwMj5wEoLxCQghy54c"
                ]
            }
        }
    ],
    "hex": "0100000001e0772cd81114d0993922a280e2b29209d6c6c5d2f22d807018d1ef0d55cfe
4041c0000006a473044022008650b496ea573a2d42efbcbfb49288ab3c7f9968a1fa6072155a028a4de
b39e02201b2dd03307fcd1fbb2f9928a8904d50a84ae9d600986a3a8a125fe248b4faf1001210354eb6
```

```
c85025f3abecde8236e86aabf6b819a72154e69d39f7ae591a92436c166ffffffff01d938890c000000
001976a914fe5d8413d80c3d3f9b975f45990cf432455b13ef88ac00000000"
```
}

從輸出訊息中，可以輕鬆看到其中包含的各個資料組成項，例如 txid 是指交易事務的雜湊值，這個值與雜湊資料項一樣；vin 是指交易事務中的輸入部分；vout 是指交易事務中的輸出部分。實際每一項的含義這裡暫且不多解釋，第 8 章藉由模擬比特幣構建一個最簡易的區塊鏈系統，其中有實際的介紹。

利用這個工具，除了能解析交易事務資料外，也能建立交易事務，讀者可以實際嘗試一下。

（5）test_bitcoin.exe

這是用於比特幣程式 bitcoind 的單元測試工具，與程式開發相關，除了這個，實際上還有一個用於 bitcoin-qt 的單元測試工具 test_bitcoin-qt，這些工具通常用不到，這裡不再詳述。

2. 用戶端邏輯結構

從上述介紹，我們了解了中本哲史用戶端程式的基本組成，為了讓大家能更加清晰的認識，現在來看一下中本哲史用戶端在邏輯結構上包含了哪些功能模組，見下圖：

圖中所示的 4 個功能模組，共同組成稱為全節點的比特幣程式結構，其中 “挖礦” 部分標記為虛線，這是因為在中本哲史用戶端中沒有包含挖礦功能，挖礦是另外獨立的程式。我們已經比較了解錢包的功能了，主要用於管理用戶的密

鑰以及提供轉帳操作等功能，屬於比特幣的前端功能。事實上，錢包功能是可以獨立出來的，專門提供一個獨立的錢包程式，這部分在下面章節中有詳細描述。接下來，主要對 "完整區塊鏈" 和 "網路路由" 部分進行說明。剛才提過，錢包只是一個前端功能，那麼比特幣的後端功能是什麼呢？請看下文。

（1）完整區塊鏈

中本哲史用戶端保留了完整的區塊鏈帳本資料，因此能夠獨立校驗所有交易，而不需藉由任何外部的呼叫。當然，另外一些節點只保留了區塊鏈的一部分（例如區塊頭），可以透過一種名為 "簡易支付驗證"（SPV）的方式來完成支付驗證，這樣的節點被稱為 "SPV 節點"。除了中本哲史用戶端外，一些挖礦節點也保有區塊鏈的完整資料副本，還有一些參與礦池挖礦的節點是輕量級節點，它們必須依賴礦池伺服器維護的全節點進行工作。

保有完整區塊鏈資料的節點是非常重要的，比特幣網路之所以能夠成為一個可信任的去中心化網路，就是依賴於這些全節點，目前很多場合為了方便使用，提供不少輕量級節點（如輕錢包等），但是這些輕量級節點的正常使用都是要透過全節點才能完成的。這是一種依賴關係，如果網路中保有完整區塊鏈資料的節點越來越少，那麼比特幣網路就會受到影響，無論效能、安全性等都會降低。

（2）網路路由

比特幣網路是屬於 P2P 網路架構，P2P 也就是對等的意思，與此相對的是 "用戶端－伺服器" 架構，有一個提供服務功能的中心伺服器，其他用戶端透過呼叫伺服器的功能來完成操作，例如行動支付、網路銀行等，如果提供商的伺服器關閉，就完全沒辦法使用這些軟體了。在對等網路中，每個節點共同提供網路服務，不存在任何所謂的中心伺服器，因此在對等網路的網路架構中沒有層次，大家都是平等的，每個節點在對外提供服務的同時也在使用網路中其他節點所提供的服務。以下為兩者的區別示意圖：

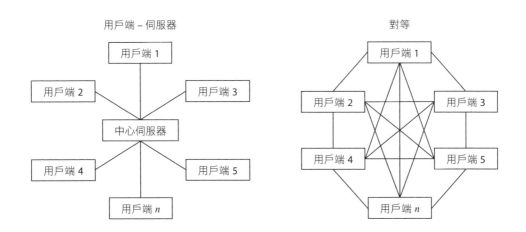

顯而易見，在"用戶端 – 伺服器"網路架構中，必然有一個中心，一旦中心伺服器出了問題，一切都完了；而"對等"網路結構，相比中心化伺服器這種單點故障結構有很強的抵抗能力，我們可以看到，"對等"結構中的節點都是可以與其他節點互連的，而且某個節點出問題也不影響其他節點之間通訊，這種結構的好處顯而易見。當然，無論哪種網路結構，底層的網路協定都是一樣的，依然是 TCP/IP。

比特幣是屬於區塊鏈技術的首創應用，其特點就是去中心化或者說是分散式，由比特幣節點組成的網路自然也就是屬於"對等"網路。那麼既然沒有一個伺服器，大家彼此如何來認識對方，以及如何發現其他的節點呢？

這是需要透過一個協定的，首先節點會啟動一個網路埠[3]，透過這個網路埠與其他已知的節點建立連接。連接時，會發送一條包含認證內容的訊息進行"握手"確認，比特幣網路中是靠彼此共享節點訊息來尋找其他節點，當一個節點建立與其他節點的連接後，會發送一條包含自身 IP 位址的訊息給相鄰的節點，而鄰居收到後會再次發送給自己的其他鄰居。當然節點也不是只能被動地等別人來告訴自己，也可以自己發送請求給其他節點索取這些位址訊息。如果與發現的

---

[3]　通常是 8333，但也可以指定參數，在 1.4.2 節中介紹中本哲史用戶端時已經說明過。

節點之間能夠成功連接，就會被記錄下來，下次啟動時就會自動去尋找上次成功連接過的節點。

簡單地說，作為網路路由的功能，比特幣節點在失去已有連接時會去發現新節點，同時自己也為其他節點提供連接訊息，沒有伺服器的對等網路就是這樣認識陌生人。

至此，大家對比特幣的核心用戶端就有了一個較為完整的瞭解了吧！

1.4.3　比特幣的發行：挖礦

很多朋友在第一次看到 "挖礦" 這個詞時都很疑惑，包括本人。比特幣不是一個軟體嗎？透過軟體來挖礦是什麼意思？從字面上來看，應當是透過投入某種工作，然後能得到一個 "寶貝"，也就是礦。當然了，"挖礦" 不是我們認知的那個挖礦，它只是一套演算法。在介紹演算法過程前，我們先來了解下挖礦在比特幣軟體中主要都有哪些用途：

- 搶奪區塊打包權
- 驗證交易事務
- 獎勵發行新幣
- 廣播新區塊

我們知道，比特幣是一個對等網路，每個節點都可以獨立維護自己的資料副本。那麼問題就來了，怎麼保證彼此之間的資料一致呢？既然沒有一個中心伺服器，自然也就沒有一個傳統意義上的權威資料來源。這就得有一個約定的規則，大家共同按照這個規則來進行競爭，誰競爭成功誰就有資料的打包權，也就是記帳權，打包完成後廣播給別人，別人只要驗證一下有無問題即可，沒有問題就存入自己的資料檔中。

這個概念不錯，就等於是大家來競爭臨時中心伺服器的資格，那麼比特幣中實行一種什麼樣的規則呢？那就是被稱為工作量證明（Proof of Work，PoW）的一種演算法，其實就是類似於擲骰子的一種遊戲。例如大家約定擲出一個 10 位數長度的數字，前面 6 位要都是 0，後面的 4 位數得小於某個值，看誰先擲出符合要求的數字出來，誰就奪得打包權（記帳權）。我們來看一下比特幣中實際是如何擲骰子的。

1. 難度值

首先，既然是大家都在競爭擲骰子，那擲出來的數字必然是要符合一個難度的，這個難度就是一個門檻，在比特幣軟體中，規定為一個 256 位的整數：

```
x00000000FFFFFFFFFFFFFFFFFFFFFFFFFFFFFFFFFFFFFFFFFFFFFFFFFFFFFFFF
```

作為難度 1 的目標值。在比特幣誕生初期，當時的全網運算力，大約需要 10 分鐘左右的運算能得到一個符合這個難度 1 要求的值，這也是我們常常說比特幣網路每隔大約 10 分鐘出一個區塊的來源。在查詢創世區塊（也就是 0 號區塊）的訊息時，可以看到當時的難度就是 1。那麼，所謂符合這個難度為 1 所要求的值是什麼意思呢？即是透過工作量證明演算法，也就是比特幣中的挖礦演算法來計算出一個結果，這個結果要小於這個難度目標值。以下為 0 號區塊的難度訊息：

```
"nonce": 2083236893,
"bits": "1d00ffff",
"difficulty": 1,
```

這些訊息可以透過比特幣支援的 JSON-RPC 中 getblock 命令方法獲得，其中的 difficulty 就是指難度層級。0 號區塊的難度值是 1，nonce 是一個亂數，為挖礦計算得到的一個數字，稍後介紹。bits 是用來儲存難度的十六進位制目標值的，這個難度目標值儲存在區塊的頭部，在原始碼中被定義為一個 4 位元組長度的欄位，4 位元組也就是 32 位，要用來儲存 256 位長度的難度目標值，因此這 256

位長度的值需要經過壓縮處理後才能放到這個欄位中。以這個難度 1 的目標值來說，查詢區塊訊息後，看到的值是 1d00ffff，那麼。這個值是怎麼壓縮來的呢？

規則其實很簡單，我們一共有 4 個位元組來儲存，這 4 個位元組的最高位位元組用來儲存難度值的有效位元組數。什麼叫有效位元組數？就是從第一個不全為 0 的位元組開始的部分，例如難度 1 的值有效位是 0x00FFFF……。等等，怎麼前面有 2 個 0 呢？這是因為在壓縮規則中，規定如果難度值有效位的最高位為 1（大於 0x80），則需要在前面補上一個 0x00，這裡的最高位是 F，也就是二進位制的 1111，因此是符合這個規則的。難度 1 的目標值中，有 4 個位元組長度的 0，減掉這些 0 的長度共 32bit，剩餘 256-32=224，也就是 28 個位元組，加上補的 0x00，因此，有效位總計 29 個位元組。29 的十六進位制是 1D，另外 3 個位元組中儲存的是目標值有效位的最高 3 個位元組，此時的目標值有效位前面已經加上了 2 個 0，因此最高 3 個位元組為 0x00FFFF，合起來壓縮後的值就是 0x1D00FFFF。對於這樣的一個壓縮後的十六進位制 4 位元組難度目標值，前 2 位通常稱為冪或者指數，後面 6 位稱為係數。

那麼，問題來了，壓縮沒問題，那還原呢？現在來看一個公式：

目標值 = 係數 *2^(8*(指數 -3)) 次方

我們就以 0x1D00FFFF 為例來說明，係數是後面 6 位也就是 00FFFF，指數是前面 2 位也就是 1D，代入就是：0x00FFFF*2^(8*(0x1D-3))，計算後得到的值是：

```
0x00000000FFFF0000000000000000000000000000000000000000000000000000
```

你可能會懷疑，不對吧，這個跟規定的難度 1 的值不一樣了啊！精度低了很多。確實是的，儲存在 bits 中的值是一個精度降低的近似值。

我們以 200,000 號區塊為例，查詢一下難度值，得到如下：

```
"nonce": 4158183488,
"bits": "1a05db8b",
"difficulty": 2864140.507810974,
```

接著來看看這個 difficulty 的值是怎麼來的。0 號區塊的難度是 1，對應的目標值是 0x1D00FFFF，200,000 號區塊的難度目標值是 0x1A05DB8B，將兩者的目標值按照上述公式進行轉換後相除便能得到 2864140.507810974 的難度值。我們發現，200,000 號區塊的 difficulty 比 0 號區塊的大許多，而 bits 的大小卻比 0 號區塊的小許多。這其實是表示了一個特點，隨著全網運算力越來越強，difficulty 難度值就會越來越大，而 bits 表示的目標值會越來越小，這兩者成反比，目標值越小就越難挖礦。

剛才也提到了，難度值並不是一成不變的，比特幣差不多每兩週會調整新的難度值，因為計算的運算力是會變化的，為了維持差不多 10 分鐘出一個區塊的節奏，難度要跟隨運算力變化而調整，比特幣的設計相當完善。

新難度值的計算公式為：新難度值 = 當前難度值 ×（最近的 2016 個區塊之實際出塊時間 / 20,160 分鐘）。2016 個區塊的意思是：假設按照理論的 10 分鐘出一個塊，2 週也就是 14 天的時間，應該出 2016 個區塊，可以看到實際上就是計算一下實際與理論上的時間差值，彌補上這個差值即可。

2. 挖礦計算

我們了解了難度值的概念，現在來看看挖礦計算實際是怎樣一個過程。首先，前面提過挖礦是要搶奪區塊打包權，那就得收集需要打包進區塊的那些交易事務，但這些資料從哪來呢？這裡有個概念需要注意，打包就像是記帳，是把發生的交易事務記錄下來存檔，但是無論什麼時候打包、誰打包，在網路中發生的交易是持續不斷的，就像公司倉庫的進銷存業務，無論會計是一個月還是半個月記一次帳，業務是持續進行的。

在比特幣系統中，每個人都會將透過錢包進行的轉帳交易資料廣播到網路中，這些都是屬於等待打包的未確認交易資料。這些資料都會放在一個記憶集區中，總之就是一個緩衝區，當然，這些資料都會被接受基本的驗證，用以判斷是否為不合法的或者是不符合格式的交易資料。

挖礦程式從記憶集區中獲取用來打包區塊的交易資料，接下來就要工作了。我
們來看一下挖礦的計算公式：

```
SHA256(
        SHA256(version + prev_hash + merkle_root + ntime + nbits + nonce )
    ) < TARGET
```

SHA256 是一種雜湊演算法，可以透過對一段資料進行計算後輸出一個長度為
256 位的摘要訊息。SHA256 在比特幣中使用很廣泛，不但用於挖礦計算，也用
於計算區塊的雜湊值和交易事務的雜湊值。比特幣對 SHA256 演算法情有獨鍾，
我們看到在這個公式中，是對參數進行兩次 SHA256 計算，如果計算出來的值
小於 TARGET（也就是難度目標值），那就算是挖礦成功了。那麼，這些參數都
是由哪些組成的呢？請看下表：

名稱	含義
version	區塊的版本號
prev_hash	前一個區塊的雜湊值
merkle_root	準備打包的交易事務雜湊樹的根值，也就是梅克爾根
ntime	區塊時間戳記
nbits	當前難度
nonce	亂數

這些資料欄位其實也是區塊頭的組成部分，將這些參數連接起來，參與 SHA256
的挖礦計算。在這些參數中，版本號是固定的值，前一個區塊的雜湊值也是固
定的值，當前難度也是一個固定的值，那麼要想改變這個公式的計算結果，能
變動的參數就只有梅克爾根、區塊時間戳記和那個亂數了。

1）梅克爾根是透過交易事務計算出來的，挖礦程式從記憶集區中獲取待打包
的交易事務，然後計算出梅克爾根。獲取交易事務本身也是有一些優先度
規則的，例如根據手續費大小之類，這些細節就不贅述了。

2）　區塊時間戳記是指 UNIX 時間戳記，用於記錄區塊的產生時間，我們知道
　　比特幣系統是分散式的網路，沒有固定的時間伺服器，因此每個節點獲得
　　的時間戳記都可能是不一樣的。由此，比特幣系統中設定規則：① 新產生
　　區塊的時間戳記要大於之前 11 個區塊的平均時間戳記；② 不超過當前網路
　　時間 2 個小時。所以，後一個區塊的時間戳記反而比前一個區塊的時間戳
　　記小，也不無可能。

3）　亂數是一個可自由取值的數值，取值範圍是 0 ～ 2 的 32 次方。

我們可以看到，要透過這樣的參數來計算出符合條件的值，基本上也就只能靠
暴力計算比對了，這種不斷執行 SHA256 計算的過程很消耗運算力，因此這個
過程被形象地稱為 "挖礦"。簡單地說，**挖礦就是重複計算區塊頭的雜湊值，不
斷修改此參數，直到與難度目標值匹配的一個過程。**

一旦比對成功，就可以廣播一個新的區塊，其他用戶端會驗證接收到的新區塊
是否合法，如果驗證通過，就會寫入到自己的區塊鏈帳本資料中。那麼，挖礦
的獎勵在哪裡呢？不是說礦工成功算出一個區塊就能得到比特幣作為獎勵的
嗎？那麼這裡獎勵在哪呢？這個獎勵其實是作為一條交易事務包含在區塊的交
易事務中的，相當於系統對礦工轉入了一筆比特幣。這種交易事務由於特殊性，
通常稱為 coinbase 交易，這個交易一般是位於區塊中的第一條。比特幣系統也
正是透過這種挖礦獎勵的方式發行新的比特幣，就像央行發行新鈔一樣。

這個獎勵不是無限的，從 2009 年 1 月建立出第一個區塊，每個區塊獎勵 50 個
比特幣，然後每 21 萬個區塊（大約 4 年）產量減半，到 2012 年 11 月減半為每
個區塊獎勵 25 個比特幣，然後在 2016 年 7 月減半為每個新區塊獎勵 12.5 個比
特幣。基於這個公式，比特幣挖礦獎勵逐步減少，直到 2140 年，所有的比特幣
（20,999,999.98）將全部發行完畢，到那個時候挖礦就只能收入一些交易手續費
了。屆時，比特幣網路是否還能保持運作，目前我們也只能持保留意見了。礦
工在沒有明顯的激勵之後，是否還願意進行挖礦、承擔區塊打包的責任，現在
還很難說。

比特幣中的挖礦計算，大致就是這個過程，本質上就是利用 SHA256 計算。有朋友可能有疑問，那第一個區塊也就是創世區塊是怎麼挖出來的？很簡單，創世區塊是直接寫死的，在比特幣的原始碼中，以 CreateGenesisBlock 這個方法寫入，並且還留下了一句話：The Times 03/Jan/2009 Chancellor on brink of second bailout for banks。當英國的財政大臣達林被迫考慮第二次出手紓困銀行危機，這句話是泰晤士報當天的頭版文章標題。

3. 區塊廣播

礦工挖出區塊後，就進行網路廣播，傳遞給相鄰的節點，節點接收到新的區塊後會進行一系列的驗證，例如區塊資料格式是否正確；區塊頭的雜湊值小於目標難度；區塊時間戳記是否在允許範圍之內；區塊中第一個交易（且只有第一個）是 coinbase 交易；區塊中的交易事務是否有效等，總之就是一連串的檢測，全部校驗通過就把新的區塊資料納入到自己的區塊鏈帳本中。如果是挖礦節點接收到訊息，就會立即停止當前的挖礦計算，轉而進行下一區塊的競爭。

比特幣的挖礦過程暫且告一段落，不知道您是否有個疑惑，那就是挖礦演算法雖然能夠提供工作量證明，表示礦工確實投入了相當的運算力，但是卻不能保證只有一個礦工能挖到，萬一在同一時間內多個礦工都計算出符合條件的值，都擁有了打包權，那以誰為準呢？比特幣中的解決方案，竟然是那麼簡單，沒用什麼複雜的演算法，就是讓節點自己選擇，最終傳播最廣、處於最長鏈中的區塊將被保留，因此到底誰的區塊會被保留下來，可能還真得看看運氣了。

這裡實際上隱含著 FLP 原理，其定義為：在網路可靠、存在節點失效（即使只有一個）的最小化非同步模型系統中，不存在一個可以解決一致性問題的確定性演算法。這個其實也很好瞭解，來看一個例子：三個人在不同房間投票，雖然三個人彼此之間可以用電話溝通，但是經常會有人三不五時地睡著。例如，A 投 0，B 投 1，C 收到然後睡著了（類比節點失效），則 A 和 B 永遠無法在有限時間內和 C 共同獲得最終的結果。看到這裡，我們也就明白挖礦的作用了，除發行新的比特幣外，主要就是維持網路共識，讓每個節點對區塊鏈的資料保持最終一致性。

4. 挖礦方式

比特幣的挖礦過程我們已經了解，現在介紹一下挖礦方式。挖礦演算法在執行過程中，為了搶奪區塊打包權，就得拼命去算出符合難度目標的值，大家都在不斷升級自己的運算力，難度也就越來越大。挖礦程式本身不複雜，關鍵是這個過程非常依賴計算機的運算力資源，可以說得運算力者得天下。也因為這個原因，挖礦的方式在多年來不斷進化，一切都圍繞著為了得到更高的運算力來進化。

我們先從硬體類型來說。早期，只有少數礦工，難度值也還不大，使用一般的個人電腦就能挖礦，這個時期的硬體設施主要是一般 CPU 挖礦。隨著更多的礦工加入，難度越來越大，使用一般 CPU 的運算能力，效率開始不夠用，於是出現了 GPU 挖礦，利用顯示卡來進行挖礦計算。

GPU 對於 SHA256 的計算效能更高。曾經有一段時間，市面上的顯示卡銷量爆增，多為被買去建置顯示卡挖礦的。2017 年上半年，另外一種數位加密貨幣以太坊價格暴漲，也一度引發市面上 "一卡難求"。高階顯示卡的 GPU 運算，在一些挖礦演算法上的效能表現確實相當出色。然而，對於運算力的追求是無止境的，接著又出現裝有 FPGA（Field-Programmable Gate Array，現場可程式化閘陣列）和 ASIC（Application Specific Integrated Circuit，特定應用積體電路）的挖礦設備。這兩類是屬於積體電路的設備，尤其是 ASIC，這是目前頂級效能的礦機，專門為了挖礦而設計，只為挖礦而生！

說完挖礦的設備，我們再來說說挖礦節點的類型，最簡單的挖礦節點類型就是solo 挖礦，也就是個體礦工，自己弄台挖礦設備然後默默開挖，守株待兔般等待著挖礦成功。如今，在挖礦難度大幅度提升的時代，個人挖礦幾乎是一點機會都沒有，那麼現在流行的挖礦節點是什麼類型？那就是礦池，礦池靠挖礦協定協調眾多的礦工，相當於大家聯合起來，每個人都貢獻自己的運算力，形成一個整體，大幅增強整個挖礦節點網路的運算力，個人礦工也可以加入到礦池。他們的挖礦設備在挖礦時保持和礦池伺服器的連接，和其他礦工共同分享挖礦任務，之後分享獎勵。

1.4.4　比特幣錢包：核心錢包與輕錢包

錢包，是屬於比特幣系統中的一個前端工具，其最基本的功能就是用來管理使用者的比特幣位址、發起轉帳交易、查看交易記錄等，在這方面與我們生活中使用的錢包是類似的。一開始的比特幣錢包是跟比特幣核心用戶端一起發布的，1.4.2 節介紹比特幣核心用戶端時，已經初步說明，這個錢包是比特幣核心錢包，其使用過程必須要配合完整的區塊鏈資料副本，因此一般也只適合在桌機使用。

我們在使用比特幣錢包時，經常會遇到一個名詞：比特幣位址。透過錢包轉帳，就是將比特幣從一個位址轉移到另外一個位址，暫且不論這個轉移的過程為何，那這個位址到底是什麼意思，它又是如何產生？我們先來看一組名詞關鍵字：私鑰、公鑰和錢包位址。

私鑰與公鑰來自公開密鑰演算法的概念，我們常說比特幣是一種加密數位貨幣，之所以這麼說，是因為比特幣的系統設計中巧妙使用了現代加密演算法，而其中一個運用就是生成比特幣位址，比特幣位址的生成與公開密鑰演算法密切相關。什麼是公開密鑰演算法呢？

傳統的加密演算法，其加密和解密方法是對稱的，例如凱撒密碼，這是將字母移位以進行加密，例如字母 a 替換成 c、b 替換成 d、d 替換成 f，本來是 abc 的單詞就變成了 cdf。然而這種加密演算法一旦洩露，別人也就知道了解密演算法，換句話說，只有一個密鑰。針對這種問題，公開密鑰演算法就應運而生，而公開密鑰演算法屬於一種不對稱加密演算法，擁有兩個密鑰：一個是私鑰，一個是公鑰。公鑰可以公開給別人看到，私鑰必須要妥善保存，使用私鑰加密

（通常習慣上將私鑰加密稱為 "私鑰簽名"）的資料可以用公鑰解密，而使用公鑰加密的資料可以用私鑰解密，兩者是互相匹配的。

目前使用比較廣泛的公開密鑰演算法主要有 RSA 演算法和橢圓曲線加密演算法（ECC），RSA 是利用質數分解難度的原理，ECC 是利用橢圓曲線離散對數的計算難度，比特幣中使用的是橢圓曲線加密演算法。

接下來看一下比特幣位址是怎麼生成的。為了簡化說明，我們看一幅示意圖：

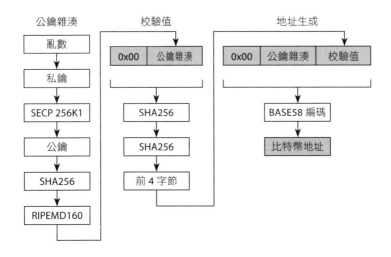

這就是比特幣位址的生成過程，過程大致如下：

1） 首先使用亂數發生器生成一個私鑰，私鑰在比特幣中的作用非常重要，可以用來證明使用者的身份，也可以簽發交易事務。

2） 私鑰經過 SECP256K1 演算法處理生成公鑰，SECP256K1 是一種特定的橢圓曲線演算法，需要注意的是，透過演算法可以從私鑰生成公鑰，但是卻無法反向從公鑰生成私鑰，這也是公鑰之所以可公開的原因。

3） 接下來公鑰先使用 SHA256 雜湊演算法計算，再使用 RIPEMD160 雜湊演算法計算，計算出公鑰雜湊。比特幣的程式透過 2 次雜湊來計算位址值，這樣能進一步確保雜湊後的數值唯一性，進一步降低不同資料進行雜湊後相同的機率。與 SHA256 一樣，RIPEMD160 也是一種雜湊演算法。

4）將一個位址版本號連接到公鑰雜湊（比特幣主網版本號為 0x00），然後進行兩次 SHA256 運算，將計算得到的結果取前面 4 位元組作為公鑰雜湊的校驗值。

5）將 0x00 版本號與公鑰雜湊以及校驗值連接起來，然後進行 BASE58 編碼轉換，最終得到了比特幣位址。

以上便是比特幣位址的生成過程了，我們可以發現比特幣位址其實就是從公鑰轉化而來的，將上圖簡化一下，即為下列過程：

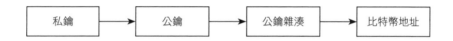

所以，在比特幣系統中，本質上並沒有一個叫作 "位址" 的東西，因為 "位址" 是可以透過公鑰轉化而來的，可以瞭解為公鑰的另外一種形式，而公鑰又是可以從私鑰推算出來的。因此在比特幣錢包中，真正需要妥善保存的是生成的私鑰資料，千萬不能弄丟，一旦遺失，那可比忘記金融卡密碼還麻煩。比特幣錢包的主要功能就是保管私鑰。

比特幣的核心錢包是跟核心用戶端在一起的，可以完成建立錢包位址、收發比特幣、加密錢包、備份錢包等功能。由於核心錢包是與核心用戶端在一起使用的，因此在進行轉帳交易時，可以進行完整的交易驗證。當然，付出的代價就是必須得帶上大量的帳本資料，到 2017 年 8 月份這份資料已經超過了 130GB，而且還在持續不斷地增長中，因此並不方便使用者的實際使用。實際上除了這一點不方便外，在私鑰管理上也有麻煩的地方，透過官方的核心錢包可以無限制地建立自己所需數量的錢包位址，然而這些位址對應的私鑰管理也就成了問題，如果不小心損壞某一個私鑰資料，那就找不回來了，基於這些問題，發展出了新的解決方案。

很多時候，我們在進行支付時，只是想通過一個支付驗證，知道支付已經成功發起就可以了。對於完整的交易驗證（需要在完整的帳本資料上校驗，例如是否包含足夠的餘額、是否雙花等）可以交給核心節點，這樣就可以將錢包功能部分剝離出來，由此產生 SPV 錢包。事實上這個概念在比特幣白皮書中就介紹過，我們來看一下它的原理是什麼，SPV 錢包的大致過程如下所示。

1) 下載完整的區塊頭資料。請注意是區塊頭，而不是所有的區塊鏈資料，這樣可以大大減少需要取得的帳本資料量。區塊頭中包含有區塊的梅克爾根，SPV 方式主要就是靠它來實作。

2) 如果想要驗證某筆支付交易，則計算出這筆交易事務的雜湊值 txHash。

3) 找到 txHash 所在的區塊，驗證一下所在區塊的區塊頭是否包含在帳本資料中。

4) 獲得所在區塊中計算梅克爾根所需要的雜湊值。

5) 計算出梅克爾根。

6) 若計算結果與所在區塊的梅克爾根相等，則支付交易是存在的。

7) 根據該區塊所處的高度位置，還可以確定該交易得到了多少個確認。

我們看到了，SPV 原理的錢包就是使用梅克爾樹來驗證支付是否已經發生，這也是為什麼稱之為簡單支付驗證的原因。不過我們也可以發現，支付驗證所做的事情很少，僅僅能看到當前的支付交易是否被發起而已，並不能保證這筆交易事務最終會進入到主鏈中，也就是說還需要等待核心節點進行全面的交易驗證並且礦工打包到區塊後進入主鏈。在這個過程中是有可能發生失敗的，所以 SPV 錢包雖然帶來了便捷性但也犧牲了安全性。時至今日，已經出現了各式各樣的比特幣錢包，在 bitcoin.org 網站上可以一見端倪：

上圖中顯示有各種類型的錢包可以使用，選用錢包時，務必了解清楚錢包的功能和來源，以免遭受損失。

接下來再來介紹一種管理多個私鑰的錢包技術，即階層確定性錢包（Hierarchical Deterministic Wallets，有時也簡稱為 HD Wallets），這個在比特幣開發的 BIP32[4] 中有專門的建議論述。簡單地說，階層確定性錢包具有如下的特點。

1）用一個亂數來生成根私鑰，這與任何一個比特幣錢包生成私鑰沒有區別；

2）用一個確定的、不可逆的演算法，基於根私鑰生成任意數量的子私鑰。

例如比特幣中使用的 SHA256 就是一個確定不可逆的演算法，可以很容易使用 SHA256 設計出一個 HD 模型：SHA256(seed+n)，這個就算是類型 1 確定性錢包了。實際上，階層確定性錢包是確定性錢包的一種，目前階層確定性錢包有 Type1、Type2，還有 BIP32 規範幾種類型，這些都是為了達成相同目標制定的不同實作方法，基本原理都是類似的。

4　BIP（Bitcoin Improvement Proposal，比特幣改進建議）是一個針對比特幣社區的公開意見簿，BIP32 就是第 32 號建議的意思。

所謂的分層，除了私鑰由主私鑰來生成逐層的私鑰以外，公鑰也一樣，透過主公鑰生成所有的子公鑰。實際上，生成的密鑰本身，都可以作為根來繼續生成子密鑰，這就是所謂的分層。請注意，這裡透過公鑰生成子公鑰，不需要私鑰的參與，無論是主私鑰還是子私鑰都不需要參與。我們來看一下示意圖：

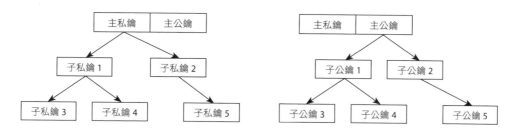

這個特性是非常有用的，在一定程度上，隔離私鑰和公鑰會更為方便：

1） 備份只需要備份主私鑰就行了，新增位址無須再次備份私鑰。

2） 可以保證主私鑰的冷儲存，無論增加多少個位址，只需要主公鑰就可以了。

3） 為方便審計，只需要提供主公鑰或者某個分支的子公鑰，就可以查看下級的資料而又保證不能被交易。

4） 有了這棵樹，還可以配合權限，設定不同層級的權限，能查看餘額還是能交易等。當然啦，便利性往往都是要犧牲安全性的，缺點很明顯，這種錢包，由於私鑰之間是具有固定關係的，不那麼隨機了，因此只要暴露任何一個私鑰，再加上主公鑰做關聯分析，就很有可能使整個樹狀密鑰結構都洩露。

1.4.5 比特幣帳戶模型：UTXO

接著我們來認識一下比特幣中交易事務的資料結構。首先看這個名詞 UTXO（Unspent Transaction Output，"未花費事務輸出"），老實說，第一次看到這個術語時，實在百思不得其解，如果說是未花費的餘額還能瞭解，我錢包裡有1000，花了 200，還有 800 未花費，這是很符合正常邏輯的，但這個未花費的"事務輸出"是什麼意思呢？實際上，這與比特幣中的交易事務結構是很有關係的。

為了讓大家更容易瞭解，我們暫且先不解析這個交易資料結構，當我們進入到一個倉庫，我們知道倉庫的主要業務就是進和出，倉庫也會把日常的進出流水帳記錄下來，為了查詢統計方便，除了流水帳通常還會彙整一份庫存表出來。舉例如下：

日期	方向	品名	數量	流水編號
2017-8-1	入	毛筆	10	0001
2017-8-2	入	毛筆	20	0002
2017-8-3	入	墨水	15	0003
2017-8-3	出	毛筆	15	0004
2017-8-4	出	墨水	5	0005
2017-8-5	入	毛筆	10	0006

以上圖為例，這是從 2017-8-1 到 2017-8-5 之間倉庫記錄的出入流水帳，為了統計方便，倉庫還彙整保存了一份每天的庫存日報表如下：

日期	品名	庫存	品名	庫存
2017-8-1	毛筆	10	墨水	0
2017-8-2	毛筆	30	墨水	0
2017-8-3	毛筆	15	墨水	15
2017-8-4	毛筆	15	墨水	10
2017-8-5	毛筆	25	墨水	10

每天倉庫在出貨時，只要查看一下庫存日報表就知道數量是否足夠。例如 2017-8-3 需要出貨 15 支毛筆，此時查看庫存表發現毛筆的庫存量有 30 支，足夠發出，於是就將庫存表中的毛筆數量減掉 15，並且將出貨明細記錄在流水帳中。然而，這裡有一個問題，庫存日報表是另外編制保存的，那就有可能發生資料不一致的情況，例如 2017-8-2 時毛筆的庫存本來是 30 卻誤寫為 20，這樣導致後續的帳務就都是錯的了。

因此在有些系統中，為了防止出現這樣的不一致，索性不再另外保存庫存表，而只是出一張視圖統計（邏輯統計，並非實際去保存這樣一個統計表）。

比特幣中的交易事務過程，與上述的庫存進出很類似，某個錢包位址中轉入了一筆比特幣，然後這個位址又向其他錢包位址轉出了一筆比特幣，這些不斷發生的入和出跟倉庫的進出是異曲同工的。

然而，在比特幣中並沒有保存一份"庫存表"，每當"出貨"時也並不是去"庫存表"中進行扣除，而是直接消耗"入庫記錄"，也就是說在出貨時就去找有沒有之前的入庫記錄拿來扣除。例如 2017-8-3 時需要出貨 15 支毛筆，此時系統就會去搜索之前的入庫記錄，發現有 2017-8-1 和 2017-8-2 分別有一筆數量為 10 和 20 的入庫記錄，為了滿足 15 的發出數量，首先可以消耗掉 10 的這一筆，然後從 20 的這一筆再消耗掉 5 支。判斷成功後，系統會直接產生一條數量為 10 的出貨記錄和數量為 5 的出貨記錄，按這樣的方法，對應每一筆進出貨。

在比特幣的交易事務結構中，"入"就是指金額轉入，"出"就是指金額轉出。為了讓大家對這種金額轉入與轉出有一個更加通俗的瞭解，請看下列示意圖：

交易類型：Coinbase			交易編號：001
輸入	輸出		
挖礦獎勵	序號	金額	地址
	1	12.5	Alice 地址

交易類型：普通轉帳			交易編號：002
輸入	輸出		
001 交易中的輸出	序號	金額	地址
	1	6	Bob 地址
	2	6.5	Alice 地址

交易類型：普通轉帳			交易編號：003
輸入	輸出		
002 交易中的輸出	序號	金額	地址
	1	2	Lily 地址
	2	4	Bob 地址

上圖是比特幣中的交易事務結構，在比特幣的交易事務資料中，儲存的就是這樣的輸入和輸出，相當於倉庫中的進出流水帳，並且 "輸入" 和 "輸出" 互相對應，或者更準確地說，"輸入" 就是指向先前的 "輸出"，我們解釋一下圖中發生的交易事務。

1）001 號交易為 Coinbase 交易，也就是挖礦交易，在這個交易中，"輸入" 部分沒有對應的 "輸出"，而是由系統直接獎勵發行比特幣，礦工 Alice 得到了 12.5 個比特幣的獎勵，放在 001 號交易的 "輸出" 部分。此時，對於 Alice 來說，擁有了這 12.5 個比特幣的支配權，這 12.5 個比特幣的輸出可以作為下一筆交易的 "輸入"，顧名思義，這筆 "輸出" 就稱之為是 Alice 的未花費輸出，也就是 Alice 的 UTXO 的意思。

2）002 號交易中，Alice 轉帳 6 比特幣到 Bob 的位址，Alice 找到了自己的 UTXO（如果 Alice 不止一筆 UTXO，可以根據一定的規則去選用，例如將小金額的先花費掉）。由於只需要轉帳 6 比特幣，可是 UTXO 中卻有 12.5 個，因此需要找零 6.5 個到自己的位址中，由此產生了 002 號中的交易輸出。請注意，在 002 號交易輸出中的 Alice 位址是可以和 001 號中的 Alice 位址不一樣的，只要都是屬於 Alice 自己的錢包位址就可以。

3）003 號交易中，Bob 轉帳了 2 比特幣到 Lily 的位址，過程與 002 號交易相同，不再贅述。

相信大家看到這裡，已經基本瞭解了所謂的 UTXO 是什麼意思，以下再來總結一下。

1）比特幣的交易不是透過帳戶的增減來實作的，而是一筆筆關聯的輸入 / 輸出交易事務。

2）每一筆的交易都要花費 "輸入"，然後產生 "輸出"，這個產生的 "輸出" 就是所謂的 "未花費過的交易輸出"，也就是 UTXO。每一筆交易事務都有一個唯一的編號，稱為交易事務 ID，這是透過雜湊演算法計算而來的。當需要引用某一筆交易事務中的 "輸出" 時，主要提供交易事務 ID 和所處 "輸出" 列表中的序號就可以了。

3）　由於沒有帳戶的概念，因此當 "輸入" 部分的金額大於所需的 "輸出"
時，必須給自己找零，這個找零也是作為交易的一部分包含在 "輸出" 中。

有朋友會問：這個 UTXO 的意思是明白了，可是就這麼一條條的 "輸入" 和
"輸出"，怎麼證明哪一條 UTXO 是屬於誰的呢？

在比特幣中，是用輸入腳本和輸出腳本程式實作的，有時候也稱為 "鎖定腳本"
和 "解鎖腳本"。簡單地說，就是透過 "鎖定腳本"，利用私鑰簽名解鎖自己
的某一條 UTXO（也就是之前的 "輸出"），然後使用對方的公鑰鎖定新的 "輸
出"，成功後，這筆新的 "輸出" 就成為了對方的 UTXO。同樣，對方也可以
使用 "鎖定腳本" 和 "解鎖腳本" 來實作轉帳。這個腳本程式其實可以看成是
比特幣中的數位合約，這也是為什麼比特幣被稱為可程式化數位貨幣的原因，
它的轉入 / 轉出或者說輸入 / 輸出是利用腳本程式的組合來自動實作的，實作過
程中還使用到了私鑰和公鑰，也就是公開密鑰演算法，所以比特幣還稱為可程
式化加密數位貨幣。

1.4.6　動手編譯比特幣原始碼

如果有人一直跟你說有個漢堡多好吃，芝麻有多香，肉餅超多汁，你一定想去
嚐嚐看；如果有人一直在跟你說有首歌曲多動人，旋律有多美，歌詞有多感人，
你自然希望去聽一聽。是的，我們說了那麼多的概念、技術名詞，介面也看過
了，可是這麼一個軟體到底是怎麼編譯出來的呢？無論你是不是程式設計師，
都可以感受一下這個過程，看看這個設計巧妙的軟體是怎樣通過原始碼生成可
執行程式的。

比特幣的原始碼是公開的，並且放在 GitHub 網站上：https://github.com/
bitcoin/bitcoin，目前該原始碼由比特幣基金會進行維護。版權類型是 MIT，這
是一個很鬆散的版權協定，每一個對比特幣原始碼感興趣的人都可以自由地複
製、修改，以進行學習研究。

打開網頁後，可以看到詳細的程式原始碼以及附帶的文件說明，我們就從這裡下載原始碼進行編譯。在說明編譯步驟之前，先介紹些概要前提吧！

首先，比特幣的原始碼是使用 C++ 語言開發的，因此想要深入研究原始碼的朋友們，最好要有不錯的 C++ 基礎；其次，原始碼中使用了很多其他的開源庫，例如 libssl-dev、libevent-dev、libboost-all-dev 等，因此編譯時也需要先安裝這些第三方的相依；另外，比特幣原始碼在 Linux 系統上進行編譯最方便，很多相依函式庫都是先天開發在 Linux 平台的，當然其他系統上也可以進行編譯。

好了，接下來，我們就開始這道大餐吧！

1. 準備作業系統環境

這裡我們使用 Ubuntu 16.04 LTS 桌面版，關於 Ubuntu 的安裝就不在此贅述，實機安裝或者用虛擬機器安裝都可以，裝好系統後，首先使用如下命令更新系統的軟體源：

```
sudo apt-get update
```

2. 獲得原始碼

先來看一下取得原始碼的命令：

```
sudo apt-get install git
mkdir ~/bitcoinsource
git clone https://github.com/bitcoin/bitcoin.git "~/bitcoinsource"
```

1）第 1 條命令是安裝 git 命令工具，這個 git 工具是用來從 GitHub 上下載原始碼的。事實上，使用 git 工具不但可以下載原始碼，也可以在本機建立自己的版本庫；

2）第 2 條命令是在當前使用者的目錄下建立一個資料夾，用以保存即將下載的比特幣原始碼，讀者實際操作時，可以自行決定路徑和資料夾名稱；

3） 第 3 條命令就是從 GitHub 上下載比特幣的原始碼到建立的 bitcoinsource 目錄中。這裡有個問題需要注意，如果在 git clone 過程中終止了，當再次進行 clone 時會出錯，一般會有這樣的提示：

```
git clone:GnuTLS recv error(-9):A TLS packet with unexpected length was received
```

出錯的原因是因為 git clone 並不支援續傳，刪除目錄後重新建立一個新目錄再 clone 即可。

除了上述的 git clone 命令方法外，還可以在 GitHub 上直接下載原始碼壓縮包，下載的檔案名一般為 bitcoin-master.zip，然後解壓縮即可：

```
unzip bitcoin-master.zip
```

解壓縮後，將當前工作目錄 cd 到 bitcoin-master 中，至此就可以開始著手編譯了。

3. 安裝相依函式庫

工欲善其事必先利其器，比特幣原始碼中使用了很多第三方的函式庫，這些都是必需的相依，沒有這些可以自由方便使用的函式庫，使用 C++ 開發比特幣軟體就複雜得多。

例如，以下 3 行命令主要安裝 C++ 編譯器和 make 工具：

```
sudo apt-get install make
sudo apt-get install gcc
sudo apt-get install g++
```

例如，以下命令主要是安裝相依函式庫：

```
sudo apt-get install build-essential
sudo apt-get install libtool
sudo apt-get install autotools-dev
sudo apt-get install autoconf
sudo apt-get install pkg-config
sudo apt-get install libssl-dev
sudo apt-get install libevent-dev
sudo apt-get install libboost-all-dev
```

```
sudo apt-get install libminiupnpc-dev
sudo apt-get install libqt4-dev
sudo apt-get install libprotobuf-dev
sudo apt-get install protobuf-compiler
sudo apt-get install libqrencode-dev
```

libevent-dev 是一個網路函式庫，實作網路通訊功能；libssl-dev 是一個密碼演算法庫，提供了亂數生成、橢圓曲線密碼演算法等功能；libboost-all-dev 是一個 C++ 工具庫，提供各種 C++ 呼叫的基礎函式庫，如多執行緒呼叫以及一些有用的資料結構等；libqt4-dev 是一個跨平台的 C++ 函式庫，用於實作跨平台運作的軟體介面，這些都是比特幣原始碼中需要用到的功能相依函式庫。

值得一提的是，這些相依函式庫也都是開源的，也就是說，比特幣原始碼不但本身是自由開源，使用的其他相依函式庫也是自由開源的，這樣就方便了那些希望對比特幣原始碼進行深入研究的朋友，可以對每一個實作細節細嚼慢咽，盡情去學習和研究。

這兩行命令主要安裝比特幣需要用到的資料儲存驅動，其使用的類型為 Berkeley DB，是一種開源的資料庫。

```
sudo apt-get install libdb-dev
sudo apt-get install libdb++-dev
```

到目前為止，萬事俱備只欠東風，該準備的材料都準備好了。

4. 編譯準備

這兩個步驟是使用 make 工具進行編譯的準備工作。

```
./autogen.sh
./configure
```

需要注意的是，在執行 ./configure 時，有可能會看到如下訊息：

```
configure: error: Found Berkeley DB other than 4.8, required for portable wallets
(--with-incompatible-bdb to ignore or --disable-wallet to disable wallet
functionality)
```

看起來是 configure 命令執行時出的問題，大概的意思是發現 Berkeley DB 的版本高於 4.8。我們在安裝 Berkeley DB 時，命令下載安裝的是最新版本，這個其實就是個警告而已，沒什麼影響，提示中也有解決方法，在 configure 的命令後面加上一個參數就可以了：

```
./configure —with-incompatible-bdb
```

執行完畢就可以了，接下來的工作就簡單啦，直接 make 編譯安裝即可。

5. 編譯安裝

```
make
sudo make install
```

執行完畢後，就大功告成了，接下來就可以運作比特幣用戶端程式啦！我們可以運作帶介面的程式試試，經過這個步驟，在原始碼目錄 src/qt/ 下生成了可執行程式，同時安裝到 /usr/local/bin 目錄下。

6. 運作測試

輸入以下命令：

```
bitcoin-qt
```

感動人心的一刻！我們可以看到比特幣的介面顯示出來了。當然，你也可以執行 bitcoind 程式。至此，在 Ubuntu 作業系統上編譯比特幣原始碼就結束了。限於篇幅，在其他作業系統例如 Mac、Windows 上的編譯過程就不再贅述，讀者如果感興趣，也可以參考比特幣原始碼中 doc 資料夾下面的 build-osx.md 和 build-windows.md，分別是在 Windows 和 MacOS 系統上的編譯解說。

7. 使用 IDE 管理原始碼

照理說，至此也沒什麼可說的了，編譯完成，也可以執行了。不過有沒有覺得哪裡不太對勁呢？對了，缺少一個 IDE（Integrated Development Environment，整合開發管理），這麼多的檔案，用文字編輯器一個一個看，讓人眼花。好，接下來我們要安裝一個 IDE 工具來管理這些原始碼，比特幣系統是使用 C++ 開發，圖形介面部分使用的又是 QT 元件，那就選擇 Qt Creator 吧！本身也開源，而且跨平台，對 C++ 的編譯支援也非常好。由於上述的原始碼編譯是在 Ubuntu 下進行，因此，我們仍然在 Ubuntu 下進行安裝設定。以下按照步驟來一步步說明。

（1）準備 Qt Creator

可以直接到 Qt Creator 官網下載，Qt 分為商業版和開源版本，我們使用開源版本即可。下載後得到一個檔案 qt-opensource-linux-x64-5.6.2.run，讀者自己下載時，還可以選擇在線安裝版和離線安裝版，這裡下載的是離線安裝版，進入檔案所在的目錄，執行如下命令：

```
chmod +x qt-opensource-linux-x64-5.6.2.run
./qt-opensource-linux-x64-5.6.2.run
```

第 1 行命令為安裝檔案賦予執行權限。

第 2 行命令是執行安裝。

安裝完畢後，可以打開 Qt Creator，介面如下圖所示：

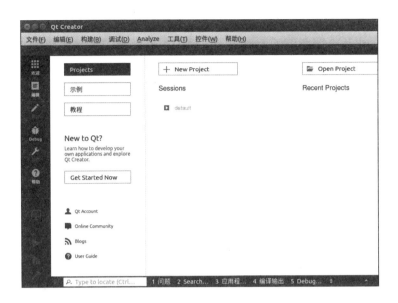

（2）導入原始碼項目

在 Qt Creator 的選單欄，按 "檔案" → "新建檔案或項目" 命令，會彈出一個
視窗，選擇其中的 "Import Project"，並選中右側的 "導入現有項目"，如下圖
所示：

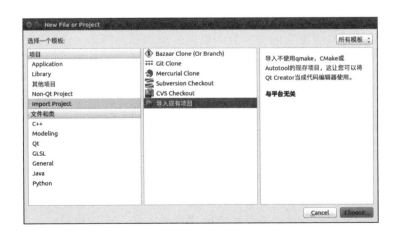

接下來就是選擇我們的比特幣原始碼所在目錄，也就是需要導入的項目。

圖中的 "項目名稱" 可以任意取名，"位置" 就是比特幣原始碼所在的目錄。
選擇完畢後按 "下一步" 繼續。

這個介面主要是用於選擇一個原始碼版本控制系統，可以根據自己需要選用，
這裡只是示範，因此不用選擇，直接按完成即可。

原始碼導入完畢後，在 Qt Creator 中的畫面如下：

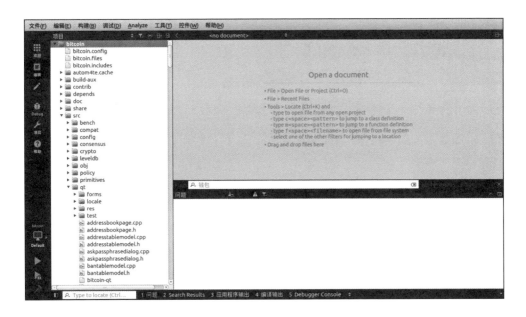

如圖所示，在左側已經列出了原始碼的檔案列表，src 目錄下是所有的程式碼。可以看到，根據不同的程式功能，劃分了不同的目錄，實際細節這裡就不再贅述。到了這一步，可以嘗試運作一下，按 "運作" 按鈕。咦，彈出了什麼？

這是要選擇一個執行程式，例如 bitcoin-qt、bitcoind 等。從這個視窗選擇 bitcoin-qt，如下圖所示：

請注意，這裡選擇的執行程式是在 src/qt/ 目錄下，該目錄下的執行程式是透過原始碼編譯直接生成。

選擇後，點擊"運作"可以看到熟悉的介面又出現了，這樣就能使用 Qt Creator 管理比特幣的原始碼了，透過 IDE 工具查看原始碼會方便許多，感興趣的朋友也可以嘗試著修改其中的介面檔或者原始碼，體會一下編譯調校的樂趣。

小提示

① 我們使用的 Qt Creator 引入的原始碼目錄，是先前經過一系列步驟編譯過的，因此相依函式庫都已經具備了，執行程式也已經生成了，Qt Creator 就像一個外殼，只是做了一個導入整合。

② 比特幣是個一直在發展的開源專案，在參照以上步驟進行操作時，一定要注意選擇的版本是否一致或者相容，本書選用的作業系統是 Ubuntu 16.04 LTS 桌面版，下載的比特幣原始碼版本是 v0.14，使用的 Qt Creator 是 4.0.3。

1.5　區塊鏈的技術意義

要了解區塊鏈的技術意義，只要整理一下區塊鏈系統的特點就行了，後續我們將一一說明。

1. 資料不可篡改性

為什麼資料不可篡改呢？首先區塊鏈系統不是一個中心化的軟體設施，例如說比特幣，如果是一個單機軟體，或者是被某一個人某一家機構控制的，那當然是談不上資料不可篡改，至少在技術上是沒有保證的。而比特幣是一個 P2P 的對等網路結構軟體，沒有伺服器，資料是每個節點各自儲存一份，自己縱然能把自己節點上的資料改掉，然而也得不到整個網路的承認，無法被其他節點驗證通過，修改後的資料也就無法被打包到區塊中（51% 攻擊之類的暫且不提，這是另外一個課題）。

不但如此，如果一個資料被打包進區塊後，又連續確認了多個區塊，例如資料是被打包進 5 號區塊，現在整個區塊鏈帳本的區塊高度是 10 號，那麼想要更改掉當時的資料就更難了，因為這個時候不單單是要改掉 5 號區塊的資料，後續的區塊都要變動。因為區塊之間是靠區塊雜湊連接起來的，更改某個區塊的資料後，後續的區塊就都要更改，因此想要篡改更顯困難。這個特點，在很多領域內就能發揮功用，例如金融產業的業務資料、公眾政務資料、審計資料等，這些產業的資料都有嚴格防篡改需求。

2. 分散式儲存

對於一個需要保存資料的軟體系統，最擔心的是什麼？毫無疑問是資料遺失。傳統的軟體設計架構，再怎麼考慮資料備份或者資料庫叢集等，也難以妥善保證資料安全，不然就是需要經營者投入大量資料備份設備或者資料庫叢集設施等，絕對不是平價的簡單方案。

在區塊鏈系統中，每個運作的節點都擁有一份完整的資料副本，這樣的設計不但使資料儲存避免了單故障點的問題，還可以讓每個節點能夠獨立地驗證和檢索資料，大大增加了整個系統的可靠性。節點之間的資料副本還可以互相保持同步，並使用類似梅克爾樹這樣的技術結構保證資料的完整性和一致性。這種分散式的結構很適合用在對公眾開放的服務型軟體設施上，避免集中而昂貴的專用伺服器配備，也具備相當良好的資料安全性。

3. 匿名性

在使用傳統的服務軟體時，通常都是需要註冊一個使用者名稱，綁定手機號碼、信箱等等，為了加強使用者識別的準確性，還會要求進行實名認證、視訊認證之類。然而在區塊鏈系統中，目前幾乎所有的區塊鏈產品都是使用所謂的位址來標識使用者，僅此而已，不再需要提供其他任何能標識出使用者身份的訊息。位址通常是透過公開密鑰演算法生成的公鑰轉換而來，這通常就是一串如亂碼一般的字串。因此，雖然比特幣、以太坊等這些公鏈系統的資料是完全公開透明，可我們卻不知道背後的操作者是誰。不僅如此，每個使用者還可以建立任意數量的位址，只要你願意，可以每一次都使用不同的位址來進行轉帳等各種操作，也可以將自己的資產分散在眾多的位址上，這就達成了一種使用者身份的匿名性。

那麼，匿名性有什麼用途呢？我們知道，在很多場合，如轉帳支付，例如收款、建立鏈上資產等，這些都是比較隱私的行為，匿名性在很大程度上可以滿足這些隱私安全的需求。不但是對個人，對於企業這樣的商業環境，也是有同樣的需求的。

4. 價值傳遞

這大概是區塊鏈系統中最重要的一個特性了，所謂價值，就是泛指各種資產，例如貨幣資產、信用資產、版權資產以及各種實物資產（如黃金等），所有這些資產在本質上其實都是一種信用或者說信任。

例如貨幣，我們之所以願意透過勞動來賺取貨幣，是因為相信使用這些貨幣可以交換到需要的商品，這種信任是由政府擔保的，也因為有這種信任的擔保，出現了各種本身不具備太多價值但是卻附帶有信用價值的資產形式，例如紙鈔、支票、匯票等；還有版權，一首歌曲、一幅畫、一本書等都有版權，版權也是一種資產，是具有價值的。這個價值從何而來，版權的背後是創作者的勞動投入，這個就是價值，國家以法律保護這種價值，因此就能夠在市場上流通傳遞了。

在這些價值資產的轉移過程中，都需要一個重要的條件，那就是信用的保證。我們需要政府、銀行、保險業者等第三方機構來提供信用保證，只有在這些信用保證的前提下，我們才能完成各種交易。

即便是網際網路發展起來後，雖然可以透過網際網路方便傳輸各種資料（圖片、影片、音樂等），但是這些資料的價值仍然需要這些第三方來保證，網際網路本身並不具備價值保護的機制。而如果要在全世界範圍內進行交易就更麻煩，涉及不同的法律、不同的價值認定規則、不同的支付方式等，就需要更多的機構提供交易的保證，代價昂貴且相當麻煩。區塊鏈能改變這種情況嗎？

我們先看比特幣這個例子，比特幣是一種數位資產，它是由比特幣軟體組成的網路來維護的。在這個網路中，不需要其他的第三方，自己可以根據規則發行比特幣，並且能確保發行的比特幣是具有價值的（工作量證明），而這種價值的認定是透過網路中所有的節點來自動進行驗證的，節點之間達成共識就算是認可了。整個過程都是自成一個體系來運作的，人們在轉帳交易比特幣時，價值就發生了傳遞，而如果將其他的資產例如股票、契約、版權、債權等錨定比特幣，那麼其他的資產也就能方便地進行傳遞轉移了。

我們可以發現，區塊鏈系統是可以自己創造信任機制的，在這樣一個無需第三方的信任環境中，可以大大簡化各種資產交易的過程，降低交易成本。並且由於區塊鏈系統是一個分散式的系統，節點可以遍布全球，就可以實作無邊界的價值傳遞了。

5. 自動網路共識

日常生活中，我們有很多事情需要雙方或者多方達成共識，例如簽訂一份買賣契約，買入一筆債權，擔保一份交易或者購房按期還貸、眾籌資金管理等。在傳統的模式中，這些需求是如何提供服務的呢？

例如簽訂契約，就需要雙方簽名，必要時還需要律師審閱、法院公證；例如擔保交易，除了簽名外還需要提供資產餘額證明；例如購屋貸款，需要有收入證明，同時也需要貸款者簽名；再例如眾籌的資金管理，就更複雜了，需要記錄每個參與者的資金，還需要跟蹤眾籌資金的流向。凡此種種，這些事情在達成共識的過程中，都需要做各種確認。

這種共識可以透過網路來自動進行嗎？如果可以，那會有多省事啊！我們還是來看比特幣的例子，比特幣從發行到轉帳交易，都是由網路中的節點自動進行身份認證和一系列的檢查，檢查後達成網路共識，一筆交易就算是確定了，各個不同的節點之間達成共識的過程不再需要我們去簽名、按指紋或是辦理什麼證明。因為每個節點都遵守一份共同的約定規則，只要一項交易符合所有的約定規則就能被確認，每個節點都確認，大家就一致認同了。

那麼，除了比特幣這種轉帳交易可以自動達成共識外，其他的事務也可以嗎？當然是可以的，上述提到的各種商業或者金融活動，都可以透過區塊鏈上的智慧合約來達成。區塊鏈系統中的各個節點獨立地驗證智慧合約，共同達成共識，如果能將這種機制應用到商業、金融、政務等領域，該會提高多少效率啊！

6. 可程式化合約

可程式化合約，也就是智慧合約的意思。以比特幣為例，如果用一種更加技術的稱呼來描述比特幣，可以叫作可程式化加密數位貨幣。這個可程式化是什麼意思呢？

在比特幣系統中，並不是像銀行帳戶一樣，將金額儲存在某個帳戶下就表示一筆資產是某個帳戶擁有的，而是使用一種腳本程式，利用腳本程式解鎖（解鎖腳本）和鎖定（鎖定腳本）一筆資產。簡單地說，就是讓資產具備更強的程式化控制能力，擁有密鑰的使用者可以提交自己的簽名訊息讓腳本驗證身份，以證明自己對資產的所有權，並且可以透過程式設定對資產的管理方式。例如設定一筆資產需要多個人共同簽名才能被轉移或者需要達到某個條件時才能被使用等，這種可設定、可控制的思維就是可程式化合約的思想。

比特幣展示出這種新穎的概念，在後續的發展中，以太坊擴充了這種概念，使可程式化合約進一步發揚光大，不但支援加密數位貨幣，還支援更複雜的金融與商業合約編程，例如眾籌、擔保等。這種合約使用腳本語言進行開發，部署到區塊鏈後就很難更改，也就是所謂的程式即法律。區塊鏈系統具有資料的不可篡改性、價值傳遞能力，加上可程式化合約，就能完全地支援商業環境下的各種合約需求，無論合約中有哪些條條框框，寫在紙上不如寫在程式碼中、部署在區塊鏈上，公正透明而且能夠剛性執行。更主要的是，這樣的合約可以遍及全世界，因為腳本編寫的合約是不分國界的。

1.6　本章重點心智圖

比特幣是區塊鏈技術的一種應用，而區塊鏈的概念也是透過比特幣帶出來的，因此要瞭解區塊鏈技術，可以從瞭解比特幣開始，後續的各種其他區塊鏈基本上可以看作在比特幣基礎上的衍生擴充。比特幣被設計為一種數位貨幣，但是對於一類技術而言，區塊鏈技術的應用情境遠不只是數位貨幣，我們可以結合技術特點，思考在各個領域中可能的應用。

我們來看一下本章的心智圖，作為給大家的總結。

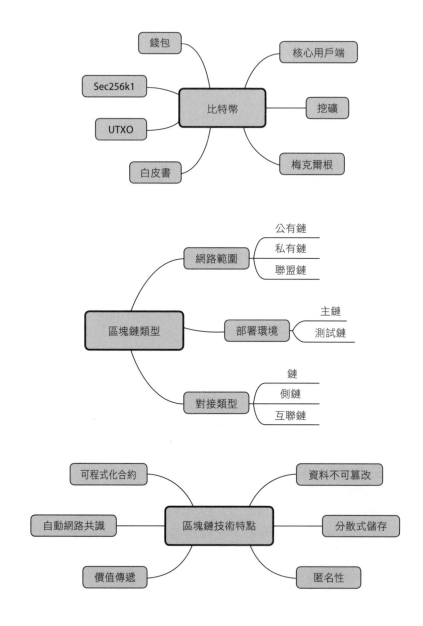

區塊鏈應用發展 *Chapter 2*

2.1　比特幣及其朋友圈：加密數位貨幣

抽象地說，加密數位貨幣其實就是一些開源的區塊鏈技術架構及其生態工具，在完成一個個類似大富翁或模擬城市建設的遊戲，允許人們在這個邏輯結構複雜但完整的遊戲裡面根據完整的使用者管理，去按照一定的邏輯生成、管理、交換、流通，甚至銷毀一個個可分割的數位單位。而這樣的數位單位通常稱為積分、代幣、幣，或加密數位貨幣。

我們都知道區塊鏈其實是一個完全分散式、點對點互通的軟體網路。在這個網路裡，人們使用加密技術可以安全地發布應用、儲存資料，並且可以很方便地流通價值。網路上的價值是可以跟現實中的真實貨幣接軌的，所以區塊鏈也是實實在在的價值網路。

精密的加密技術本質就是將訊息進行編碼，使別人不能解密。在比特幣、比特幣現金、以太坊、萊特幣等眾多加密數位貨幣所構成的價值網路中，加密技術發揮核心作用，就是加密技術把價值網路中成千上萬的計算機連在一起，構成一個安全的運算環境、一個大型的分散式超級電腦。這個千萬台小機器構成的超級電腦計算和維護著一個帳本系統、一個價值網路，沒有中央集權節點，沒有單一的擁有者，節點之間彼此幾乎或者完全是對等平權的。

由於比特幣最初的設計並非考慮全球性的大規模分散式應用系統架構，在不斷應用過程中，逐漸有很多效能方面的不足暴露出來，這樣人們就會根據實際情況對比特幣的技術進行擴充，進而產生很多修改過、類似比特幣的加密數位貨幣。隨著比特幣及其家族逐漸發展壯大，各種利用類似比特幣技術發展起來的非正統數位貨幣（bitcoin alternatives，altcoin），也就是俗稱的"山寨幣"層出不窮。主流的比特幣也在 2017 年 8 月 1 日因為硬分岔，分出一個比特幣現金（BCC）。

很多人會說，比特幣的價值背後並不像貴金屬一樣有使用和勞動價值支撐，比特幣其實是沒有任何實際價值在支撐，這個說法在一定程度上（也就是理論上）是說得過去的。同樣的道理也適用於現代社會的各個國家的法定貨幣。現代國家法幣其實也是沒有任何實際價值支撐的，但是唯一的差別在於法定貨幣是由國家公權力來背書：有些法幣（例如美元）還往往是原油等各種大宗特殊商品的標的物，所以大家願意用法幣去交換價值。

今天，以比特幣為代表的加密數位貨幣，還是以法幣作為價值對標，還沒有能完全做到脫離法幣獨立存在。人們也會嘗試著將數位貨幣推廣應用成類似 VISA 卡、Master 卡的信用卡產品。如果未來由政府和大型機構支持，創造一個足夠大的、完全基於加密數位貨幣的巨型市場或全球市場，各國央行也加入其中，完全用加密數位貨幣作為通行貨幣是可能的。已經有一些國家在這方面進行嘗試，開始使用比特幣來交換價值，購買產品和服務了。

世界上還有各式各樣打著加密數位貨幣旗號的傳銷幣，有部分傳銷幣使用了真實的比特幣技術，但大部分是偽數位貨幣，不具備加密數位貨幣性質，這些我們不在此詳述。下面將簡單介紹一部分，讓大家能對各種加密數位貨幣有一個清晰的認識。

2.1.1 以太坊

以太坊（Ethereum）[1]是一個開源的、基於區塊鏈技術的、具有智慧合約功能的公開分散式計算平台。以太坊有自己的程式語言，智慧合約（腳本語言）是以太坊的最大亮點。以太坊提供了一個去中心化"圖靈完備"的虛擬機器——以太坊虛擬機器（Ethereum Virtual Machine，EVM），這個虛擬機器可以將分散在全網的公共節點組合成一個"虛擬"的機器，執行這個圖靈完備的腳本語言。

一般來說，以太坊（Ethereum）包含了以下三層涵義：

- 以太坊價值協定；
- 由以太坊價值協定搭建起來的以太坊價值網路；
- 在以太坊價值網路上運作的分散式應用及其生態。

以太坊也發行數位貨幣以太幣來支援技術生態。以太坊的數位貨幣以太幣（Ether）可以用來在以太坊價值網路的節點間傳遞，同時也可以用作參與節點共識計算活動的"助燃劑"，俗稱"汽油"（Gas）。Gas 是以太坊內部交易成本機制，用來防止過度無用交易、防止垃圾交易和網路資源浪費。每一筆交易背後都包含著成本，這點讓以太坊成為眾多去中心化的分散式應用喜歡的底層區塊鏈基礎架構——任何流通都有費用，可以打上價格的標籤出售！

1　以太坊是由一個叫Vitalik Buterin 的俄羅斯裔加拿大數字貨幣程序員和研究人員在2013 年提出來的，於2015 年7 月30日正式發布。正式的官方研發機構後來是由一個在瑞士註冊的以太坊基金會完成。

（1）以太坊的版本

正式的發布版本是 Frontier 版本。先前的版本主要是概念驗證版，統稱為 Olympic 版本。正式的穩定版本是 Homestead，穩定版本包含了交易處理、交易費用和安全性等特徵。Metropolis 版本的使命是減少以太坊虛擬機 EVM 的複雜度，讓智慧合約開發更簡單、高效、快捷。Serenity 版本則打算將共識演算法從現在的透過硬體運算力來決定的工作量證明（Proof-of-Work，PoW）轉到權益證明（Proof-of-Stake，PoS），並致力提高以太坊的分散式運算，發揮高可用性、高擴充能力。

2016 年因為去中心化自治組織 DAO 項目資產被盜事件，造成以太坊硬分岔分成現在的以太坊 ETH 和經典以太坊 ETC。

以太坊的版本訊息總結如下：

版本	代號	發布日期
0	Olympic	2015 年 5 月
1	Frontier	2015 年 7 月 30 日
2	Homestead	2016 年 3 月 14 日
3	Metropolis	2017 年 9 月
4	Serenity	待定

（2）以太幣

以太坊區塊鏈中的價值代幣叫以太幣，在加密數位貨幣交易所中掛牌一般是 ETH。以太幣用來支付以太坊價值網路中的交易費用和運算服務費用。

（3）以太坊虛擬機

以太坊虛擬機（EVM）是以太坊智慧合約的運作環境，正式的 EVM 定義由 Gavin Wood 撰寫的以太坊黃皮書做了詳細的描述。EVM 建立一個沙盒，將運作環境與所寄宿機器的檔案系統、網路和各種運算進程隔離開。目前這個 EVM 正在被很多種程式語言實作。

（4）智慧合約

智慧合約是以太坊的靈魂，它承載著不信任節點之間傳遞價值邏輯的使命。在以太坊價值網路中，智慧合約是自動執行的腳本，並且是帶著業務和資產的狀態進行流通的。智慧合約的發布、流通都需要以太幣作為費用（即 Gas），並且能被多種圖靈完備的程式語言實作。

（5）以太坊的效能

以太坊所有的智慧合約都儲存在公網路上的每一個節點，以保證公正、透明、去中心化和不被篡改，當然也導致效能損失很大。每一個節點都要做大量的計算去流通和儲存智慧合約，導致全網價值流通速度變慢。研發人員曾經考慮過對區塊鏈資料進行"分區"儲存，但是沒有很好的方案。

到 2016 年 1 月，以太坊公網路上的交易處理能力大概是每秒 25 個交易。所以網路效能、高可用及可延展性逐漸成為 2017 年以來以太坊最重要的技術話題。

（6）以太坊用戶端和錢包

- Geth：Go 語言實作的以太坊用戶端，也是以太坊基金會的官方用戶端；
- Jaxx：網頁版及手機版以太坊錢包；
- KeepKey：硬體錢包；
- Ledger Nano S：硬體錢包；
- Mist：以太坊桌面版錢包；
- Parity：用 Rust 程式語言寫成的以太坊用戶端。

（7）企業級以太坊

以太坊獨特的智慧合約技術和代幣發行自動化的技術，使得以太坊逐漸成為很多分散式應用的孵化器，正在逐漸成為分散式去中心化應用的首選技術。

大部分人選擇以太坊有兩個原因：

1） 應用程式工程技術開發人員選擇使用以太坊技術，建立分散式產品和各類服務；

2） 非工程技術人員看重以太坊及其技術可以應用在金融、保險、銀行、法務、遊戲、社交、政府監管、物流、物聯網、人工智慧等眾多領域。

相較於比特幣及其他區塊鏈技術架構和生態，以太坊同時滿足了技術人員和非技術人員的共同需求。工程技術人員使用以太坊可以快速建立、設計、發布、部署和維護分散式的去中心化應用。

使用以太坊開發應用不需要了解太多的密碼學知識、大型分散式系統設計架構等，工程成本和技術要求相對低於比特幣類技術架構。而對於非工程技術人員，可以很輕鬆地直接透過以太坊的區塊鏈瀏覽器和價值網路，特別是可透過工程人員另行使用腳本語言進行編程修改智慧合約，進而對商業邏輯進行客制化，以期在自己的產業快速進行現代數位貨幣化技術升級、進行產業顛覆等。

2.1.2 比特幣現金

比特幣現金（BCC/BCH）是 2017 年 8 月 1 日由於比特幣擴充爭端而硬分岔出來的一個比特幣變種。2017 年 7 月 20 日，全球比特幣礦工投票，有近 97% 的礦工選擇支持比特幣改進動議 BIP91，計劃啟動隔離見證（Segregated Witness，SegWit）功能。

比特幣區塊鏈第 478,558 號區塊成為最後一個共同認可的區塊，而新的 478,559 號區塊成為新的比特幣現金第一號區塊。比特幣現金錢包利用一個定時機制，選擇在硬分岔之日拒絕接受主流比特幣 BTC 的區塊。

比特幣現金最大的特點是完全繼承原比特幣設計和技術架構，只是簡單地將區塊鏈區塊大小從原來的 1MB 擴大到 8MB。2017 年 7 月 23 日，比特幣現金 BCC 期貨價格是 0.5BTC，分岔當日價值下降到 0.1BTC。

硬分岔出來後的比特幣現金和原來比特幣區塊鏈的主要差別如下（截至 2017 年
8 月 8 日）：

- 硬分岔後有 243 個區塊被挖出（開挖區塊數量比原鏈少 904 塊）；
- 新比特幣現金區塊鏈的挖礦難度只有原鏈的 13%；
- 原鏈的區塊鏈大小增長比比特幣現金鏈多了 920.19MB；
- 挖比特幣現金的收益比挖原鏈的收益高 30%。

2.1.3　萊特幣

萊特幣是從比特幣的原始碼進化而來的，或者說得更直接點，是比特幣的一個
簡單變種，曾經有種說法是：比特幣是金，萊特幣是銀。相較於比特幣，主要
做了如下變更：

1） 貨幣發行總量增加到 8400 萬，比特幣只有 2100 萬；

2） 區塊出產的理論周期提高到 2.5 分鐘，比特幣是 10 分鐘；

3） 挖礦基礎演算法由比特幣的 SHA256 變更為 Scrypt，這種演算法需要使用
到大量的記憶體，因此一度能節制積體電路礦機的高效能挖礦。

由於萊特幣只是比特幣的簡單變種，因此比特幣具有的問題，基本上萊特幣也
都有，例如區塊擴充的問題。不過在 2017 年 5 月份，萊特幣先於比特幣完成了
隔離見證，之後創始人李啟威便宣布了萊特幣的下一步戰略：智慧合約與原子
級跨鏈交換。這使得萊特幣的未來充滿了各種可能性，而不再一直停留在純粹
的加密數位貨幣這個位置上。相較於比特幣來說，萊特幣有一個明確的創始人，
就發展來說，創始人的領導力還是很重要的。

接下來我們看一下萊特幣核心用戶端，為便於大家從第一印象上與比特幣做參
照，我們啟動了一個帶介面的用戶端，如下圖所示。

看到介面，相信不少朋友已經發現了，這與比特幣的核心用戶端非常相似，萊特幣本來就是源自比特幣，既然都是開源系統，也就不需另行設計了。

2.1.4　零幣

零幣，也叫 Zcash，其前身為 Zerocoin 項目，這也是一種基於區塊鏈的加密數位貨幣，它的總量跟比特幣一樣也是 2100 萬枚，並且同樣透過 PoW 演算法進行挖礦發行。Zcash 最大的特點是：**提供交易資料的隱匿性**。我們知道通常比特幣一類的系統，其交易資料都是完全公開透明的，所有人都可以查詢比特幣中發生的所有的交易，而 Zcash 會隱藏交易的發送方、接收方和交易金額，只有具備查看密鑰的使用者才能連線到這些訊息。

有朋友會問，比特幣難道不也是匿名安全的嗎？每個人在比特幣系統中只有一個錢包位址，這個位址就是一串字元而已，誰也不知道位址後面到底是誰，更何況比特幣的錢包位址可以幾乎無限制地建立，這還不夠隱秘安全？讓我們來看一看比特幣的隱匿性存在哪些問題。

1） 比特幣位址本身具備匿名性，但是只能限制在比特幣網路內部。如果要透過交易所進行法幣兌換，一般要提供實名認證，例如身份證、手機號碼等。這兩年發生過多起比特幣勒索病毒事件，實際上攻擊者即使得到比特幣也難以從合法交易所完全匿名兌換出來。

2） 比特幣的交易資料是完全公開透明的，雖然錢包位址本身具有隱匿性，但是所有的交易資料都是公開不加密的透過交易的位址關聯等，再加上對封包的分析，找到對應的 IP 位址等訊息，是有辦法定位到大概的背後身份的。

目前比特幣中有一些做法，例如混幣可以進一步提高交易訊息的隱匿性。所謂混幣就是在一個交易中包含大量的輸入和輸出，目標就是將交易訊息打散分割，盡可能提高找出輸入與輸出之間關聯性的難度，有心人可以透過一些工具軟體來進行有效的混幣操作。在此提醒大家，可以多關注一些實作的技術原理本身，但不要輕易實施這些做法，畢竟這種操作會涉及一些法律上的問題。

那麼，零幣是依靠什麼來實作的呢？實際上，零幣是使用了稱之為零知識證明的機制，什麼叫零知識證明呢？現在就來瞭解一下，現實生活中也會常常遇到，來看看以下例子。

Alice 擁有一串保險箱的密碼，可是 Bob 不相信，此時 Alice 如何證明呢？如果將密碼告知 Bob，讓 Bob 去自己試一試，那當然可以證明，可是這樣密碼也就洩露了。因此 Alice 決定換一個做法，她讓 Bob 坐在離她比較遠的地方，然後自己當著 Bob 的面打開了保險箱，以此證明自己擁有保險箱的密碼。整個過程中 Bob 只是看到一個可以證明的結果，而沒有接觸到密碼，這就是零知識證明的基本原理，這樣的例子在生活中屢見不鮮。

對零幣系統而言，大致上是實作一套協定，透過加解密技術，例如隱藏原位址和交易金額，生成一個字串碼，需要透過一些特有的資料才能解碼獲得。比特幣可以將需要發送的交易轉化到零幣，再到比特幣網路，這樣就更增強了比特幣交易的隱秘性。

2.1.5 數位貨幣發展總結

數位貨幣在本書專指加密數位貨幣。比特幣、以太幣及萊特幣等都是典型的加密數位貨幣。我們已經知道區塊鏈技術就是分散式帳本系統，帳本記的就是資產的所有權，底層就是一堆數字，一堆表示資產所有權的數字。代表資產背書的數字要能成為可以流通的加密數位貨幣，必須具備如下三個基本條件：

■ 加密雜湊函數（例如 SHA256）；

■ 獨特的、以雜湊函數結果為指標的、防止篡改的鏈式資料結構；非對稱（公鑰／私鑰）密鑰體系。

當普通的帳本資料具有以上三個特徵，普通的帳本資料就具備了加密數位貨幣的特徵。在區塊鏈技術中，由共識機制和價值流通網路所構成的價值環境基礎的烘托就可以形成加密數位貨幣（確切來說是可以承載價值的分散式共享帳本）。

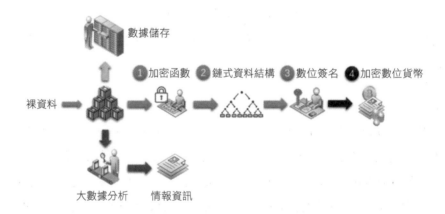

當數字的形態透過加密雜湊函數、雜湊鏈式結構和非對稱密鑰加密之後就會初步具備數位資產（貨幣）的雛形，但是這樣的數位資產需要一個流通的網路，並按照一定的共識機制來保證資產的安全性和有效性，進而構築價值網路。一般數位資產的價值網路構建共識機制包含如下 5 個要素（需要回答 5 個問題）。

（1）價值共識協定五要素

- 誰來維護（儲存／交換）價值交易記錄帳本？
- 誰有權決定一筆交易的合法性？
- 誰是初始數位資產（貨幣）的產生者？
- 誰可以修改系統（共識）規則？
- 數位資產交換與流通誰可以獲利、獲利多少、怎麼獲利？

當一個數位資產形態在規劃好的環境中沉澱，交換並形成價值網路時，上面 5 個要素得到妥善合理的落實，加密數位貨幣的體系就可以構築、經營起來。

（2）加密數位貨幣正在成為"數位黃金"

參照前面提出的價值共識協定 5 個要素，以下來看看比特幣這個"數位黃金"：

1）所有人都可以連線和維護公共帳本，新交易記錄向所有節點全網廣播，每個節點都將接收到的交易資料寫到區塊鏈資料塊中，任一節點接收新的資料塊前必須對所有的交易記錄進行校驗（未支付，簽名合法）；

2）寫入節點是隨機的，並馬上把結果資料塊全網廣播，接收節點將自己的雜湊加到所認可的資料塊中做背書；

3）初始資產分兩個部分：一部分是透過創世塊預留資產，大部分資產則是透過挖礦獲得；

4）比特幣的遊戲規則由比特幣核心技術團隊、比特幣礦工、投資者和比特幣流通的商家協同整個比特幣社群來決定和修改；

5）比特幣的交換與流通使獲得記帳權的礦工、流通節點和服務提供商獲得一定手續費。

然而，比特幣等加密數位貨幣要成為"數位黃金"本身也是一個漫長的道路，它同樣也面臨各種挑戰：

1) 世界主要經濟體（各先進國家）針對數位貨幣的法律還存在很多不確定性；

2) 共識機制和遊戲規則，由數位貨幣軟體核心開發技術團隊和比特幣礦工控制，每次規則改變都會有軟分岔 / 硬分岔帶來的資產變動風險和挑戰；

3) 比特幣和各種加密數位貨幣本身的技術複雜度、成熟度、安全性和高可用性是一個不斷進步和發展的技術研發過程，任何一次大的技術更新或漏洞，都會為這個 "數位黃金" 造成動盪和影響；

4) 開源的底層技術架構和安全機制給各種駭客攻擊提供一定便利，並且必須持續與駭客鬥爭。

由於比特幣代表加密數位貨幣技術的興起，特別是數位貨幣所承載的價值足夠大，可能對社會經濟金融環境造成足夠的影響。世界上各主要經濟體國家都開始擔心數位貨幣的影響並學習如何應對，逐步加強數位貨幣的研究，部分嘗試將數位貨幣相關的活動納入國家監管，並嘗試利用數位貨幣技術改進傳統金融法定加密數位貨幣。

中國央行確定將發行 "數字貨幣"；日本內閣簽署《支付服務修正法案》，正式賦予包括比特幣在內的數位貨幣合法支付地位；美國證券託管結算公司在研究和探索使用區塊鏈技術；英國的英格蘭銀行在做各種基於比特幣的分散式帳本和數位貨幣的嘗試。

我們正處在一個數位貨幣革命時代，一個新生事物的產生總是會帶來各式各樣的不可預見性，但是我們應該堅信，數位貨幣會因為其不可篡改和去中心化的天然屬性及其信任機制給大家帶來概念和業務形式上的變革。

2.2 區塊鏈擴充應用：智慧合約

合約管理系統實際上早就存在了，廣泛地說，我們日常處理的各種商業服務都屬於合約應用。例如，我們去電信業者辦門號，那就相當於與電信業者簽訂一份合約，電信業者確保系統能夠自動完成各項服務；再如在網路商城下了個訂單，支付完成後，合約就啟動了，商城就開始備貨、送貨。某種程度上，這些合約也算是智慧合約，都是透過網路技術來實作，然而區塊鏈系統為智慧合約的實作提供了一個更加有創意而吸引人的方案。

2.2.1 比特幣中包含的合約思維

在第 1 章中，我們了解了比特幣的基本原理，以下將特別說明合約思維。作為一個分散式、去中心的網路系統，比特幣在運作過程中除了發起交易外，並不需要某個人再做審核確定，所有的環節例如驗證資料合法性、轉移所有權、打包區塊等，都是按照既定的規則自動運作的，在這些環節裡面，尤其是一個轉移所有權的處理方法是很有意思的。

在比特幣系統中，轉帳交易並不是將金額從一個帳戶扣除、然後另一個帳戶增加，而是一種更改所有權的方式。例如，Alice 發送了 100 比特幣給 Bob，並不是說 Bob 的帳戶位址中存有 100 這個金額，而是 Alice 在發起轉帳交易時，透過 Bob 的公鑰鎖定交易的輸出，這個交易輸出也就是所謂的 UTXO（未花費輸出），只有提供 Bob 的私鑰才能與 Bob 的公鑰匹配（也就是驗證通過），驗證後 Bob 可以花費這筆比特幣。

拋開技術上的原理，整個過程就相當於 Alice 準備了一張支票然後簽上自己的名字，又在支票上放了一個只有 Bob 知道謎底的謎語，其他人包括 Alice 本人即使拿到了支票也無法去兌現，只有 Bob 能說出謎底。因此這張支票代表的一筆款項，其所有權就轉移給了 Bob，當 Bob 提供謎底時，這張支票就生效了，相當於執行合約。

在比特幣的區塊鏈網路中，持續不斷地發生著轉帳交易，在每個參與節點的共同見證之下，**轉換每一筆交易輸出的所有權**，不斷進行著鎖定與解鎖，這就是比特幣系統中包含的合約思想，多年的發展已經證明了基於區塊鏈的這種合約設計可以用來實作價值所有權轉換。由於合約設計中內建了驗證機制和轉換機制，加上比特幣網路是針對全球的，因此比特幣是一個遍及全球的無邊界價值傳輸網路，或者說是價值合約執行網路。

2.2.2 以太坊中圖靈完備的合約支援

以太坊是一個完全重新開發的獨立的公有區塊鏈系統，本身也支援一種加密數位貨幣，稱之為以太幣。不過以太坊真正強大之處在於支援使用者自訂的合約編程，因此以太坊不但是一種數位加密貨幣，也是一個開發平台，支援全面的合約程式開發。最主要的就是支援了圖靈完備的開發語言，編寫的合約程式編譯後是運作在以太坊虛擬機上。以太坊支援四種合約程式語言如下：

- solidity，類似 JavaScript；

- serpent，類似 Python；

- Mutan，類似 Go；

- LLL，類似 Lisp。

官方推薦是 solidity，使用自訂合約編程可以實作各種商業邏輯，例如眾籌合約、利潤分配合約、擔保合約、貨幣兌換合約等，當然也可以來實作直接的數位貨幣合約。在以太坊中，可以編寫一個數位代幣合約來模擬比特幣，當然透過這種方式實作的數位貨幣是建立在以太坊的區塊鏈基礎上，大家可以當成作業系統之上的虛擬機器。由於以太坊支援的是圖靈完備的開發語言，因此幾乎可以編寫任意複雜邏輯的合約程式，這些被部署到以太坊上的合約程式，會受到以太坊基礎區塊鏈系統的約束，擁有公有區塊鏈系統的一切特點，例如資料公開透明、不可篡改性等。

關於以太坊，在第 6 章有更詳細的介紹。

2.3 交易結算

由比特幣的白皮書《比特幣：一種點對點的電子現金系統》可以發現，比特幣的中心功能是創造一個電子貨幣系統，然而比特幣要建造一個不僅僅是針對數位貨幣的交易系統，而是更加廣義的數位資產。換句話說，是一個基於區塊鏈、公開透明的去中心交易系統，這是對比特幣功能的進一步拓展。其目標是要創造一個數位化的自由金融體系，可以讓任意種類的資產進行點對點的直接交易，不需要一個中心化的服務商。

2.3.1 銀行結算清算

在銀行和金融業，結算與清算指一筆交易的生命周期的所有行為，包括從交易的發起，一直到交易帳款結算的所有活動。所有的交易支付都必須要確保一個交易支付的承諾最終落實到真實的資產或錢款從一個帳戶轉移到另一個帳戶。

傳統的銀行結算、清算的簡單流程和邏輯（供參考），如下圖所示：

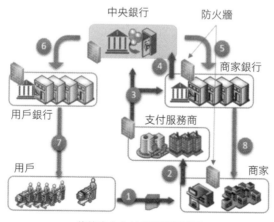

傳統中心化結算清算邏輯圖

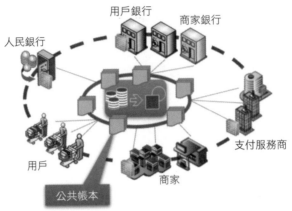

區塊鏈去中心化結算清算邏輯圖

傳統中心化機構（銀行）結算、清算流程。

1) 用戶到商家購買商品，刷卡，確認以信用卡或金融卡借款。

2) 商家把用戶支付訊息（發卡機構訊息）傳給支付服務提供商。

3) 支付服務提供商將用戶銀行訊息發送給結算清算中心（央行或有結算清算職能的銀行），同時發送給商家開戶銀行。

4) 商家開戶銀行也將商家銀行訊息提交（央行）結算清算中心；央行根據收到結算清算請求，拿到收支雙方的銀行訊息，確認交易合法，並做結算清算。

5) 央行確認結算清算結果，給商家所在銀行確認收到用戶開戶銀行的款項或信用。

6) 央行將結算清算請求結果發送至用戶開戶銀行，確認支付。

7) 用戶收到用戶開戶銀行的支付確認。

8) 商家收到商家開戶銀行的收款確認。

區塊鏈模式的結算、清算簡易版流程和邏輯（僅供參考）如上圖所示。

1) 用戶（金融卡／信用卡確認訊息）、用戶發卡銀行、商家、支付服務商、商家銀行、（央行）結算清算中心等所有利益相關者都在一個共享帳本的對等網路中。

2) 建立在對等網路上的共享帳本，天然的做法就是用區塊鏈對等網路部署（私有／聯盟／公有鏈）共享帳本，可以在商業流程中各個利益相關者之間同步和傳遞。

3) 所有的商業流程都記錄在共享帳本上，有權力記帳的節點可以記帳，需要確認的節點可以確認，所有活動都記錄在帳本上。

4) 帳本上的資料分公開資料和私密資料，根據權限連線公開資料和完全私密資料，按照應用情境分類。

5) 用戶互動，包括刷卡、商家確認、提交支付服務商、請求提交商家銀行、提交結算與清算行、結算與清算結果確認、支付和收款確認所有活動，都記錄在公共帳本上。

6) 結算與清算的邏輯部署在公共帳本所藏身的鏈式資料中，各個節點根據共識機制與事先定義和編寫好的智慧合約自動進行。

2.3.2 瑞波：開放支付網路

瑞波（Ripple），也就是瑞波支付以及瑞波幣（XRP），它既是一種數位貨幣也是一種支付協定，類似於哈瓦拉網路：一種傳統的、在城與城之間匯款的非數位化方式。哈瓦拉始於中世紀的阿拉伯半島，現今仍在銀行無法經營的地區使用，是獨立於傳統銀行金融管道的非正統、非主流匯款系統，我們可以簡單地把哈瓦拉看成是一種地下匯兌，現在來看下列例子。

如果 Alice 想要匯款給 Bob，那麼在哈瓦拉體系中會如下進行：

1) Alice 找她的當地哈瓦拉代理人，把現金以及她和 Bob 共享的密碼交給代理人；

2) Alice 的代理人打電話給 Bob 的代理人，告訴他把資金發放給能提供密碼的人；

3） Bob 找到他的代理人，提供密碼並得到現金；

4） 交易過程中的佣金可能被一方或雙方代理人收取。

大家請注意這個過程，Bob 透過哈瓦拉方式得到了現金，但是 Alice 和 Bob 的代理人之間並沒有立即進行資金的結轉，Alice 代理人僅僅告知 Bob 的代理人，Bob 的代理人（根據確認機制）轉帳給 Bob。我們可以看到，在這樣的一個體系中，要想成功地運轉這個業務，得要有如下的信任關係：

1） Alice 要相信她的代理人能夠履行職責；

2） Bob 也要相信他的代理人能夠履行職責；

3） 代理人之間要互相履行職責，因為他們之間要進行債務還款。

看到這裡，相信大家已經懂了，這裡的代理人其實就是閘道（Gateway）或交易中心，瑞波支付的原理與此很類似。

1） Alice 登錄到選擇的瑞波閘道；

2） 將現金存入並且指示自己的閘道透過 Bob 的閘道將現金轉給他；

3） Bob 透過自己的閘道獲得現金；

4） Alice 與 Bob 的閘道進行債務結算。

我們看到，這就是一個由支付結算閘道構成的網路，只要上述的這些信任關係不被打破，瑞波網就可以轉移一切東西，例如現金、黃金、數位加密貨幣，甚至啤酒、米、木材。你可能會說，這裡面關鍵還是代理商之間的信任吧！假如兩個代理商之間不具備信任關係怎麼辦？在瑞波網路中，可以透過設定中間代理閘道，在代理商之間建立信任鏈，例如建立一個中間閘道 C，Alice 的閘道和 Bob 的閘道都信任 C，就可以透過 C 來進行中轉。

如果兩者找不到這麼一個共同信任的中間閘道怎麼辦呢？沒問題，可以使用瑞波幣（XRP）。瑞波幣是瑞波網路的貨幣手段，所有的閘道對交易的標的物都有一個 XRP 的定價，類似於美元在全球交易中的地位。換算到瑞波幣後就完全進入瑞波網路的結算網路，可以結合瑞波網的智慧合約，實作不可篡改、擔保等各項安全措施。

實際上，瑞波的設計還早於比特幣，大約在 2004 年就已經問世，只不過一直以來都很小眾，而且主要是基於熟人關係網，利用熟人關係網之間的信任實作快速的異地匯款或借貸結算，結合區塊鏈技術後便可進行全球範圍內的快速支付。目前一筆 XRP 支付交易可以在大約 4 秒內確認，每秒可以連續處理 1500 筆交易。

2.4　IPFS：星際檔案系統

IPFS，英文全名是 InterPlanetary File System，名字確實很酷，這是一種點對點的分散式檔案系統，它的對標物是現有的 HTTP 體系。現在先來看一看現有的 HTTP 體系有哪些問題。

1）　中心化的伺服器很容易成為效能和流量瓶頸，例如下載檔案、觀看影片等，當連接數變多，很容易速度變慢乃至服務癱瘓。這些我們有經驗，目前任何一個使用 HTTP 連線的站台都是如此，最好的方式無非就是增加更多的伺服器、做好負載平衡，成本也更加昂貴。

2）　站台資料不能長期保存。這是很明顯的，尤其是對於長時間沒什麼連線量的內容，一般不是刪除就是單獨打包備份，總之是不能再連線。傳統的 HTTP 伺服器通常不會對站台資料做版本歷史管理。

3）　檔案位址定位不夠平順。這個概念需要解釋一下。我們知道，透過瀏覽器連線站台時，一般都要一級域名、二級域名，還有文件的錨點定位，也就是說 HTTP 支援的是一個層次目錄結構。這種設計要求站台服務者要將自己的內容在設計開發時就安排好目錄層次，除了實際的目錄層次外，還需要設定虛擬路徑等，對於一個大型站台，其目錄層次是很複雜的。然而，實際上用戶並不關心這個結構層次，是不是？我們連上一個站台，目標僅僅是希望快速查看內容，而不是去記住那些層次複雜的路徑。

好了，我們暫且總結關於 HTTP 的這些問題點，現在來看一看 IPFS 的特點，以及透過什麼樣的方式能解決這些問題。

IPFS 是基於內容定址，而不是 HTTP 基於域名的分級定址，也就避免了要記住檔案儲存的伺服器名稱、路徑等。IPFS 系統對每一個加入到節點的檔案都計算出一個雜湊值，這個雜湊值可以代表單一檔案，當使用這個雜湊值向 IPF 要求檔案求時，會使用一個分散式的雜湊表找到檔案所在的節點，進而可以直接獲得檔案。這種方式最大的好處就是使檔案路徑扁平化，或者說就不需分層，只要拿出檔案的雜湊值就可以，這種檢索方式更符合人們的思維習慣。

在分散式儲存結構中，檔案可以切分成小的分塊到不同的節點上分別儲存，需要獲取時也可以分別從不同的節點獲取，這樣可以大大提高檔案存取的效能，實際上這也是 P2P 系統之間進行檔案連線常用的一種方式。與比特幣這樣的區塊鏈系統不同，檔案儲存節點並不需要共同維護完全一樣的檔案資料。

結合區塊鏈系統的設計，擁有資料不可篡改以及時間戳記關聯等特性，這樣的特點非常適合應用於檔案的版權保護、來源證明等情境，還可以使用基於區塊鏈的代幣來激勵 IPFS 節點，這樣使得 IPFS 系統帶進了金融屬性。使用 IPFS 的人越多，代幣就會越有用武之地，而反過來就會激勵更多的人去使用 IPFS。

IPFS 並不只是一個概念，實際上目前已經有很多的應用了，例如 AKASHA，這是一個使用以太坊和 IPFS 的社交網路；還有 Neocities，這是一個免費的 IPFS 網頁主機服務，即便 Neocities 關閉，人們也依然可以用 IPFS 瀏覽到內容，這個聽起來實在太美好了。分散式檔案系統與區塊鏈技術的結合，可以產生如此多的創意應用，以至於很多人都認為，IPFS 將最終取代 HTTP 體系，我們就拭目以待吧！

2.5 公證防偽溯源

區塊鏈技術在公證防偽方面的應用，主要是利用區塊鏈技術獨特的 merkel tree 資料結構防止篡改，區塊資料可溯源、非對稱加密數位簽名這些技術共同組成分散式點對點公證存證防偽網路及資料。我們按照圖例標號來追蹤分析一個現有中心化認證公證系統的部署模式：

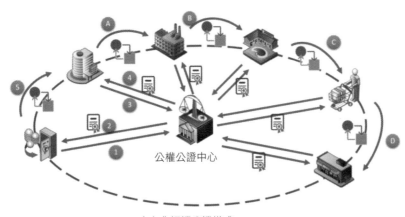

中心化認證公證模式

1) 用戶 1 向公證中心提交資料，申請認證證書；

2) 經過審查，公證中心發放證書，用戶 1 獲得認證；

3) 用戶 1 想要跟用戶 2 進行交易，用戶 2 需要跟公證中心申請用戶 1 提出的證明；

4) 公證中心確認用戶 1 的證書；

5) 用戶 2 要向用戶 3 提出交易請求，交易中用到來自用戶 1 的證書被傳遞，用戶 3 再次向公證中心請求確認證書，以此類推，公權公證中心是一個完全集中式的證書發放和驗證機構。

在這個集中式的公權公證中心模式中，好處也是顯而易見的：大家都相信由政府背書的專業機構。但是，這也可能存在風險：

- 單點故障（single point failure），當這個集中式的公權公證中心出現狀況時，全網癱瘓，大家無法獲得證書服務；

- 在處理大量證書時，中央式的系統也會由於中央處理能力不足而造成壅塞，效能下降；

- 中央公證中心的安全性要求非常高，如果存在安全隱患，很容易遭到阻絕服務攻擊（Denial of Service，DoS），甚至多台機器發起的分散式阻絕服務攻擊（Distributed Denial of Service，DDoS）。

效能最佳化的解決方案，最簡單的就是對系統進行分散式改造，提高效能和安全性，降低被攻擊而導致癱瘓的風險。區塊鏈技術作為一種分散式計算形式，其實也可以在改造現有集中式系統的過程中逐步摸索或實施。

現在我們來嘗試對一個集中式的公權公證中心進行分散式改造。

- 針對每一個用戶，單獨分配一個計算資源單獨處理，一個單位即一個處理單元。

- 在每一個處理單元的計算資源（可以是單獨一台計算機）增加一個證書同步單元（模組），負責將每一個處理單元的證書進行同步，每一個處理單元都可以在同步後拿到任何單位管理的證書。

- 處理單元和同步單元模式可以擴散，從一個單一的中心，根據效能需要分化成多個中心，然後再在中心間進行證書資料同步；

- 原先單一中心的公權屬性依然集中在認證中心，繼續行使其本來應該承擔的不可取代的政府或法律職能；

- 證書分發、處理、同步的功能性功能被剝離出認證中心；

- 對證書進行分散式帳本技術改造，證書成為共享帳本，在各個單位之間產生、流通、校驗。

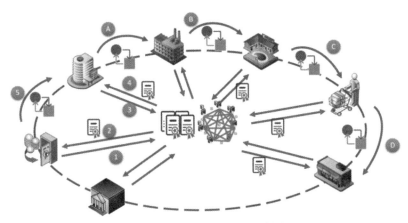

區塊鏈公共帳本認證公證模式

請注意，共享帳本改造很重要，我們需要做三件事：

1） 用加密函數對證書進行加密（採 SHA256）；

2） 證書資料結構採用 merkle tree 來儲存證書資料，保證任何改動的證書都會自動變成無效；

3） 對證書進行非對稱數位簽名，數位簽名根據證書的申請人、所有權人、發放方、校驗方進行公鑰 / 私鑰的密鑰管理。

提高運算和處理效能，防止 DoS/DDoS 的分散式計算模式改造，再加上加密分散式帳本技術改造，我們就實作出一個集中式系統的 "區塊鏈技術" 改造，形成下面描述的基於區塊鏈計算模型的公權公證系統。我們先說可能出現的劣勢：對用來進行證書校驗的密碼計算要求高，如果密碼被破解，全網證書（帳本）就會容易被篡改；對用來進行證書同步的點對點證書通訊協定的效能要求高，因為本質上分散式改造是將風險和效能同時分散到各個節點中。當然新系統的優勢是非常明顯的：

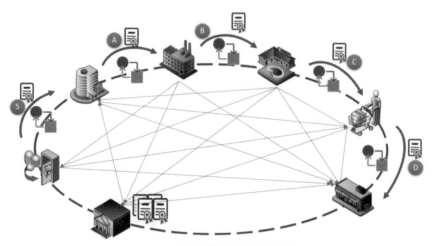

區塊鏈對等網路認證公證模式

1）證書資料由於公鑰 / 私鑰非對稱數位簽名使得資料來源和權益透明，證書內容及其真實性得到來自源頭的保證；

2）證書內容在產生或修改的瞬間，就已經全網無差別地被同步並通知；

3）任何證書的改動及其改動過程都記錄在案，而且可以溯源；

4）任何證書的校驗都可以通過簽發及確認者的公鑰完成，不再需要中間方參與；

5）分散式簽證校驗系統導致可以完全不需要信任第三方的存在和干預，系統自動完成；

6）公證網路參與方平權，系統自治；

7）原公證中心（公證處）功能職能弱化，可以逐漸變成一個象徵性的法律主體，更適合做其法律專職工作，法律意志體現的效率得以提高，意義更大。

我們再進一步看一個類似存證通的區塊鏈公證存證防偽系統的實際實作過程，以及一些核心技術原理。這個系統的概念在於所有被認為有價值的資料，包括私有資料和公共資料，都可以存證公證並防偽。

如下圖，系統從資料開始，自上而下進入系統，到達系統最底層然後從左到右
完成證書簽發，再回到系統向上分發返回給請求用戶。

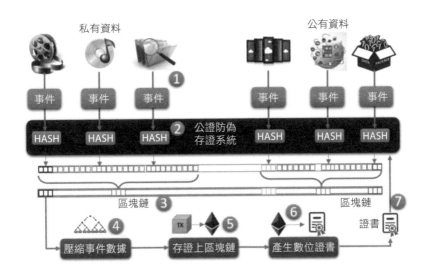

1）以事件為導向，當資料發生變化時向系統發出存證、公證、防偽識別等
　　請求。

2）外部事件的請求是分散式的，可以有多種資料源，確保系統的高可用性；
　　當外部請求進入平台後，平台根據事件所請求的資料的變化，抓取變化特
　　徵值，將特徵值的元資料進行雜湊函數加密（SHA256）。到目前為止，區
　　塊鏈技術中只有透過雜湊函數加密，或者使用類似同級加密強度的加密函
　　數，才能保證資料的不可篡改性，否則都會留下安全隱患。

3）採集了資料變化事件的特徵值的加密訊息，按照一定邏輯和循序組成資料
　　塊上鏈，可以是多連結構或者單連結構，完成上鏈存證編碼過程。

4）對需要上鏈的事件資料進行壓縮。

5）將需要上鏈的資料透過事務（交易）寫入底層區塊鏈架構。

6）區塊鏈資料寫入並給出數位證書。

7）平台（可以是去中心化的）拿到證書，向證書請求者進行查詢或發放。

我們已介紹了很多區塊鏈的技術應用，大部分看到的都是去中心化模式的。但是需要強調一點：**在實際公證防偽存證或者溯源等區塊鏈系統中，區塊鏈的應用並不一定完全是徹底去中心化模式。因為通常分散式系統的架構很複雜，平台連線層和底層資料儲存層一般都是鬆耦合的。**不一定完全是綁定在一起，也就是說，在儲存層使用區塊鏈技術架構做物理帳本儲存時，平台或者分散式帳本（存證）的連線方式可以是集中式或去中心化模式，整個系統也是使用區塊鏈技術，也具備區塊鏈技術的諸多優點。這樣的區塊鏈系統我們常常稱為"儲存層區塊鏈應用"。

當然，也有去中心化理想主義者認為這種類型的區塊鏈應用只是非常簡單的幾個節點，屬於私有鏈模式，在內部網路中實驗用，而且只用到區塊鏈最少的一個應用——分散式資料物理儲存，可溯源、不可篡改的屬性，也戲稱這樣的區塊鏈應用為"偽區塊鏈"應用。因為這樣的區塊鏈沒有在整體上多節點來構建基於區塊鏈的價值網路。

在區塊鏈技術應用的探索中，2017 年傳聞某銀行曾經嘗試過一個共識節點的區塊鏈銀行核心業務系統，此銀行用 Fabric 做了小於 10 個共識節點的區塊鏈銀行托收系統，某銀行也在私有鏈上嘗試少量節點概念驗證的 PoC 區塊鏈信用證項目。這些私有鏈方面的區塊鏈應用項目標嘗試，也是金融業在區塊鏈技術應用上相對大膽的嘗試。即使有些用到的只是區塊鏈技術的公證防偽溯源能力。

2.6　供應鏈金融

供應鏈金融其實是用技術手段將一個商業主體的供應鏈上下游企業（買方、賣方、金融機構）所涉及的所有進、銷、存、買賣、借貸、擔保等財經活動的商業和金融流程整合到一個完整的交易中。供應鏈金融的核心目標就是為了降低資金成本，提高商業效率。

供應鏈金融簡單來說就是銀行圍繞核心企業，管理上下游中小企業的資金流和物流，並把單個企業的不可控風險轉變為供應鏈企業整體的可控風險。透過供應鏈流程取得各級核心企業、供應商、經銷商的各類訊息,同時利用核心企業的信用以及訂單作為背書,將風險控制在最低的金融服務。同時由於充分利用技術手段,透過信用流通而非現金流通,大大降低了現金的使用率,甚至在一定程度上消除了現金的使用;同時因為數位或區塊鏈化的資產可以將應收和應付的帳期大拆小,短拆長,甚至任意分拆,進而大幅增加了信用**令牌**(credit token)的流通率,增加了資金的流動性進而增加了資金的利用率。

大部分情況下,傳統的銀行與企業金融服務中,銀行和企業在產業生態供應鏈環節中都是單點。銀行對企業上下游及供應鏈關係並不了解,訊息不多、了解不多,甚至完全不了解。

如下圖,銀行 A 對供應商,銀行 C 對經銷商,因為不了解對應企業的供應鏈資產細節,在給企業提供貸款服務時因為訊息不足、信用評級不精準,很容易導致貸款審核難,貸款額度少的現象,也造成很多中小企業融資難的問題。圖中銀行 B 因為面對的是核心企業,長期信用好,自然核心企業的貸款優惠而且額度大,融資很容易。

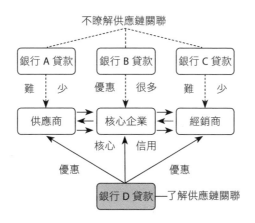

上圖銀行 D 因為掌握核心企業的供應鏈上下游企業、供應商和經銷商的資金與物業流動訊息,對供應商和經銷商的貸款可以做到精準、高效、低成本,同時也會給核心企業最好的金融服務支援和信用額度。這樣銀行 D 在了解核心企業上下游供應鏈訊息的基礎上獲得的優勢如下:

1） 保持對核心企業的重點精準支援，同時也給核心企業的上下游企業提供優惠、高效的金融服務，避免銀行 B 只針對核心企業，忽視中小企業的缺失。

2） 避免銀行 A 和銀行 C 因為風險不可控，貸款審核困難、貸款額度小的困擾。

3） 保持對供應鏈生態上下游全產業流動資金、物流訊息的了解，金融效率和成本還可以更進一步最佳化。

供應鏈金融的創新在於用技術的手段把上下游企業串聯起來，把核心企業及其附屬企業的應收和應付盡量放到一個首尾相連、可溯源、可核查計算、方便審計與監管的交易記錄中，這就是用區塊鏈技術的分散式共享帳本所能解決的核心問題。

用區塊鏈技術中內建的共享帳本技術，解決供應鏈金融的核心問題，可以讓供應鏈金融全流程中所涉及的利益方都成為共享帳本的一個節點，每個節點根據自己原生態或被賦予的商業屬性，在一個區塊鏈網路中扮演自己應該扮演的權利和角色。所有的人經過授權或者許可後，都可以讀 / 寫一個供應鏈金融環節中的交易資料。共享帳本所承載的供應鏈金融訊息和價值，可以自由硬分岔與合併進行流通和傳遞。

如下圖，按照區塊鏈價值網路的構成要素和步驟搭建供應鏈金融價值網路：

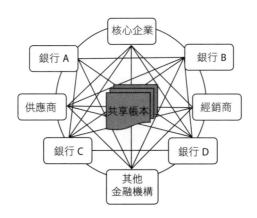

- 供應鏈金融全流程所有的利益單位和企業構成一個平權的價值網路；

- 企業按照商業邏輯達成一套供應鏈金融價值共識機制；

- 全網共享供應鏈金融共享帳本，節點按照功能進行分類，規範交易與交易資料讀寫權限；

- 供應鏈金融價值網路透過 Asset Back Cyrptocurrency（ABC）的模式進行價值上鏈，實作資產區塊鏈化；

- 供應鏈金融價值的生命周期管理（產生、流通、分拆、提現等）由智慧合約制定；

- 當價值網路出現利益糾紛時，按照事先達成的共識機制自動處理糾紛，由智慧合約自動執行；

- 價值共識協定規定供應鏈金融流程中各個節點在流通資產和記帳的過程中是否有獲利節點，而且最後流通結算清算邏輯按照智慧合約自動執行完成；

- 當供應鏈金融價值網路中出現對價值共識協定產生歧義時，由平台管理方會同各個供應鏈金融環節的節點，共同協商解決並重新制定共識規則；

- 新共識規則可以透過新智慧合約或者新節點軟體發布的模式進行更新，防止價值網路硬分岔。

在實際信用（數位資產）流通的過程中，我們可以看看下圖所展示的流程範例：

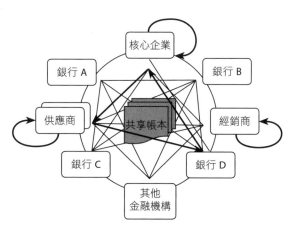

1） 供應商根據供貨清單以及核心企業的票據憑證，提出應收帳款上鏈；

2） 核心企業根據供應商提供憑證確認信用真實性，供應商的應收帳款按照帳期形成上鏈數位資產（可以透過挖礦或機構授信額度預儲值）以上鏈；

3） 供應商獲得帶帳期的、以核心企業票據為背書的數位貨幣信用資產所有權；

4） 供應商可以根據帳期到金融機構（銀行或供應鏈金融運營平台）按照一定邏輯的提現率提現；

5） 供應商也可根據數位資產信用，任意拆分以流通給自己的供應商，可以大拆小、短變長，或者直接提現，如果平台有資金或別的數位貨幣理財產品也可以轉入數位貨幣理財；

6） 供應鏈上的數位資產分割、流通、交易、提現、利息、支付都是透過內建在區塊鏈基礎架構裡或者編譯成可自動執行程式碼的清算與結算邏輯來自主完成。

所有以上步驟都可以透過區塊鏈分散式帳本技術，可以但並不一定要透過智慧合約來自動執行與監管。透過技術手段可以實作供應鏈金融交易的完美金融自治。

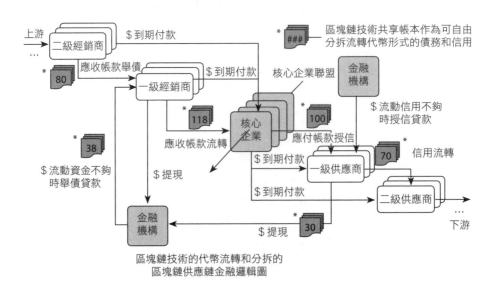

區塊鏈技術的代幣流轉和分拆的
區塊鏈供應鏈金融邏輯圖

在上圖所描述的公有鏈金融區塊鏈應用情境中，我們用區塊鏈來打造一個區塊鏈公有鏈金融平台（僅供參考）。

1） 平台和金融機構根據產業公有鏈中核心企業的信用，給核心企業發行（或發放）信用令牌額度，按照數位貨幣（令牌）發行的機制、商業票據質押的模式將核心企業價值置換到公有鏈金融產業鏈中。

2） 所有企業流通的信用令牌加上提現帳期時間屬性流通，信用令牌按照加密數位貨幣技術可信用儲值，大小分拆，帳期長短調整，信用令牌可流通，可提現，可作為產業流通和結算價值單位。

3） 當核心企業積欠供應商貨款時，在一定帳期內的應支付，可以使用核心企業的信用令牌置換信用，並對標供應商貨物價值及費用。

4） 一級供應商拿到核心企業的信用令牌：第一，可以等待帳期到期後到平台全款提現；第二，可以在帳款到期前跟平台或平台具有保理功能的企業，按一定的提現率提現；第三，一級供應商可以將信用直接帶著帳期屬性。在其自己的供應商（二級供應商）確認的條件下，流通應付帳款給下游供應商。

5） 二級供應商若是一個價值單位實體，同樣可以按照核心企業公有鏈環境下的價值信任體系對信用令牌實施儲值，分拆，改變帳期，流通，提現，甚至申請額外信用的所有活動。

6） 按照同樣的道理，核心企業也用平台的分散式帳本功能的信用令牌在上游經銷商那裡盤活經銷商的應付、授信、徵信、流通、貼現等所有公有鏈金融功能，全產業鏈形成價值閉環。

7） 企業可以透過零售、福利、勞動補償的各種流通手段將信用價值置換到個人手上，形成企業到個人的價值閉環。

這樣構築起來的區塊鏈公有鏈金融平台在整個公有鏈金融環節，由於上下游供應關係明確，契約，物流，甚至生產環節的很多細節都天然在這個大型的公共帳本中得到有效共享，上下游企業之間在公有鏈金融資料上沒有訊息孤島、帳目透明、不能造假、不可篡改、交易雙方風險可控、物流清晰，違約情況也如實反映，交易對手風控風險幾乎可以消除，大幅降低產業流通成本，幾乎完全消除現金冗餘，最大程度提高資產的流動率。

這種用區塊鏈技術改造的供應鏈金融模式，是對供應鏈金融最大的科技創新。

2.7 區塊鏈基礎設施：可程式化社會

數位資產交易、區塊鏈作業系統、區塊鏈應用程式，這些透過區塊鏈技術，引入經濟模型，實作虛擬的可程式化社會等概念或名詞，可能會讓人覺得遙不可及，讓我們看看最強大的底層概念區塊鏈通訊協定，以及智慧合約所能構築的可程式化社會。

我們先來看區塊鏈應用及其基礎架構。一般而言，傳統非區塊鏈應用（如微信、QQ、微博、Facebook、Google 等）都是將複雜的邏輯放在應用層，也就是下圖中看到的 "胖應用層"。而在傳統軟體的底層則是通訊協定層，這層一般指網際網路通訊協定（TCP/IP、HTTP、SMTP、XMPP 等），在傳統的非區塊鏈應用中，網路協定或應用協定層一般一旦確定下來很少修改，所以很多應用邏輯都是在應用層完成，而網路協定層的改動、修改或編程則很少，所以往往將這樣的應用的協定層稱為 "瘦協定層"。

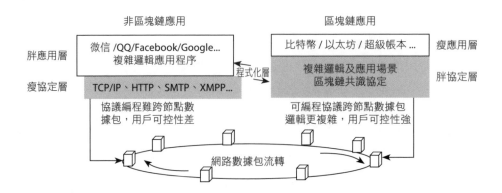

大部分網路區塊鏈應用是去中心化的，例如大家常見的比特幣、以太坊、超級帳本等區塊鏈基礎架構，及依託這些架構之上開發的各種應用。目前大部分去中心化應用在應用層邏輯相對簡單，因為承載的大部分是跟價值有關的產生、流通、分拆、提現、買賣等應用。相對地，這個應用層由於基本的價值邏輯變動不大，相對需要編程的部分不多，可以說是 "瘦應用層"。與大多數非區塊鏈應用不一樣的是去中心化的區塊鏈應用的協定層，往往是一個包含很多複雜邏輯的 "胖協定層"。

不同於非區塊鏈技術應用，可程式化的 "胖協定層" 所構築的去中心化區塊鏈應用正在構建一個可程式化社會。這個可程式化社會基於分散式帳本技術，可以建立一個不需要第三方信任機制、彼此信任的可程式化網路社會和經濟體。

區塊鏈應用有一個非常獨特的特性就是其價值網路（共識）協定，如何在網路節點之間形成（價值）共識是區塊鏈應用最核心的邏輯，這個邏輯往往是由一個可程式化的協定層提供的。未來的可程式化世界，我們可以預見：訊息的流通是綁定資產的流通的，資產的流通往往是透過可程式化的自動化完成。

區塊鏈應用的節點及節點間建立信任關係的分散式共享帳本其實是由很多按照 "胖協定層" 的價值網路協定，在自動地完成社會的各個機構和個人的行為與權益確認。這些區塊鏈節點所能完成的功能將和人類及其機構所能完成的工作一模一樣，甚至更高效、準確、公平、智慧。

可程式化社會和經濟衡量的指標，由機器或網路共識完成的交易區比例評定。在區塊鏈應用程式裡，全部的交易都是由機器（節點）透過區塊鏈價值共識協定（機制）確認完成。可程式化社會和經濟的成熟度就越高。可程式化社會與經濟中所承載的資產，由於不一定都是按照法幣來衡量，所以也往往叫作 "影子資產"。

下面舉一個例子：

> 平時大家都相信公股銀行，並願意把錢存到大銀行。因為信譽好、
> 有國家背書等，但是我們也許不相信一家"無名銀行"，很難有人
> 知道無名銀行的可信程度，人們對"無名銀行"往往"不信任"，
> 拒絕到"無名銀行"存錢。

現在，假設用區塊鏈技術將包括"無名銀行"在內的銀行都連接起來組成一個銀行聯盟，而組成聯盟的聯盟協定是：

1）聯盟節點間無差別地全網共享和同步一個分散式帳本；

2）聯盟節點共同透過無差別投票，最後簡單以多數大於或等於50%決定每一筆帳；

3）聯盟用戶可以在任何一個可以確認自己存款的節點存取屬於自己的錢；

4）聯盟規則如果需要改動，則投票要大於等於50%來決定投票結果；

5）聯盟節點間自動結算與清算。

按照上面的聯盟協定，現在用戶和"無名銀行"的信任關係發生了本質上的變化：建立了信任關係！

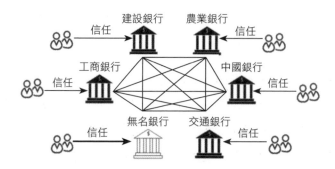

哪怕"無名銀行"消失了，用戶的錢還是可以在任何一家聯盟銀行那裡得到確認並存取，這就是信任機制建立的關鍵。而這個關鍵的背後，就是區塊鏈技術建立起來的信任機制和價值傳遞。

分散式自治組織 DAO（Decentralized Autonomous Organization）也是可程式化社會的一個很有意義的嘗試。

2.8　鏈內資產與鏈外資產

比特幣的交易費用現在逐漸提高，特別是在對交易即時性有很高要求時，往往出現完成一筆交易所需要的費用比交易本身承載的價值還要昂貴的情況。其實有一個辦法可避免交易費用，就是將交易移到鏈外。這就是所謂的比特幣（區塊鏈）鏈外交易和鏈外資產。要完成一筆鏈外交易，對一個普通的用戶而言相對專業企業（例如交易所）要困難一些。我們會很好奇，一筆鏈外資產的交易是怎麼完成的呢？讓我們來仔細看看鏈外資產的概念及其交易邏輯。

其實，鏈外資產的概念顧名思義就是不在比特幣主鏈上的資產。涉及資產的產生、分拆、流通、交易、儲存等都是在區塊鏈主鏈鏈外進行。平時我們看到的比特幣等區塊鏈交易，一般都是在鏈內不同的用戶（位址）間進行和完成交割的。但是也不盡然，人類的智慧是無窮的，往往可以做到在鏈外的交易比鏈內的交易更頻繁。**這是因為資產本身是可以對價和分拆的。有很多方式可以讓交易雙方在不上鏈的情況下完成交易。**

鏈外交易其實本身有不少好處。首先，可以避免價值網路上的鏈上交易費用，大部分的區塊鏈應用在已經形成的價值網路上進行交易是需要交易費用（Gas）的。有些比特幣交易手續費用甚至達到 10%，特別是交易轉帳繁忙時，即使加大交易費用，卻因網路堵塞還是不能成交，甚至有人願意支付超過 100% 的交易費用。如果是這樣，比特幣支付的優勢就不復存在，用戶（或機構）可能會選擇傳統的金融手段進行交易。其實，這也是導致比特幣等區塊鏈技術架構逐漸將關注重點轉向提高效能、高並行和高可用性問題的最直接原因。

鏈外交易的另外一個好處其實就是有時候交易可以非常快。換句話說，就是某些形式的鏈外交易可以不需要等待網路節點的確認，能更快地確權和記帳。此外，鏈下交易還可以提供更好的交易隱私甚至匿名性，甚至完全不知道交易已經發生。就像交易雙方私下交易，用線下資產質押、分拆、轉移等方式，最後交割彙整結算和清算而這完全在鏈上得不到體現。

這其實也是對比特幣等區塊鏈交易的提醒，區塊鏈技術的應用也不能完全杜絕黑箱操作，甚至有時候很多人和機構打著區塊鏈互信公開、存證不可篡改等功能的旗號，私下做隱藏交易、內幕操作等壞事。

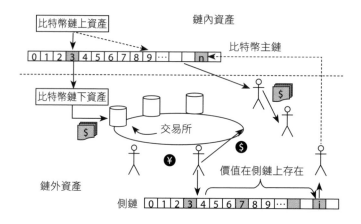

介紹完鏈外資產和鏈外交易的概念，接下來看看鏈外交易是如何完成的。如果交易涉及多個彼此不信任的參與方，一般可以用引入側鏈的方式完成，就是將比特幣主鏈上的價值轉移到側鏈上完成，當然我們要考慮符合交易雙方的特殊需求。

還有一種透過引入彼此信任的第三方來進行交易，這也是回歸傳統的中心化交易模式。因為信任機制已經在線下存在，不需要透過多節點共識來確權。這樣的方式在傳統金融的支付產業已經普遍存在，人們也都非常熟悉，類似支付寶、微信支付、PayPal 等。

在一些交易所，因為管理和掌握用戶的訊息與權限，經常發一些有平台背書負責承兌的優惠券、積分等，這樣用戶可以拿著這些承諾的優惠券或承諾函，到別的平台進行價值轉換。例如有些公司，甚至直接拿比特幣代金券發薪資。

2.9 本章重點心智圖

區塊鏈技術的發展就是人們認知的發展，早期大都只是模仿比特幣，透過修改比特幣的原始碼 "創造" 出另外一種幣，大家的認知還停留在 "幣" 這個概念上。漸漸地，人們透過深入瞭解比特幣的技術原理後，發現這種技術思想只是用來實作一個 "幣" 實在是有些局限，於是創造出功能更強大的支援智慧合約的系統，這實際上是擴充比特幣中交易腳本的概念，進而人們開始結合其他領域，發現更廣闊的應用情境，例如分散式儲存、去中心交易、無邊界支付網路等。一類技術的產生，往往就是一類思想的革新，可以預見，區塊鏈的應用發展會有更廣闊的未來。

好，我們看一下本章的心智圖。

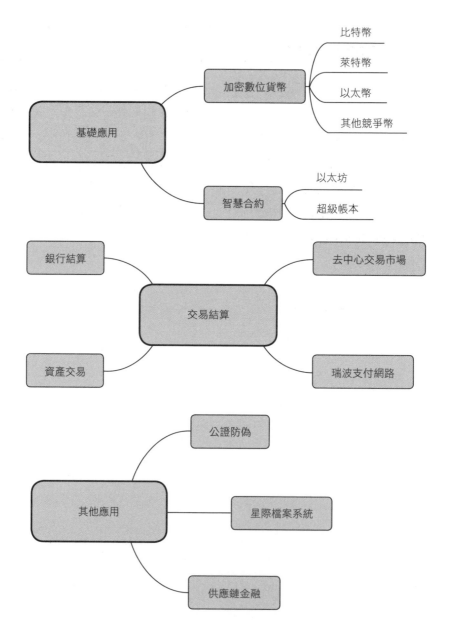

在本章中,由於限於篇幅,無法一一介紹所有的應用情境。作為一名技術人員,
殷切地期望一種好的技術思想能夠促進社會的生產發展以及人們的生活。

區塊鏈骨架：密碼演算法 *Chapter 3*

區塊鏈系統包含了電腦科學過去 20 多年的成果：計算機網路 P2P、演算法、資料庫、分散式系統、計算機密碼學……等等。其中，計算機密碼學又是重中之重。只要想到以後在區塊鏈上跑的會是各式各樣的價值：貨幣、股票、信任、數位資產、版權、交友訊息……不需要太多的知識，一般人就能瞭解密碼保護會有多重要。本章關於密碼學的討論、證明和陳述，完全基於計算機馮·諾依曼體系結構，不涉及量子計算這些領域，主要討論區塊鏈裡用到的典型加密演算法以及編碼方式。

3.1　雜湊演算法

雜湊演算法在區塊鏈系統中的應用很廣泛：比特幣使用雜湊演算法透過公鑰計算出錢包位址、區塊頭以及交易事務的雜湊值，梅克爾樹結構本身就是一棵雜湊樹，就連挖礦演算法都是使用的雜湊值難度匹配；以太坊中的挖礦計算也使用了雜湊演算法，其中的梅克爾－帕特里夏樹同樣也是一棵雜湊樹；其他的區塊鏈系統也都多多少少會使用到各種雜湊演算法。因此可以說雜湊演算法已貫穿到區塊鏈系統的各個方面。

3.1.1 什麼是雜湊計算？

密碼學上的雜湊計算方法一般需要具有以下的性質：

- 函數的輸入可以是任意長的字串；

- 函數的輸出是固定長度的；

- 函數的計算過程是有效率的。

這個說法比較學術化，說白了，就是透過一個方法將一段任意輸入的字串計算出一個固定長度的值，相當於計算出一個 ID 編號。透過雜湊演算法計算出的結果，是無法再透過一個演算法還原出原始資料，即為單向的，因此適合用於一些身份驗證的場合，同時由於雜湊值能夠發揮類似於 ID 編號的作用，因此也可以用於判斷資料的完整性，哪怕資料發生微小的變化，重新計算後的雜湊值都會與之前的不一樣。

一般來說，為了保證雜湊函數在密碼學上的安全性，必須滿足以下 3 個條件。

1）抗衝突（collision-resistance）。簡單來說，雜湊函數抗衝突指的是不同的輸入不能產生相同的輸出。這就好像到電影院買票看電影，付錢買了電影票的人，他們的座位號不能重複。同時必須說明的是，抗衝突並不是說不會有衝突，只不過找到有衝突的兩個輸入的代價很大。這就好像暴力破解一個有效期為 20 年的密碼，整個破解過程長達 30 年，雖然最後密碼被破解，但是由於密碼有效期已過了，所以也就失去了意義。

2）訊息隱藏（information hiding）。這個特性是指如果知道雜湊函數的輸出，不可能逆向推導出輸入。這在密碼學很容易理解：即使敵人截獲公開訊息管道（例如無線電波），截取傳送的雜湊訊息，也不可能根據這段訊息還原出明文。

3）可隱匿性（puzzle friendly）。如果有人希望雜湊函數的輸出是一個特定的值（意味著有人事先知道了雜湊函數的輸出結果），只要輸入的部分足夠隨機，在足夠合理的時間內都將不可能破解。這個特性主要是為了對付偽造和仿製。近來某位當紅歌星的演唱會門票超貴，一張票要價上萬元。這就催生了假票行為：偽造演唱會的門票。門票是公開的，大家都知道長什麼樣、用什麼材質，這相當於已知雜湊函數的輸出。可隱匿特性就是要做假票的明明知道輸出長什麼樣，但不知道使用何種 "原料" 和 "工藝" 仿製出一模一樣的票。

 注 意 由於雜湊演算法的輸出值是固定的，而原始資料的長度卻是多種多樣的，這就注定在理論上存在不同的原始資料卻輸出同一種雜湊值的可能，這種情況在原始資料的數量極其龐大時就會出現。

例如，郵件系統的抗垃圾郵件演算法，我們一般會對每一個郵件位址計算一個雜湊值，儲存為過濾庫。可是全世界的郵件位址何其多，而且什麼樣格式都有，這個時候會對郵件位址進行多種雜湊計算，將計算出來的多個值聯合起來判斷是否存在某個郵件位址。這也是布隆過濾器的基本原理，在比特幣中就使用了布隆過濾器使 SPV 節點可以快速檢索並返回相關資料。

3.1.2 雜湊演算法的種類

密碼學中常用的雜湊演算法有 MD5、SHA1、SHA2、SHA256、SHA512、SHA3、RIPEMD160，以下為簡要介紹。

- MD5（Message Digest Algorithm 5）。MD5 是輸入不定長度訊息，輸出固定長度 128bits 的演算法。經過程式流程，生成 4 個 32 位資料，最後聯合起來成為一個 128bits 雜湊。基本方式為求餘數、取餘數、調整長度、與連結變數進行循環運算，得出結果。MD5 演算法曾被廣泛使用，然而目前該演算法已被證明是一種不安全的演算法。2004 年 MD5 演算法被正式破解。

- SHA1。SHA1 在許多安全協定中廣為使用，包括 TLS 和 SSL。2017 年 2 月，Google 宣布已攻破 SHA1，並準備在其 Chrome 瀏覽器產品中逐漸降低 SHA1 證書的安全指數，逐步停止對使用 SHA1 雜湊演算法證書的支援。

- SHA2。這是 SHA 演算法家族的第二代，支援更長的摘要訊息輸出，主要有 SHA224、SHA256、SHA384 和 SHA512，後面的數字表示它們生成的雜湊摘要結果長度。

- SHA3。顧名思義，這是 SHA 演算法家族的第三代，先前名為 Keccak 演算法，SHA3 並不是要取代 SHA2，因為目前 SHA2 並沒有出現明顯的弱點。

- RIPEMD-160（RACE Integrity Primitives Evaluation Message Digest 160）RIPEMD160 是一個 160 位加密雜湊函數。它旨在替代 128 位雜湊函數 MD4、MD5 和 RIPEMD-128。

事實上，除了以上的演算法，雜湊演算法還有很多種，有一些是不太講究加密特性的，例如在負載均衡領域常用的一致性雜湊演算法。其目標只是將伺服器位址快速地計算出一個摘要值，而不是加密，因此會使用一些其他的快速雜湊演算法。

3.1.3 區塊鏈中的雜湊演算法

1. 區塊雜湊

所謂區塊雜湊就是對區塊頭進行雜湊計算，得出某個區塊的雜湊值，用這個雜湊值可以唯一確定某一個區塊，相當於給區塊設定了一個 ID 編號，而區塊與區塊之間就是透過這個 ID 編號進行串聯，進而形成一個區塊鏈的結構。

這樣的結構也是區塊鏈資料難以竄改的技術基礎之一。例如，一共有 100 個區塊，如果要更改 10 號區塊的資料，則 11 號就不能與 10 號連接，區塊鏈就會斷開，這樣等於竄改無效。而如果竄改了 11 號，就接著要竄改 12 號，以此類推，幾乎就是牽一髮動全身。如果區塊鏈很長，那麼要想更改之前的歷史資料幾乎就是不可能的了。

從這個角度來看，雜湊值相當於一個指標，傳統的指標提供了一種取得訊息的方法，而雜湊指標則提供了一種檢驗訊息是否被修改的方法，如果訊息被篡改，那麼雜湊值和雜湊指標的值必定是不等的。

2. 梅克爾樹

我們在第 1 章簡單介紹過梅克爾樹，梅克爾樹在不同的區塊鏈系統中有不同的細節，但本質是一樣的，我們就以比特幣中的梅克爾樹來說明。比特幣中的梅克爾樹稱為二叉梅克爾樹，每一個區塊都有自己的梅克爾樹，是透過將區塊中的交易事務雜湊值兩兩結對計算出新的雜湊值，然後雜湊值再兩兩結對進行雜湊計算，遞迴循環，直到計算出最後一個根雜湊值，這樣的一棵樹也稱為雜湊樹。梅克爾樹既能用於校驗區塊資料的完整性，也能對 SPV 錢包進行支付驗證。

舉一個生活中常見的例子，當我們簽訂一份 n 頁的契約時，通常都會在每頁契約上蓋章，只不過每一頁上的章都是一樣的，這就留下了作弊的空間。如果我們稍微改變一下做法，給每一頁契約蓋一個數位印章，並且每一頁上的數位印章是前一頁數位印章和本頁內容一起使用雜湊演算法生成的雜湊值。例如：

1）契約第一頁的數位印章是本頁內容的雜湊值，即第一頁數位印章 =Hash（第一頁內容）。

2）契約第二頁的數位印章是第一頁的數位印章及第二頁內容加在一起後再雜湊的值，第二頁數位印章 =Hash（第一頁的數位印章 + 第二頁內容）。

3）契約第三頁的數位印章是第二頁的數位印章及第三頁內容加在一起後再雜湊後的值，即第三頁數位印章 =Hash（第二頁的數位印章 + 第三頁內容）。

4）上述過程以此類推。

這樣對第一頁契約的篡改必然使其雜湊值和第一頁上的數位印章不符，且其後的 2、3、4、5、…、n 頁也是如此；對第二頁契約的篡改必然使其雜湊值和第二頁上的數位印章不符，且其後的 3、4、5、…、n 頁也是如此。

從上面的例子，可以發現梅克爾樹的優勢：

1）我們能知道訊息是否被篡改；

2）我們還能知道是第幾頁或者第幾塊的訊息被篡改了。

為了便於瞭解，來看一下梅克爾樹的典型架構，如下圖所示。

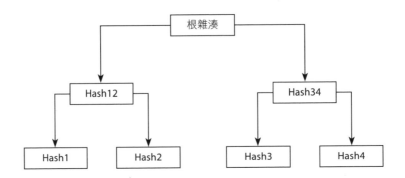

我們看到，首先這是一個樹結構，在底部有 4 個雜湊值。假設某個區塊中一共有 4 條交易事務，那麼每條交易事務都計算一個雜湊值，分別對應這裡的 Hash1 到 Hash4，然後再兩兩結對，再次計算雜湊值，以此類推，直到計算出最後一個雜湊值，也就是根雜湊。這樣的一棵樹結構就稱為梅克爾樹（merkle tree），而這個根雜湊就是梅克爾根（merkle root）。我們再來看一個示意圖：

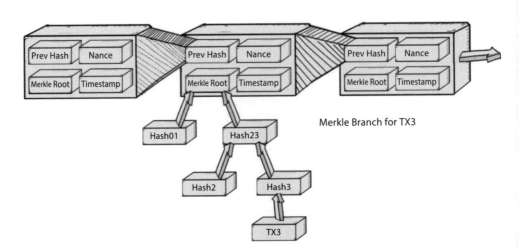

Merkle Branch for TX3

可以看到，每一個區塊都具有一棵梅克爾樹結構，同時可以發現，梅克爾樹中的每一個節點都是一個雜湊值，因此也可以稱之為雜湊樹。而比特幣中的梅克爾樹是經由交易事務的雜湊值，兩兩雜湊計算而成，所以這樣梅克爾樹稱為二叉梅克爾樹。那麼這樣的樹結構有什麼作用呢？

比特幣是分散式的網路結構，當一個節點需要同步自己的區塊鏈帳本資料時，並沒有一個明確的伺服器來下載，而是透過與其他的節點進行通訊實作的。在下載區塊資料時，難免會有部分資料會損壞，對於這些一條條的交易事務，如何去校驗有沒有問題呢？

這個時候，梅克爾樹就能發揮作用，由於雜湊演算法的特點，只要參與計算的資料發生一點點的變更，計算出的雜湊值就會改變。我們以第一個示意圖來說明，假設 A 透過 B 來同步區塊資料，同步完成後，發現計算出的梅克爾根與 B 不一致，也就是有資料發生了損壞，此時先比較 Hash12 和 Hash34 哪個不一致。假如是 Hash12 不一致，再比較 Hash1 和 Hash2 哪個不一致；如果是 Hash2 不一致，則只要重新下載交易事務 2 就行了。重新下載後，再計算出 Hash12 並與 Hash34 共同計算出新的梅克爾根比較，如果一致，則代表資料完整。

我們發現，透過梅克爾樹，可以很快找到出問題的資料塊，而且本來一大塊的區塊資料可以被分割成小塊處理。

3.2 公開密鑰演算法

3.2.1 兩把鑰匙：公鑰和私鑰

公鑰和私鑰是現代密碼學分支非對稱性加密裡面的名詞，對於一段需要保護的訊息，通常是使用公鑰加密、用私鑰解密，這種加密方法也稱為公開密鑰演算法。

在諜戰劇裡，發電報一般都是使用對稱加密演算法。這種加密方式缺點是顯而易見的，如果被人知道了密鑰和加密方法，按照加密方法反著來就能解密。一直到非對稱加密演算法的出現，這種情況才有所改觀。公鑰就是可以對全世界公開的密鑰，例如你和 Google 通訊時，你可以使用 Google 公開提供的 1024 位公鑰加密訊息，加密後的密文只有使用 Google 私藏的私鑰才可以做解密，這就保障了通訊安全。

一般來說，公開密鑰演算法對於大量原始資料加密的效能不會很高，因此如果是用於大量資料的加密與解密，通常還是會使用強度比較高的對稱加密演算法，而公開密鑰演算法會用於在網路中傳輸對稱加密演算法的密鑰，兩者結合使用，發揮各自的優點。

自從非對稱加密演算法誕生以來，人們發現一些數學函數極其適用於這種演算法，例如橢圓曲線加密演算法。這些數學函數具有某種困難度：由輸入算輸出很容易，但是從輸出計算輸入則幾乎不可能。比特幣是使用橢圓曲線加密演算法作為公共密鑰編碼的基礎的，事實上在很多區塊鏈系統中都是使用橢圓曲線加密演算法。

3.2.2　RSA 演算法

RSA 以它的三個發明者 Ron Rivest、Adi Shamir 和 Leonard Adleman 的名字首字母命名。RSA 加密演算法是最常見的非對稱加密演算法。它既能用於加密，也能用於數位簽名，是目前最流行的公開密鑰演算法。RSA 安全基於大質數分解的難度，RSA 的公鑰和私鑰是一對大質數，從一個公鑰和密文恢復明文的難度，相當於分解兩個大質數之積，這是公認的數學難題。

RSA 的安全基於大數的因子分解，但並沒有從理論上證明破譯 RSA 的難度與大數分解難度等價，RSA 的重大缺陷是無法從理論上把握它的保密效能如何。只不過 RSA 從提出到現在 20 多年，經歷了各種攻擊的考驗，被普遍認為是目前最優秀的公鑰方案之一。RSA 的缺點是：

■ 產生密鑰很麻煩，受限於質數產生的技術；

■ 分組長度太大，運算代價高，速度慢。

我們透過一個例子來瞭解 RSA 演算法。假設 Alice 要與 Bob 進行加密通訊，她
該怎麼生成公鑰和私鑰呢？

1） 選擇兩個質數。通常是隨機選擇兩個不同的質數，我們不妨稱為 p 和 q，本
例中 Alice 選擇了 61 和 53，當然實際應用中，這兩個質數越大越好，這樣
就越難破解。

2） 計算 p 和 q 的乘積 n。Alice 把 61 和 53 相乘：$n = 61 \times 53 = 3233$。

n 的長度就是密鑰長度，3233 寫成二進位制是 110010100001，一共有 12
位，所以這個密鑰就是 12 位。實際應用中，RSA 密鑰一般是 1024 位，重
要場合則為 2048 位，老樣子，越長越好。

3） 計算 n 的歐拉函數 $\Phi(n)$。

根據公式：$\Phi(n) = (p-1)(q-1)$，Alice 算出 $\Phi(3233)$ 等於 60×52，即 3120，
實際上就是兩個質數分別減 1 後的乘積。

4） 選擇一個整數 e。

這個整數是隨機選擇的，並且有個條件，條件是 $1 < e < \Phi(n)$，且 e 與 $\Phi(n)$
互質。Alice 就在 1 到 3120 之間，隨機選擇了 17。實際應用中，常常選擇
65,537。

5） 計算 e 對於 $\Phi(n)$ 的模反元素 d。

所謂 "模反元素" 就是指有一個整數 d，可以使得 $e*d$ 被 $\Phi(n)$ 除的餘數為
1，表達式如下：

$$e*d \equiv 1 \ (mod \ \Phi(n))$$

這個式子可寫成

$$e*d - 1 = k(n)$$

於是找到模反元素 d，實質上就是對下面這個二元一次方程求解：

$$e*x + \Phi(n)y = 1$$

已知 $e=17$，$\Phi(n)=3120$，則 $17x + 3120y = 1$。

這個方程可以用 "擴充歐幾里得演算法" 求解，此處省略實際過程。總之，Alice 算出一組整數解為 (x, y)=(2753, -15)，即 d=2753。

6) 產生公鑰和私鑰。

將 n 和 e 封裝成公鑰，n 和 d 封裝成私鑰。在 Alice 的例子中，n=3233，e=17，d=2753，所以公鑰就是（3233, 17），私鑰就是（3233, 2753）。

至此所有計算就完成了，可以看到 RSA 的演算法過程其實還是很簡單的，最關鍵的就是找到兩個足夠大的質數。

3.2.3　橢圓曲線密碼演算法

橢圓曲線是滿足一個特殊方程的點集，請注意，不要跟標準橢圓方程混淆，那根本就是兩回事。下列是一個標準的橢圓曲線方程：

$$y^2=x^3+ax+b$$

在幾何意義上，它通常是這樣的一個圖形：

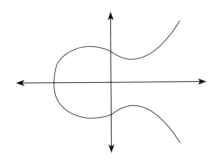

如上圖所示，一個橢圓曲線通常是滿足一個變數為 2 次方，另一個變數為 3 次方的二元方程式。按照這樣的定義，橢圓曲線是有很多種的，而橢圓曲線密碼演算法是基於橢圓曲線數學的一種公鑰密碼演算法，其主要的安全性在於利用了橢圓曲線離散對數問題的困難性。

在區塊鏈中，常用的是 ECDSA（橢圓曲線數位簽名演算法），這是利用橢圓曲線密碼（ECC）對數位簽名演算法（DSA）的模擬。ECDSA 於 1999 年成為 ANSI 標準，並於 2000 年成為 IEEE 和 NIST（美國國家標準與技術研究院）標準。橢圓曲線密碼演算法實作了資料加解密、數位簽名和身份認證等功能，該技術具有安全性高、生成公私鑰方便、處理速度快和儲存空間小等方面的優勢。相對於 RSA 演算法，在實際的開發使用中，橢圓曲線加密使用得更廣泛，例如比特幣就是使用了橢圓曲線中的 SECP256k1，可以提供 128 位的安全保護。橢圓曲線實際的數學原理，其過程證明比較枯燥，不在此贅述，感興趣的朋友可以去查閱相關的數學資料。

3.3 編碼 / 解碼演算法

眾所周知，計算機儲存和處理的都是二進位制資料。為了簡潔，實際上使用最多的是二進位制的一個變種——十六進位制。例如筆者的名字叫嘉文，中文拼音是 jiawen（全小寫），在計算機裡儲存的就是 6A696177656E。很明顯，人類容易記住 jiawen，而其相應的十六進位制代碼 6A696177656E 就很考驗人的記憶力。同樣，人類很難記住十六進位制的資料，但如果是十六進位制編碼的字串，就相對好記好讀一些了。以下是一張 ASCII 字元表的一部分。

DEC	OCT	HEX	BIN	Symbol	HTML Number	HTML Name Description
0	000	00	00000000	NUL	&#000;	*Null char*
1	001	01	00000001	SOH	&#001;	*Start of Heading*
2	002	02	00000010	STX	&#002;	*Start of Text*
3	003	03	00000011	ETX	&#003;	*End of Text*
4	004	04	00000100	EOT	&#004;	*End of Transmission*
5	005	05	00000101	ENQ	&#005;	*Enquiry*
6	006	06	00000110	ACK	&#006;	*Acknowledgment*
7	007	07	00000111	BEL	&#007;	*Bell*
8	010	08	00001000	BS	&#008;	*Back Space*
9	011	09	00001001	HT			*Horizontal Tab*

10	012	0A	00001010	LF	
	Line Feed

11	013	0B	00001011	VT	&#011;	*Vertical Tab*

...

47	057	2F	00101111	/	&#47;	*Slash or divide*
48	060	30	00110000	0	&#48;	*Zero*
49	061	31	00110001	1	&#49;	*One*
50	062	32	00110010	2	&#50;	*Two*
51	063	33	00110011	3	&#51;	*Three*
52	064	34	00110100	4	&#52;	*Four*
53	*065*	*35*	*00110101*	*5*	*5*	*Five*
54	066	36	00110110	6	&#54;	*Six*
55	067	37	00110111	7	&#55;	*Seven*
56	070	38	00111000	8	&#56;	*Eight*
57	071	39	00111001	9	&#57;	*Nine*
58	072	3A	00111010	:	&#58;	*Colon*
...						
70	106	46	01000110	F	&#70;	*Uppercase F*
71	107	47	01000111	G	&#71;	*Uppercase G*
72	110	48	01001000	H	&#72;	*Uppercase H*
73	111	49	01001001	I	&#73;	*Uppercase I*
74	112	4A	01001010	J	&#74;	*Uppercase J*
75	113	4B	01001011	K	&#75;	*Uppercase K*
76	114	4C	01001100	L	&#76;	*Uppercase L*
77	115	4D	01001101	M	&#77;	*Uppercase M*
78	116	4E	01001110	N	&#78;	*Uppercase N*
79	117	4F	01001111	O	&#79;	*Uppercase O*
80	120	50	01010000	P	&#80;	*Uppercase P*
81	121	51	01010001	Q	&#81;	*Uppercase Q*
82	122	52	01010010	R	&#82;	*Uppercase R*

www.ascii-code.com 6A696177656E

十六進位制的 07 是一個 Bell（響鈴），如果試著用電腦程式去列印，結果是不可見，只能聽到一聲鈴聲。但是字串 " 07 " 則相對容易瞭解和記憶。上文提到過，比特幣位址都是十六進位制的數，不做轉換，列印出來毫無意義，人類無法直觀地辨識。大家可以想像一下查詢自己的銀行帳戶餘額的情境：假如帳戶裡只有 77 塊錢，查詢結果列印的是大寫字元 M（十進位制的編碼是 77）。我相信大部分用戶都不知道那是 77 的意思。相對的，如果把數字 77 轉換成文字 " 77 "（其十六進位制編碼是 3737）後再列印，對於顯示在螢幕上的文字 77，用戶就能看懂了。總結一下：

	數字7	字元7	數字77	字元77
實際儲存值（十六進位制）	7	37	77	3737
列印到螢幕的結果	一聲鈴聲	7	M	77

下面幾節將討論用文字來表示十六進位制資料的幾種編碼方式。

3.3.1 Base64

這是一種用 64 個字元來表示任意二進位制資料的方法，通常 exe、jpg、pdf 等檔案都是二進位制檔，用文字編輯器打開都是亂碼，那麼就需要一個方法，可以將二進位制編碼成字串的格式，如此一來，就可以將二進位制文件用文字打開查看。

既然是 Base64，就是透過 64 個字元來編碼的，實際是哪 64 個字元呢？請見下表：

序號	字元	序號	字元	序號	字元	序號	字元
0	A	3	D	6	G	9	J
1	B	4	E	7	H	10	K
2	C	5	F	8	I	11	L
12	M	25	Z	38	m	51	z
13	N	26	a	39	n	52	0
14	O	27	b	40	o	53	1
15	P	28	c	41	p	54	2
16	Q	29	d	42	q	55	3
17	R	30	e	43	r	56	4
18	S	31	f	44	s	57	5
19	T	32	g	45	t	58	6
20	U	33	h	46	u	59	7
21	V	34	i	47	v	60	8
22	W	35	j	48	w	61	9
23	X	36	k	49	x	62	+
24	Y	37	l	50	y	63	/

Base64 編碼主要用在傳輸、儲存、表示二進位制等領域，還可以用來加密。但是這種加密比較簡單，只是一眼看去不知道什麼內容罷了，對應編碼規則，可以很容易的解碼。當然也可以對 Base64 的字元序列進行訂製來進行加密，我們來看一下 Base64 的編碼過程。

首先，既然是使用上述 64 個字元的範圍表示，就要能夠表示出 64 個字元的各種組合，起碼得用 6 個 bit 才行。根據排列組合，6 個 bit 總共可以表示出 26 個組合的字元排列；針對一份需要轉化的二進位制檔案，可以這樣來處理，每 3 個位元組一組，一共是 24bit，然後可以針對這個 24bit 再來劃分，劃分成每 6bit 一組，一共可以分成 4 組，再對照上表查找對應的字元即可，如此一來就可以轉換為 Base64 了，簡單吧！

如果在每 3 個位元組分成一組時，不是 3 的倍數怎麼辦呢？這樣就需要使用 \x00 位元組在末尾補足，再在編碼的末尾加上 1 個或 2 個 = 號，表示補了多少位元組。

由於標準的 Base64 編碼後可能出現字元 + 和 /，在 URL 中就不能直接作為參數，所以又有一種 url safe 的 Base64 編碼，其實就是把字元 + 和 / 分別變成 - 和 _。

根據這個原理，其實還是比較容易瞭解這種編碼，而且也可以看出，這種編碼是可以逆向的，以 "yes" 這個字串為例，它的 Base64 編碼是 eWVz，大家可以自行嘗試。

3.3.2　Base58

顧名思義，Base58 是基於 58 個字母和數字組成，有了 Base64 的基礎，我們就比較容易瞭解 Base58。它實際上就是 Base64 的一個子集，相對於 Base64 來說，Base58 不包括以下 Base64 的字元：

- 數字 0

- 大寫字母 O

- 大寫字母 I

- 小寫字母 l

- + 與 /

可以看出，小寫 o 和大寫 O 很容易和數字 0 混淆，小寫 l 和大寫 I 很容易和數字 1 混淆，Base58 就是 Base64 去除幾個看起來容易混淆的字元，以及容易導致轉義的 / 和 +。Base58 的編碼表如下：

```
123456789ABCDEFGHJKLMNPQRSTUVWXYZabcdefghijkmnopqrstuvwxyz
```

必須注意，不同的應用實作使用的編碼表內容是一樣的，但是順序可能不一樣，例如：

1） 比特幣位址：123456789ABCDEFGHJKLMNPQRSTUVWXYZabcdefghij kmnopqrstuvwxyz；

2） Ripple 位址：rpshnaf39wBUDNEGHJKLM4PQRST7VWXYZ2bcdeCg65 jkm8oFqi1tuvAxyz。

接下來我們來了解一下 Base58Check，比特幣使用的是改進版 Base58 演算法，是為了解決 Base58 編碼的字串沒有完整性校驗機制。在傳播過程中，如果出現某些字元損壞或者遺漏，就沒辦法檢測出來了，所以使用了改進版的演算法 Base58Check。

3.3.3 Base58Check

在二進位制資料的傳輸過程中，為了防止資料傳輸的錯誤，保護資料安全，通常會加一個校驗碼，透過校驗碼的配合可以發現資料是否被破壞或者是否在發送時輸入錯誤。Base58Check 就是 Base58 加上校驗碼，或者可以說是 Base58

的一種編碼形式，在比特幣系統中生成錢包位址時就使用到這種編碼形式。我們知道，錢包位址是用來轉帳的，雖然 Base58 編碼已經可以做到避免一些容易混淆的字元，但是還無法防止使用者輸入錯誤或者位址訊息在傳輸過程中由於某種原因被損壞，這會對用戶帶來潛在的損失風險。

Base58Check 的編碼方式，在我們第 1 章中介紹比特幣位址時已經提到過，它的編碼方式是這樣的：進行編碼前，在待編碼的內容字串中加入一個位元組的版本訊息，版本訊息可以自行約定。例如比特幣位址採用 0x00 作為版本訊息，然後再加入待編碼內容字串的雜湊值，通常只要取得雜湊值中的 4 個位元組就可以了，加到一起後，然後再整體進行 Base58 編碼。比特幣位址的生成過程中，是將版本位元組放在頭部，而將 4 個位元組的雜湊值放在尾部，然後進行編碼生成。這個原理還是很簡單，雜湊演算法具有先天的資料完整性檢測能力，在這裡我們看到了雜湊演算法的又一個應用。

經過整體編碼後的資料在傳輸過程中，如果有發生損壞或者篡改，接收方在得到資料後，會對原始資料進行同樣的校驗碼計算，並且和接收到的結果中的校驗碼進行比較。由於雜湊演算法的特點，只要原始資料有任何更改，計算出的雜湊值都會發生變更，因此只要校驗碼不一致，就表示資料不是合法的。

3.4 應用情境

密碼演算法在區塊鏈系統中的重要性，相當於整個體系的骨架。如果沒有骨架會怎樣？毫無疑問，整個大廈將會坍塌。我們來舉一些例子，看看有哪些作用。

（1）帳戶位址生成

這個其實就是對公開密鑰演算法的巧妙使用。首先生成一對密鑰，即私鑰和公鑰。由於公鑰是可以公開的，因此可以作為自己對外的一個帳號。而又由於公鑰必須和對應的私鑰匹配才能驗證通過，因此這種方式生成的位址，先天就具備可驗證性。

（2）價值轉移保衛

我們不展開對價值轉移本身經濟意義的論述，就說實作方式，這又是公開密鑰演算法的一個用武之地了。無論是比特幣、以太坊、超級帳本 Fabric，還是其他區塊鏈系統，要想在一個分散式的公網路上發送一筆代表價值的資料（如數位貨幣、證券、資產所有權等），必須解決兩個基本的問題：

1）　證明這筆資料確實是發送者的，不是篡改或者偽裝的；

2）　確保只有接收者才能解碼這筆攜帶價值的資料。

毫無疑問，這兩點要求，可以透過公開密鑰演算法完美地解決，發送者使用自己的私鑰進行簽名，相當於蓋上自己的公章，接收者可以使用發送者公開的那個公鑰進行身份驗證以確保無誤。發送者不但使用了自己的私鑰簽名，還使用接收者的公鑰進行一段關鍵的加密，只有接收者使用自己的私鑰才能解密這個公鑰，因此就能保證不被別人截獲。或者說即使被截獲也沒關係，因為別人沒有對應的私鑰來解碼。

（3）完整性證明

這個領域就是我們雜湊演算法的戰場，在上述內容中也曾介紹，在節點同步區塊資料時，透過構建的交易雜湊樹來驗證資料是否一致。

（4）零知識證明

要想證明自己擁有某筆資產或者擁有某個能力，或者更直接地說，要想證明自己具備對區塊鏈上某一筆交易的所有權，應該怎麼辦？通常的想法自然是提交自己的密碼，看能不能解鎖匹配，可是這樣密碼就洩露了，不但密碼會洩露，交易內容也可能就此公開了，隱私全無，那該怎麼辦？毫無疑問，在這個場合，密碼演算法發揮非常大的作用，只要解碼一段與交易內容相關但是又不洩露真正交易內容的編碼，能夠解碼成功就能證明所有權了。

密碼演算法在區塊鏈中的應用是非常重要的，以上只是列舉出一些常見的應用點，在實際應用中，還有很多地方是有非常巧妙的應用的。老實說，直到現在，筆者也仍然驚嘆於比特幣一開始透過公鑰生成錢包位址的做法，雖然現在看起來已經沒什麼大不了的，然而換做當年，捫心自問，本人還真很難設計出如此絕妙的主意。傳統的技術，加上創新的用法，可以產生非常大的威力。

3.5　本章重點心智圖

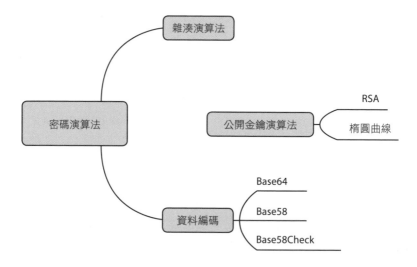

區塊鏈靈魂：共識演算法　*Chapter 4*

4.1　分散式系統的一致性

所謂一致性，就是指資料要完整、要同步。例如，我們從網路下了一張訂單，付了款，商城系統會記錄下這些資料，之後無論我們在哪裡連線自己的訂單，都能看到同樣的結果，即便商城系統故障，也會返回一個錯誤提示而會出現不一樣的結果。再例如銀行，我們存了一筆錢進去，無論到哪裡，查詢銀行帳戶時金額也不會變。也就是說，在這些系統中，資料的結果總是一致而同步的，即便這些系統的伺服器不止一台，但都屬於同一個中心叢集，在內部是可以高效一致同步的。

區塊鏈系統本質就是一個分散式應用軟體。分散式系統的首要問題就是如何解決一致性的問題，也就是如何在多個獨立的節點之間達成共識。要注意的是，這裡說的是要達成一致，而沒有說保證一定要結果正確，例如所有的節點都達成失敗狀態也是一種一致，說白了就是要成為一致行動人。如果是中心化的情境，達成一致幾乎沒有任何問題，但分散式環境並不是那麼理想的，例如節點之間的通訊可能是不可靠的、會有延遲、會有故障，甚至節點直接宕機。而在無數個節點之間，如果採用同步的方式來呼叫，那等於失去了分散式的優點，因為絕對理想的一致性，代價通常是很大的。這樣一個模型，通常都會要求不能發生任何故障，所有節點之間的通訊沒有任何時差，這幾乎就等於是一台計算機，高度的一致性往往意味著效能較弱。

歷史經驗表示，多路處理器和分散式系統中的一致性問題是非常難以解決的。難處在於以下幾點：

1）分散式系統本身可能故障。

2）分散式系統之間的通訊可能有故障，或者有巨大的延遲。

3）分散式系統運作的速度可能大不相同，有的系統運作很快，而有些則很慢。

但是，一致性是設計分散式系統時必須考慮的問題。一致性問題歷史悠久，而且惡名昭彰。傳統處理一致性問題的方法有兩段式提交、令牌環（Token ring）、時間戳記等，資訊專業的讀者應該不陌生。本章將集中討論與區塊鏈相關的一致性問題和演算法。

4.1.1　一致性問題

我們用狀態機來解釋一致性的問題。所謂狀態機，是表示數量有限的狀態以及這些狀態之間的轉移和動作等行為的數學模型，狀態可以特指某個系統在某一時刻的資料變數，它具備以下幾個特點：

■ 狀態總數是有限的；

■ 任一時刻，只處在一種狀態中；

■ 某種條件下，會從一種狀態轉變到另一種狀態。

例如進銷存系統中某一個時刻的庫存狀態、銀行系統某一時刻的帳戶狀態等，對於分散式系統來說，就是指每個節點擁有的資料狀態。假設我們有 n 台機器，位於不同位置的機器之間透過網路協同工作，所有機器的初始狀態是一模一樣的。給它們一組相同的指令，我們希望看到相同的輸出結果，而且希望看到狀態的變化也是一樣的。例如機器甲的狀態是從狀態 A 到 B 再到 C，而如果機器乙的狀態是由 A 直接到 C，這種情況就是不一致的。

總而言之，一致性要求分散式系統中每個節點，產生同樣的結果或者具備同樣的狀態，看起來就好像是一台機器一樣，前提是沒有一個中心伺服器作為調度員，這對於分布在網際網路上、不在同一個機房內、不屬於同一個管理者的分散式系統來說，難度是很大的。出於系統的可用性考量，對於分散式系統來說，一般會希望具備以下能力：

1）　分散式系統作為一個邏輯整體，不應該返回錯誤的結果。

2）　只要系統裡的大部分機器工作正常，整個分散式系統就能有效運作，這也是分散式系統應用的一個優點，抵抗單點故障。

3）　系統的效能是可以橫向擴充的，對於分散式系統來說，木桶原理不起作用。

4）　分散式系統必須是非同步的，也就是說每個節點可以按照自己的時序獨立工作，沒有全序的時間順序。

要達到這些要求，可是不容易呢！從生活中我們也可以發現，即便有統一的命令指揮，尚且不一定能完全做到整齊劃一，何況是沒有這麼一個指揮員呢！在網際網路的情境中，任意一個節點的狀態，我們都是沒辦法去強制管控的，例如比特幣節點，誰能控制網路中的那些節點呢！可能就是關閉了、斷網了，甚至是一個惡意偽裝的節點。一切看起來似乎無解。

然而實際上，很多時候我們對一致性的要求並沒有那麼迫切，在一定的約束下，可以實作所謂的最終一致性，也就是說在某個時刻系統達到了一致的狀態。這個節點現在斷網了，沒問題，等恢復後跟上，透過其他節點來同步自己的資料；那個節點當機了，也沒問題，恢復後跟上。只要整個網路中絕大部分的節點都是正常工作的，整個系統總能在未來的某一個時刻達成資料狀態的一致。

4.1.2　兩個原理：FLP 與 CAP

1. FLP 定理

叫 FLP 是因為提出該定理的論文是由 Fischer、Lynch 和 Patterson 三位作者在 1985 年發表的，取了各自名字的首字母作為定理名稱。其定義為：在網路可靠、存在節點失效（即使只有一個）的最小化非同步模型系統中，不存在一個可以解決一致性問題的確定性演算法。在這個原理的前提下，也告訴人們：**不要浪費時間去為非同步分散式系統設計在任意情境下都能實作共識的演算法，在允許節點失效的情況下，純粹非同步系統無法確保一致性在有限時間內完成。**

這個其實也很容易理解，例如三個人在不同的房間回答問題，雖然三個人彼此之間可以透過電話溝通，但是經常會有人三不五時地偷懶，例如 Alice 和 Bob 都回答了某個問題，Lily 收到兩者的回答結果，然後玩遊戲去了，忘了回覆，則三個人永遠無法在有限時間內獲得最終一致的答覆。這個定理在理論上證明了此路不通，也就節省了後來者的研究時間。

2. CAP 定理

CAP 定理最早是由 Eric Brewer 在 2000 年 ACM 組織的一個研討會上提出猜想，後來 Lynch 等人進行證明。我們還是先來看下定義：分散式計算系統不可能同時確保**一致性、可用性**和**分區容錯性**，這三者不可兼得。透過定義可以知道，這是一個典型的不可能三角。那麼這三個術語是什麼意思呢？含義如下：

- 一致性（consistency）：所有節點在同一時刻能夠看到同樣的資料，即"強一致性"。

- 可用性（availability）：確保每個請求都可以收到確定其是否成功的回應，並且是在有限的時間內。

- 分區容錯性（partition tolerance）：因為網路故障導致的系統分區不影響系統正常運作，例如 1 號模組和 2 號模組不能使用了，但是 3 號和 4 號依然能提供服務。

直覺上的論證很簡單：如果網路分成兩半，我在一半的網路中給 A 發送 10 個錢幣，在另外一半的網路中給 B 發送 10 個錢幣，那麼若非系統不可用，因為其中一筆交易或者全部兩筆都不會被處理，就是系統會變得沒有一致性，因為一半的網路會完成第一筆交易，而另外一半網路會完成第二筆交易。

既然不能同時滿足，那麼如果弱化對某個特性的支援呢？

（1）弱化一致性

例如軟體升級新版本後，過一段時間其他人才更新成功；再如網站更新內容後，瀏覽器也是更新後才顯示更新內容。很多時候對於即時的強一致性並沒有很高的要求，生活中也有這樣的例子：如果事情不那麼緊急，就會發個訊息或者郵件，等對方看到了再處理；如果緊急就直接打電話，所以說電話是一種強連接方式，不過很多人想必不喜歡經常有電話響起。

（2）弱化可用性

有些場合對一致性非常敏感，例如銀行提款機，一旦系統故障就會拒絕服務，再如飛機上的控制系統，這個時候如果不能即時處理，那可是要命的。對電腦使用比較熟悉的朋友都知道，很多伺服器作業系統都是不帶圖形介面的，只能靠命令列來處理，因為伺服器要提高效能，保持可靠，會盡量避免載入不必要的模組，這也是一個犧牲可用性的例子。

（3）弱化分區容錯性

對於分散式系統來說，分區容錯是必然的，幸運的是這種情況出現的機率並不大。如果真的是大規模的服務中斷，那麼無論是什麼樣的系統都不能正常工作。

電腦系統的設計，有時候跟生活中的情境是很類似的，你不得不做出一些妥協以便保證自己最想要得到的結果。區塊鏈系統中，尤其是公有鏈系統，使用各種共識演算法，優先目標就是要保證整個系統的容錯能力，這也是設計為分散式或者去中心結構的目標之一。

4.1.3　拜占庭將軍問題

拜占庭將軍問題的原貌是這樣的：拜占庭的軍隊由小分隊組成，每個小分隊由一個將軍指揮，將軍們透過傳令兵來策劃一系列的行動。有些將軍是叛徒，他們會有意妨礙忠誠的將軍達成一致的計劃。這個問題的目標是使忠誠的將軍達成一致的計劃，即使背叛的將軍一直在誘使他們採用糟糕的計劃。已經證明，如果背叛的將軍超過了將軍總數的 1/3，達成上述目標是不可能的。特別要注意的是，要把拜占庭將軍問題和兩軍問題區分開。兩軍問題的模型要比拜占庭將軍問題簡單，並且設立的前提情境也有差別。以下為示意圖：

如上圖所示，在此問題模型中，假設有兩支對抗的軍隊（一支為 A 軍，一支為 B 軍），這也就是所謂的兩軍。A 軍被 B 軍隔開為兩個部分，分別是左 A 軍和右 A 軍。從戰鬥力來說，A 軍的兩個部分必須同時合力進攻才能打敗 B 軍，這就要求 A 軍的左右兩支分隊必須要協商，決定進攻時間和一些進攻的其他約定，協商就意味著要通訊，靠兩邊的互相通訊來保持進攻指令的一致性。

那麼問題來了，左右兩邊的 A 軍要互相通訊，就必須經過 B 軍的區域，這就很難保障通訊暢通，兩邊必須要不斷發送回執來確認對方是否收到訊息。顯然就理論上來說，任何一次的回執都沒辦法真正確認雙方的訊息接收是一致的。例如左 A 軍發送訊息給右 A 軍，右 A 軍接收到並且發送了確認回執給左 A 軍，可是確認回執被 B 軍攔截了，此時左 A 軍無法知道右 A 軍到底收到訊息沒有，即便右 A 軍的回執成功到達了左 A 軍，可是若沒有左 A 軍的回執（左 A 軍的回執也可能被 B 軍攔截），右 A 軍同樣無法確認左 A 軍有沒有收到回執。

按照這種確認模式，只要有 B 軍的阻截存在，左右兩邊 A 軍就無法在理論上保證總是能達成一致的訊息確認。

我們可以看到，兩軍問題的關鍵點在於：兩點之間的通訊管道傳輸不可靠。我們日常使用的大多數網路通訊軟體（支付、聊天、發送郵件等）其實都會面臨這樣的問題，通訊過程發生在網際網路，誰也沒辦法保證中間經過的 "B 軍"

是可靠的。一般也只能靠次數有限的雙方回執，確認訊息的到達，這也是一個不得已的折衷方案。

值得注意的是，在這個問題模型中，並沒有去假設中間是否存在故意破壞者，也就是在兩軍的通訊過程中，不考慮某一方可能叛變的情況。回到拜占庭將軍問題，其考慮的主要問題在於通訊的各方（不一定是兩軍，也可能是多軍）存在故意破壞者或叛徒的情況下，大家如何來保持正確的一致性的問題。

拜占庭將軍問題的複雜性，可以用計算機容錯學中的概念來表述。

1）拜占庭容錯：這是最難處理的情況，指的是有一個節點根本就不按照程式邏輯執行，對它的呼叫會返回隨意或者混亂的結果。要解決拜占庭式故障需要有同步網路，並且故障節點必須小於 1/3。通常只有某些特定領域才會考慮這種情況，提高備援率來消除故障。

2）崩潰容錯：它比拜占庭容錯多了一個限制，那就是節點總是按照程式邏輯執行，結果是正確的，但是不保證訊息返回的時間。不能及時返回訊息的原因可能是節點崩潰後重啟、網路中斷、非同步網路中的高延遲等。

3）遺漏容錯：它比崩潰容錯多了一個限制，就是一定要 "非健忘"。非健忘是指這個節點崩潰之前能把狀態完整地保存在持久儲存上，啟動之後可以再次按照以前的狀態繼續執行和通訊。例如最基本版本的 Paxos，它要求節點必須把投票的號碼記錄到持久儲存中，一旦崩潰，修復之後必須繼續記住之前的投票號碼。

4） 崩潰停止容錯：它比遺漏容錯多了一個故障發生後要停止回應的要求。簡單來說，一旦發生故障，這個節點就不會再和其他節點有任何互動，顧名思義，崩潰並且停止。

4.1.4　共識演算法的目標

在有錯誤的進程存在並且有可能出現網路分區的情況下，FLP 定理堵死了我們在傳統計算機演算法體系下提出解決方案的可能性。電腦科學家就想，如果我們把 FLP 定理的設定放鬆一點，問題是否有解呢？由社會學和博弈論中得到啟發，科學家嘗試引入了以下機制。

1） **激勵機制（incentive）**。例如，在拜占庭將軍問題中給忠誠的將軍獎勵。當背叛的將軍發現背叛行為沒有任何收益時，他們還有背叛的動機嗎？這裡引進了博弈論的概念：我們不再把節點或者說將軍分成公正 / 惡意（忠誠 / 背叛）兩方，認為每一個節點的行為是由激勵機制決定的。正如兩千年前中國諸子百家熱烈爭論的話題：人之初，性本善焉，性本惡焉？我們認為，人之初，性無善無惡。性的善惡由後天的激勵機制決定。如果激勵機制設定得當，考慮到每個節點都有最大化自己利益的傾向，大部分的節點都會遵守規則，成為公正的節點。

2） **隨機性（randomness）**。在拜占庭將軍問題中，決定下一步行動需要將軍們協調一致，確定統一的下一步計劃。在存在背叛將軍的條件下，忠誠的將軍的判斷可能被誤導。在傳統的中心化系統中，由權威性大的將軍做決定。在去中心化的系統中，研究者提出一種設想：是否能在所有的將軍中，隨機指定一名將軍作決定呢？這個有點異想天開的設想，為拜占庭將軍問題的解答打開了一扇門。根據什麼規則指定做決定的將軍呢？對應到金融系統裡，就是如何決定誰有記帳權。

1） **根據每個節點（將軍）的運算力（computing power）來決定**。誰的運算力強，解開某個謎題，就可以獲得記帳權（在拜占庭將軍問題裡是指揮權）。這是比特幣裡用的 **PoW 共識協定**。

2）**根據每個節點（將軍）具有的資源（stake）來決定**。所用到的資源不能被壟斷，誰投入的資源多，誰就可以獲得記帳權。這是 PoS 共識協定。

出於上面的考慮，科學家引入共識演算法，試圖解決拜占庭將軍問題。分散式共識協定具有以下兩點屬性：

1）　如果所有公正節點達成共識，共識過程終止；

2）　最後達成的共識必須是公正的。

下面我們來談談共識演算法的適用範圍。區塊鏈的組織方式一般有以下 3 種。

1）　私有鏈：封閉生態的儲存網路，所有節點都是可信任的，如某大型集團內部的多數公司。

2）　聯盟鏈：半封閉生態的交易網路，存在對等的不信任節點，如產業內部的公司 A、B、C 等。

3）　公有鏈：開放生態的交易網路，即所有人都可以參與交易，沒有任何限制和資格審核。

由於私有鏈是封閉生態的儲存網路，因此使用傳統分散式一致性模型應該是最優的；由於聯盟產業鏈的半封閉、半開放特性，使用 Delegated Proof of ××× 是最優的；對於公有鏈，PoW 應該是最優的選擇。

常見共識演算法一覽表：

共識演算法	應用
PoW	比特幣、萊特幣，以及以太坊前 3 個階段：Frontier（前沿）、Homestead（家園）、Metropolis（大都會）
PoS	PeerCoin、NXT，以及以太坊的第 4 個階段，即 Serenity（寧靜）
DPoS	BitShare
Paxos	Google Chubby、ZooKeeper
PBFT	Hyperledger Fabric
Raft	etcd

4.2　Paxos 演算法

首先，Paxos 演算法解決的是非拜占庭將軍問題，也就是說僅僅是指分散式系統中的節點存在故障，但是不存在惡意節點的情境，在這種情況下如何達成共識。

1998 年 Lamport 提出 Paxos 演算法，後續又增添多個改進版本的 Paxos，形成 Paxos 協定家族。Paxos 協定家族有一個共同的特點就是不易於工程實作，Google 的分散式鎖系統 Chubby 作為 Paxos 實作曾經遭遇到很多坑。

除了經典 Paxos（又名 Basic Paxos），以下均為 Paxos 的變種，基於 CAP 定律，偏重於不同方向。

- Cheap Paxos

- Egalitarian Paxos

- Fast Paxos

- Multi-Paxos

- Byzanetine Paxos

Paxos 演算法實在是太晦澀難懂，上面所列的 Paxos 演算法分支就不詳細介紹了。如果想要了解經典 Paxos 演算法的最初描述，可以閱讀 Lamport 的論文《Paxos Made Simple》，在這個演算法模型中，使用到如下的角色：

角色	描述
提議議案人	由提議人提出，審核人進行審核，審核內容主要包括議案的編號和內容
提議人	議案的提出者，並且接受審核人的審核意見
審核人	對提議人提出的議案進行審核並返回意見結果
執行人	當議案成為決議後，通知所有執行人

看到這些角色，有沒有覺得很像現代的議會制度？ Paxos 正是這樣的一個模型，當然在計算機中這些所謂的 "人" 一般就是指節點，這些角色可以是不同的服務節點也可以是同一個服務節點兼任。提案發出後，就要爭取大多數的投票支持，當超過一半支持時，發送一半結果給所有人進行確認，也就是說 Paxos 能保證在超過一半的正常節點存在時，系統達成共識。提案過程還可以劃分不同的情境，如下所示：

（1）單個提案者 + 多個接收者

這種情況下，一致性容易達成，或者說肯定能達成，因為只有一個提案，要嘛達成，要嘛否決或者失敗。但是這種情況下，這個唯一的提案者如果故障，則整個系統就失效了。

（2）多個提案者 + 單個接收者

這種情況下也容易達成共識，對於接收者，選擇一個作為決議即可，當然這種情況也屬於單點故障結構。

（3）多個提案者 + 多個接收者

這種情況，避免了單點故障，但是問題也變得複雜了，既然提案和接收者都有多個，那以哪個為準呢？並沒有特別玄妙的辦法，既然多個在一起不好解決，那還是得回到單個提案者上去，只不過增加個規則選出一個單個提案者來，大致可以有如下的兩個方案：

1) 與第一種情況靠近，也就是想個辦法選出一個提案者出來，約定在某一個時間段內，只允許一個提案通過，可以設定一些競爭規則或者按照一個時間序列的排列選擇，總之最後會選出一個提案者。

2) 與第二種情況靠近，允許有多個提案者，但是當節點收到多份提案後，透過某個規則選出一份提案，也就是仍然保持只接收一份，規則可以有多種，例如根據提案序號排列，或者根據提案時間等。

實際上，在網路中，類似比特幣這種必然屬於多對多的這種情況，發送轉帳交易的節點不止一個，礦工不止一個，接收區塊進行驗證的節點當然也不止一個，Paxos 中為了解決這樣的問題，引入稱為 "兩階段提交" 的方案。所謂兩階段，就是 "準備" 和 "提交" 兩個階段：**準備階段解決大家對哪個提案進行投票的問題，提交階段解決確認最終值的問題**。上述這個過程中，可能會一直有新的提案出現，因此類似於比特幣一樣，分隔一下時間，例如每隔 10 分鐘打包一次，而打包者只能有一個。

在提交階段，如果一個提案者在準備階段接收到大多數節點的回覆，則會發出確認訊息，如果再次收到大多數的回覆，則保持原先的提案編號和內容；如果收到的訊息中有更新的提案，則替換為更新的提案內容；如果沒有收到大多數的回覆，則再次發出請求，等待其他節點的回覆確認。當接收者發現提案號與自己目前保留的一致，則對提案進行確認。

就個人的瞭解，這種做法如果是在一個相對私有的環境中或者網路環境比較好的情況下，效果會比較明顯，實際上，所謂的收到大多數的回應，這也是節點自身的一個評估，因為節點並沒有更好的辦法去判斷到底算不算是「大多數」，尤其是節點總數還不固定的情況下。

4.3 Raft 演算法

由於 Paxos 太難懂、太難以實作，Raft 演算法應運而生。其目標是在可靠性不輸於 Paxos 的情況下，儘可能簡單易懂。史丹佛大學的 Diego Ongaro 和 John Ousterhout 以易瞭解為目標，重新設計了一個分散式一致性演算法 Raft，並於 2013 年底公開發布。Raft 既明確定義演算法中每個環節的細節，也考慮到整個演算法的簡單性與完整性。與 Paxos 相比，Raft 更適合用來學習以及做工程實作。下面筆者將以通俗易懂的方式來描述這個過程。

百花村村長單獨負責對外事務。例如縣和鄉兩級的公文來往、糧食徵收、工務派遣、稅收等。

Raft 是一個強 Leader 的共識協定。我們想像百花村是一個伺服器叢集，而這個叢集的 Leader 就是村長，村裡的每戶人家（follower）對應一個伺服器，每戶人家都保存了一個資料副本。所有的資料副本都必須保證一致性。即上級官員下到村裡視察時，從每戶人家獲得的訊息應該是一樣的。

百花村村長經由村戶選舉產生。誰得的票數多（簡單多數）誰就當選村長。村長有任期概念（term）。任期是一直向上增長的：1、2、3、⋯、n、$n+1$、⋯。

這裡要處理的是平票（split vote）的情況。在票數相同的情況下，村長選舉失敗，每戶人家被分配不同的睡眠值。在睡眠期間的村戶不能發起選舉，但是可以投票。而且只有選舉權，但是沒有被選舉權。第一個走出睡眠期的村戶發起新任期的選舉。由於每戶人家有不同長度的睡眠期，這保證了選舉一定會選出一個村長，而不會僵持不下，不會出現每次選舉都平票的情況。一旦村長產生，任何針對百花村的 "寫入"（例如政策宣導、國民教育）都必須經過村長。

村長每天都要在村裡轉一圈，讓所有人都看見。這表示村長身體健康，足以處理公務。

村長選舉出來後，要防止村長發生 "故障"，必須定期檢測村長是否失效。一旦發現村長發生 "故障"，就要重新選舉。

村長接收到上級命令，該命令資料處於未提交狀態（uncommitted），接著村長會並發向所有村戶發送命令，複製資料並等待接收回應，確保至少超過半數村戶接收到資料後再向上級確認資料已接收（命令已執行）。一旦向上級發出資料接收 Ack 回應後，表示此時資料狀態進入 "已提交"（committed），村長再向村戶發通知告知該資料狀態已提交（即命令已執行）。

下面我們來測試各種異常情況。

（1）異常情況 1

上級命令到達前，村長掛了。這個很簡單，重新選舉村長。上級命令以及來自外面的請求會自動過時失效，他們會重發命令和請求。

（2）異常情況 2

村長接到上級命令，還沒有來得及傳達到各村戶就掛了。這個和異常情況 1 類似，重新選舉村長。上級命令以及來自外面的請求會自動過時失效。他們會重發命令和請求。

（3）異常情況 3

村長接到上級命令，已傳達到各村戶，但是各村戶尚未執行命令，村長就掛了。這種異常情況下，重新選舉村長。新村長選出後，由於已收到命令，就可以等待各村戶執行命令（也就是 Commit 資料）。上級命令以及來自外面的請求會自動過時失效。有可能，他們會重發命令和請求。Raft 要求外部的請求可以自動去除重複。

（4）異常情況 4

村長接到上級命令，已傳達到各村戶，各村戶執行了命令，但是村長並沒有收到通知，就在這時候村長掛了。這種情況類似上一種情況，新村長選出後，即可等待通知，完成剩下的任務。外部也會接到通知命令（已完成）。

（5）異常情況 5

在命令執行過程中，村長身體不適，不能處理公務。因為百花村沒有收到村長的 "心跳"，百花村的村戶就會自動選舉（當前任期 +1）任村長。這個時候就出現 2 個村長。這個時候新村長就會接過前村長角色，繼續執行命令。即使前村長身體康復，也將成為普通村戶。

4.4　PBFT 演算法

1999 年 Castro 和 Liskov 提出的 PBFT（Practical Byzantine Fault Tolerance）是第一個得到廣泛應用的 BFT 演算法。在 PBFT 演算法中，至多可以容忍不超過系統全部節點數量的 1/3 的拜占庭節點 "背叛"，即如果有超過 2/3 的節點正常，整個系統就可以正常工作。

早期的拜占庭容錯演算法或者基於同步系統的假設，或者由於效能太低而不能在實際系統中運作。PBFT 演算法解決了原始拜占庭容錯演算法效率不高的問題，將演算法複雜度由指數級降低到多項式級，使得拜占庭容錯演算法在實際系統應用中變得可行。例如騰訊的區塊鏈就是 PBFT。

在 PBFT 演算法中，每個副本有 3 個狀態：pre-prepare、prepared 和 commited。訊息也有 3 種：pre-prepare、prepare 和 committed。收到 pre-prepare 訊息並且接受就進入 prepared 狀態。收到 commit 訊息並且接受就進入 Committed 狀態。下面以一個有 4 個節點 / 拷貝的例子說明，這個網路內，僅允許 1 個拜占庭節點（此處設 f=1）。

> 百花村小學舉行百米賽跑比賽，三年級第一組的選手只有 4 個人：Alice、Bob、Cathy 和 David（簡稱 A、B、C、D）。為了省錢，比賽並沒有請裁判，而是在 4 個選手中隨機挑出一個做裁判，假設是 Alice。眾所周知，短跑的口令是："各就各位，預備，跑！"
>
> 這裡 "各就各位" 就是 pre-prepare 訊息，選手接受了命令就會腳踩進助跑器，而這一動作被其他選手看到，就會認為該選手進入了 prepared 狀態。相當於發了一個 prepare 訊息給其他選手。同理，預備就是 prepare 訊息，選手接受了就是雙手撐起，身子呈弓形，而這一動作被其他選手看到，就會認為該選手進入了 committed 狀態。

1）假設 A 是公正的。Alice 得到老師示意，三年級第一組準備比賽。Alice 就喊："各就各位！"

老師的示意相當於一個外部訊息請求。Alice 收到這個訊息，給訊息編一個號，例如編為 030101 號。必須編號，因為比賽有一個規則（假想），連續 4 次起跑失敗，整個組都被淘汰。B、C、D 同學收到口令後，如果認為命令無誤，便都把腳踩進助跑器（拜占庭的那個人例外）。而這一個動作又相當於互相廣播了一個 prepare 訊息。A、B、C、D 選手互相看到對方的動作，如果確認多於 f 個人（由於此處 f=1，所以至少是 2 個人）的狀態和自己應有的狀態相同，則認為大家進入 prepared 狀態。選手會將自己收到的 pre-prepare 和發送的 prepare 訊息記錄下來。

2）假設 A 是公正的。Alice 看到至少 2 個人進入 prepare 狀態，Alice 就接著喊："預備，跑！"。

3）接下來發生的事類似上一步：B、C、D 同學收到口令後（相當於收到 commit 訊息），如果認為命令無誤，便將雙手撐起，身子呈弓形（拜占庭的那個人例外）。而這一個動作又相當於互相廣播了一個 commit 訊息。A、B、C、D 選手互相看到對方的動作，如果確認多於 f 個人（由於此處 f=1，所以至少是 2 個人）的狀態和自己應有的狀態相同，則認為大家進入 committed 狀態。當大家都確認進入 Committed 狀態後，就可以起跑了！

4）假設 A 是不公正的。A 就會被換掉，重新選一個選手 B 發令。

這時候，由於所有選手都記錄了自己的狀態和接受 / 發送的訊息。那些換掉前已經是 Committed 狀態的選手，開始廣播 commit 訊息，如果確認多於 f 個人（由於此處 f=1，所以至少是 2 個人）的狀態和自己應有的狀態相同，則認為大家進入 committed 狀態。而對於換掉前是 prepared 和 pre-prepare 狀態的選手，則完全作廢以前的命令和狀態，重新開始。

PBFT 演算法的主要優點如下：

■ PBFT 演算法共識各節點由業務的參與方或者監管方組成，安全性與穩定性由業務相關方保證。

■ 共識的時延大約在 2 ～ 5 秒，基本達到商用即時處理的要求。

■ 共識效率高，可滿足高頻交易量的需求。

因為非常適合聯盟鏈的應用情境，PBFT 及其改進演算法因此成為目前使用最多的聯盟鏈共識演算法。改進主要集中在：①修改底層網路拓撲的要求，使用 P2P 網路；②可以動態地調整節點數量；③減少協定使用的訊息數量等。

不過 PBFT 仍然是依靠法定多數（quorum），每個節點都有一票，少數服從多數的方式，達成了拜占庭容錯。對於聯盟鏈而言，這個前提沒問題，甚至是優點所在。但是在公有鏈中，就有很大的問題。

4.5　工作量證明——PoW

工作量證明（Proof of Work，以下簡稱 PoW）機制隨著比特幣的流行而廣為人知。PoW 協定簡述如下：

1）　向所有的節點廣播新的交易；

2）　每個節點把收到的交易放進塊中；

3）　在每一輪中，一個被隨機選中的節點廣播它所保有的塊；

4）　其他節點在驗證塊中的所有的交易正確無誤後接受該區塊；

5）　其他節點將該區塊的雜湊值放入下一個它們建立的區塊中，表示它們承認這個區塊的正確性。

各節點總是認為最長的鏈為合法的鏈，並努力去擴大這條鏈。如果兩個節點同時廣播各自挖出的區塊，其他節點以自己最先收到的區塊為準開始挖礦，但同時會保留另一個區塊。所以就會出現一些節點先收到 A 的區塊並在其上開始挖礦，同時保留著 B 的區塊以防止 B 的區塊所在的分支日後成為較長的分支。直到其中某個分支在下一個工作量證明中變得更長，之前那些在另一條分支上工作的節點，就會轉向這條更長的鏈。

平均每 10 分鐘有一個節點找到一個區塊。如果兩個節點在同一個時間找到區塊，那麼網路將根據後續節點的決定，來確定以哪個區塊構建總帳。從統計學角度講，一筆交易在 6 個區塊（約 1 個小時）後被認為是明確確認且不可逆的。然而，核心開發者認為，需要 120 個區塊（約一天），才能充分保護網路不受來自潛在更長的、已將新產生的幣花掉的區塊鏈的威脅。

生物學上有一個原理叫作 "不利原理"（handicap principle），該原理可以幫助我們解釋工作量證明的過程。這個原理說，當兩隻動物有合作的動機時，它們必須很有說服力地向對方表達善意。為了打消對方的疑慮，它們向對方表達友好時必須附上自己的代價，使得自己背叛對方時不得不付出昂貴的代價。換句話說，表達方式本身必須是對自己不利的。

這定義可能很拗口，但是這是在歷史上經常發生的事：歷史上，國家和國家之間簽訂盟約，為了表示自己對盟約的誠意，經常會互質。即互相送一個兒子（有些時候甚至會送太子，即皇位繼承人）去對方國家做人質。在這種情況下，為取得信任而付出的代價就是君主和兒子的親情，以及十幾年的養育。

比特幣的工作量證明妥善利用不利原理解決了一個自己網路裡的社會問題：產生一個新區塊是建立在耗時耗力的巨大代價上的，所以當新區塊誕生後，某個礦工如果不是忽視它，繼續自己的新區塊尋找，就是接受它，在該區塊之後繼續自己的區塊的挖礦。

顯然前者是不明智的，因為在比特幣網路裡，以最長鏈為合法鏈，這個礦工選擇忽視而另起爐灶，就不得不說服足夠多的礦工沿著他的路線走。相反要是他選擇接受，不僅不會付出額外的辛苦，而且照樣可以繼續自己的更新區塊的挖礦，不會再出現你走你的我走我的，是一個全網良性建設。比特幣靠不利原理約束了節點行為，十分卓越，因為這種哲學可以用到如今網際網路建設的諸多方面，例如防垃圾郵件、防 DDoS 攻擊。

PoW 共識協定的優點是**完全去中心化，節點自由進出**。但是依賴機器進行數學運算來取得記帳權，資源的消耗相比其他共識機制高，可監管性弱，同時每次達成共識需要全網共同參與運算，效能效率比較低，容錯性方面允許全網 50% 節點出錯。

- 目前比特幣已經吸引全球大部分的運算力，其他再用 PoW 共識機制的區塊鏈應用很難獲得相同的運算力來保障自身的安全。
- 挖礦造成大量的資源浪費。
- 共識達成的周期較長。

4.6　股權權益證明——PoS

股權權益證明（Proof of Stake，以下簡稱 PoS，註：中文圈最早的譯者誤植為 Proof of Stack，積非成是反被廣泛使用，網路搜尋時用後者會得到較多中文資訊）現在已經有了很多變種。最基本的概念，就是選擇生成新的區塊的機會應和股權的大小成比例。股權可以是投入的資金，也可以是預先投入的其他資源。

PoS 演算法是針對 PoW 演算法的缺點的改進。PoS 由 Quantum Mechanic 2011 年在 bitcointalk 首先提出，後經 Peercoin 和 NXT 以不同概念實作。PoS 不像 PoW 那樣，無論什麼人，買了礦機，下載了軟體，就可以參與。PoS 要求參與者預先放一些代幣（利益）在區塊鏈上，類似將財產儲存在銀行，這種模式會根據你持有數位貨幣的量和時間，分配給你相應的利息。用戶只有將一些利益放進鏈裡，相當於押金，用戶才會更關注，做出的決定才會更理性。同時也可以引入獎懲機制，使節點的運作更可控，同時更能夠防止攻擊。

PoS 運作的機制大致如下：

1） 加入 PoS 機制的都是持幣人，成為驗證者（validator）；
2） PoS 演算法在這些驗證者裡挑一個給予權利生成新的區塊。挑選順序依據持幣的多少；
3） 如果在一定時間內，沒有生成區塊，PoS 則挑選下一個驗證者，給予生成新區塊的權利；
4） 以此類推，以區塊鏈中最長的鏈為準。

PoS 和 PoW 有一個很大的區別：在 PoS 機制下，持幣是有利息的。眾所周知，比特幣是有數量限定的。由於有比特幣遺失問題，整體上來說，比特幣是減少的，也就是說比特幣是一個通縮的系統。在 PoS 模式下，引入了幣齡的概念，每個幣每天產生 1 幣齡。例如你持有 100 個幣，總共持有了 10 天，那麼，此時你的幣齡就為 1000，這個時候，如果你發現了一個 PoS 區塊，你的幣齡就會被清空為 0。你每被清空 365 幣齡，你將會從區塊中獲得一定的利息。因此，PoS 機制下不會產生通縮的情況。

和 PoW 相比，PoS 不需要為了生成新區塊而大量的消耗電力，也一定程度上縮短了共識達成的時間。但缺點是：**PoS 還是需要挖礦。**

4.7　委託權益人證明機制──DPoS

委託權益人證明機制（Delegated Proof of Stake，以下簡稱 DPoS）機制是 PoS 演算法的改進。筆者試著以通俗易懂的方式來說明這個演算法。

假設以下的情境：百花村旁有一座山叫區塊鏈山，屬村民集體所有。村外的 A 公司準備開發區塊鏈山的旅遊資源。A 公司和村民委員會聯合成立了百花旅遊開發有限公司，簽了股份制合作協定。以下是春節假期期間發生在村民李大和柳五之間的對話：

　　李大：關於旅遊開發區塊鏈山，村民委員會和 A 公司簽約了。

　　柳五：那我們有什麼好處？

　　李大：我們都是區塊鏈旅遊有限公司的股東了。

由於村民都是股東，所有村民就是區塊鏈山的權益所有人。

　　柳五：股東要做什麼工作呢？

　　李大：關於區塊鏈的開發的重要決定，股東都要投票的。

柳五：那可不行。春節後我要出去工作，在哪裡還不一定呢！哪有時間回來投票。

李大：不要緊，我們可以推選幾個代表，例如王老師，他會一直留在村裡的小學，不會走的，而且人又可靠，講信用。

柳五：我也推選王老師，代表我們在重大決議上投票。

王老師在這裡就是委託權益人（也叫見證人）。DPoS 演算法中使用見證人機制（witness）解決中心化問題。總共有 N 個見證人對區塊進行簽名。DPoS 消除了交易需要等待一定數量區塊被非信任節點驗證的時間消耗。透過減少確認的要求，DPoS 演算法大大提高了交易的速度。透過信任少量的誠信節點，可以去除區塊簽名過程中不必要的步驟。DPoS 的區塊可以比 PoW 或者 PoS 容納更多的交易數量，進而使加密數位貨幣的交易速度接近像 Visa 和 Mastercard 這樣的中心化清算系統。

李大：我們集體推舉王老師的人，每年給王老師一點補償，因為代表我們參加 A 公司的董事會也很花時間，挺累人的。

柳五：可以啊！

權益所有人為了見證人能長時間在線上，要付給見證人一定的報酬。

柳五：我還準備推薦陶大媽。學識好，人也好，又會一直留在村裡。

李大：陶大媽身體不好，還是不要做這個差事了。

見證人必須保證盡量在線上。如果見證人錯過簽署區塊鏈，就要被踢出董事會。不能擔任見證人的工作。

村民選舉出幾個見證人後……

柳五：這次怎麼選出了賴大這傢伙。這傢伙從來不做好事。我退出！

如果權益所有人不喜歡選出來的見證人，可以選擇賣出權益退場。

DPoS 使得區塊鏈網路保留了一些中心化系統的關鍵優勢，同時又能保證一定的去中心化。見證人機制使得交易只用等待少量誠信節點（見證人）的回應，而不必等待其他非信任節點的回應。見證人機制有以下特點。

- 見證人的數量由權益所有者確定，至少需要確保 11 個見證人。
- 見證人必須盡量長時間在線上，以便做出回應。
- 見證人代表權益所有人簽署和廣播新的區塊鏈。
- 見證人如果無法簽署區塊鏈，就將失去資格，也將失去這一部分的收入。
- 見證人無法簽署無效的交易，因為交易需要所有見證人都確認。

4.8 共識演算法的社會學探討

對於分散式系統的拜占庭問題，從電腦科學的角度，FLP 與 CAP 定理已經告訴我們無解。研究人員及科學家只有從其他地方尋找靈感。其實並不用花太多時間，他們就會發現，真實的人類世界就是一個分散式系統。

如果科幻暢銷小說《三體》的世界真的存在，那麼太陽系和三體人所在半人馬座的星球同時發生了爆炸，對於我們地球人而言，必然是太陽系的爆炸先發生，因為光一定先到達地球。而在三體人看來，他們會首先觀測到半人馬座的爆炸。對於同樣的事件，不同的系統接收到事件的順序是不一樣的。不同的系統運作速度也是不一樣的。再加上通訊的信道是有問題的。在上面三體人的例子裡，我們假設光線的傳遞是毫無障礙的。但是如果光線被傳播途中的黑洞給吞噬了，訊息永遠接收不到怎麼辦？

比特幣的天才之處在於參照人類社會的組織方式和運作方式，引入了共識機制。一個交易的成立與否，也就是分散式帳本的記帳權，經由特定共識機制達成的共識來決定。共識，是一個典型的社會學概念。本章中描述的各種共識演算法，讀者應該都有似曾相識的感覺。

PoW，我們可以叫它 "范進中舉"。范進用了大半輩子學習無用的八股文，如同比特幣礦工用運算力來算題，關鍵是算的題毫無意義。有朝一日，運氣好，就可以有權打包所有他認可的交易。

PoS 是用戶要預先放入一些利益，這很像我們現實世界中的股份制。人們把真金白銀兌換成股份，開始創業。誰的股份多，誰的話語權就大。

DPoS 機制，特別像我們的董事會。選舉出代表，代表股東的利益。被選出的代表，一般來說，成熟老練、閱歷豐富。不但能快速地處理日常事務，同時也能妥善保護股東的利益。

Paxos、Raft、PBFT 則類似我們生活中的操練隊列，透過互相間的訊息、口令來達成一致。每排的排頭作為 Leader，而每排的其餘人都以排頭為目標，調整自己的行動。瑞波共識演算法，初始狀態中有一個特殊節點列表，就像一個俱樂部，要接納一個新成員，必須由 51% 的該俱樂部會員投票通過。共識由核心成員的 51% 權力投票決定，外部人員則沒有影響力。由於該俱樂部由 "中心化" 開始，它將一直是 "中心化的"，而如果它開始腐化，股東們什麼也做不了。與比特幣及點點幣一樣，瑞波系統將股東們與其投票權隔開，因此比其他系統更中心化。

如果我們去看 Lamport 關於分散式系統共識的論文，就會發現論文是以議員、法案和信使作為闡述理論的範例，讀起來不太像一篇計算機論文。

在此可以做一個總結。傳統的、純正的計算機演算法對分散式系統的拜占庭問題已經無處著力了（參考 FLP 與 CAP 定理）。所以在分散式系統的研究中引入了一些社會學的理論和概念，包括上述的博弈論，生物學原理，等等。我們可以把每一個計算機節點想像成一個單元。而計算機網路就是一個個單元組成的社會，我們該如何給這個計算機節點組成的社會設計規則呢，以保證：

- 少量節點太慢，或者故障崩潰的情況下，整個網路還能輸出正確的結果；
- 整個網路的回應不能太慢。買一杯咖啡要等一小時是不可接受的；

- 計算機網路出現分區（網路上的某些節點和其餘節點完全斷開）時，仍然
  能夠穩定輸出正確的結果；

- 整個系統能夠穩定地運作，輸出穩定的結果。

我們可以借鑑人類歷史上的社會機制、激勵機制，達成上述的功能。我們有理
由相信，網際網路或者分散式網路系統與現實的社會運作有著千絲萬縷的聯繫，
正因為如此，區塊鏈的發展並不是冥冥之中的產物。

4.9　本章重點心智圖

本章主要介紹拜占庭將軍問題，以及電腦科學家對拜占庭將軍問題得出的研究
結果：FLP、CAP 定理。區塊鏈技術創造性地提出各式各樣的共識演算法，嘗
試解決拜占庭將軍問題。本章對主流的各種共識演算法也盡力做到通俗易懂的
描述。

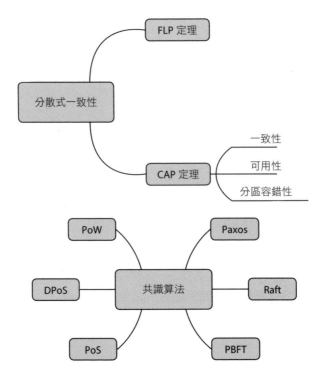

區塊鏈擴充：

Chapter 5

擴充、側鏈和閃電網路

天 下武功唯快不破，因此在網際網路時代，很多軟體都會先開發一個
簡化版，然後再改版。這邊功能少了就加上，那邊功能弱了就補
上，資料量大了就增加儲存設備，效能不夠了就增加伺服器，一切看起來
似乎沒什麼問題。擴充嘛，什麼縱向擴充、橫向擴充，一切跟著需求來，
還會有問題嗎？

然而，當這些問題進入到區塊鏈的情境，情況就有些不容易對付了。尤其
是對於使用廣泛、節點眾多的系統（如比特幣），典型的問題就是由於區塊
容量限制導致交易確認緩慢，進而嚴重制約比特幣網路的交易處理能力。
而比特幣是分散式結構，並不能簡單地依靠傳統的升級伺服器來處理。

為了解決這些問題，社群發起了各種討論，就目前討論比較多的解決方案
來說，有隔離見證、直接擴充、側鏈以及閃電網路。考慮到比特幣的問題
具有廣泛的代表性，因此本章就以比特幣為情境來敘述。

5.1　比特幣區塊擴充

首先我們要解釋什麼是比特幣的擴充問題，為什麼比特幣要擴充。比特幣
的擴充問題來自一個很直接的問題，那就是儲存在比特幣區塊鏈上的資料

塊實體大小限制是 1MB。任何大於 1MB 的區塊，都會被比特幣網路當作攻擊而被拒絕接受，這是當初由中本哲史對比特幣核心的設計決定的，邏輯規則都寫在原始碼中。

大家都知道比特幣其實就是一個分散式的公共記帳（資料庫）系統。也就是說，比特幣本質其實是拿來記帳用的，當然大部分情況是對比特幣這個數位貨幣記帳。

從比特幣底層技術發展起來的區塊鏈技術，也是對各種承載價值以及資料狀態進行記帳。比特幣的資料，包含交易資料及其對應的貨幣帳目。簡單來說，最主要的問題來自大家在日常交易轉帳時，需要不斷地把交易資料發送到網路中的節點，經過礦工打包成區塊後廣播給其他節點，每個節點驗證通過後獨立的加入自己本地的區塊鏈帳本資料庫中。隨著時間的推移以及比特幣生態系統的擴張發展與深入應用，用戶群越來越廣泛，交易次數也越來越多，網路中等待確認的交易則排起了長長的隊伍，這時我們就會遇到單一區塊的容量限制問題了。

而現在這樣的容量限制問題已經發生，比特幣網路已經由於交易緩慢而變得擁擠不堪。由於區塊大小 1MB 的限制，單個區塊只能容納很有限的交易事務，在一個區塊的結構中，區塊頭也就是區塊的摘要訊息欄位占據了 80 個位元組，每條交易事務平均在 200 位元組左右，往多了算，假設區塊中的交易都是一對一的簡單交易，單個區塊能夠容納的交易數也就 8000 左右。而實際上根據目前的使用統計，單個區塊容納的交易數才 1700 多，就這樣還得要等上間隔 10 分鐘的打包確認，因此算下來，交易速度最高大概 1 秒鐘只能處理 3 筆交易[1、2]。

反觀已經被市場所廣泛熟悉與習慣的支付系統（像 VISA、Master 卡等信用卡金融卡），交易處理速度每秒鐘高達幾千筆交易。

1　Mike Orcutt (19 May 2015). "Leaderless Bitcoin Struggles to Make Its Most Crucial Decision". MIT Technology Review. Retrieved 15 November 2016.

2　http://money.cnn.com/2017/08/01/technology/business/bitcoin-cash-new-currency/index.html.

由於這個區塊大小的限制，很多用戶為了能夠盡快讓網路確認自己的交易，不得不增加交易手續費（比特幣中礦工節點會按照手續費高低進行優先度處理）。大量交易費用的增加以及交易處理嚴重延遲等問題，已經成為比特幣的效能瓶頸，大大限制比特幣的應用和發展。為了比特幣的未來著想，很多人建議增加比特幣區塊資料的大小。原因很簡單，因為大部分商家和最終用戶不會使用一個需要等待好幾個小時才能確認一筆交易的系統。理論上來講，增加比特幣區塊的大小會允許更多的交易資料可以放到一個資料塊中，使得更多的人使用比特幣時，網路運作更順暢。

為此，比特幣網路實際控制者以及各路專家等組成的比特幣社群提出很多對比特幣擴充的方案。2015 年，比特幣擴充改進方案 BIP100（BIP=Bitcoin Imprevement Proposal) 和 BIP101 先後被提出，也開啟了比特幣擴充的解決方案在比特幣社群中激烈的衝突和爭論。

2017 年 7 月 21 日，真正的擴充行動開始，全球比特幣礦工開始鎖定一個擴充軟體升級。這次升級是基於比特幣改進建議 BIP91 提出的"隔離見證"（Segregated Witness = SegWit）的方案，並計劃在 2017 年 11 月份將比特幣區塊大小從 1MB 提升到 2MB。[3]

大家在這裡可能會產生一些疑惑，怎麼又是區塊擴充又是"隔離見證"，這裡面都是些什麼關係呢？我們來解釋一下，首先所謂的區塊擴充主要是要增加區塊中容納交易事務的區塊體的空間大小，這個地方可謂是寸土寸金，現在不夠住了，怎麼辦呢？相信大家根據生活經驗也能給出兩個一般性的做法：

1） 增加區塊空間的大小，寬敞又明亮；

2） 縮小交易資料的尺寸，節能又環保。

3　Hertig, Alyssa (July 21, 2017). "BIP 91 Locks In: What This Means for Bitcoin and Why It"s Not Scaled Yet".

第一種方案顯然是最符合人們一般性思維的，這也是社群中堅持區塊直接擴充一派的思想。那麼第二種的縮小交易資料尺寸是什麼意思呢？這裡需要解釋一個概念，就是 "隔離見證"。以下來簡單說明。

"隔離見證"，英文是 Segregated Witness，我們知道在比特幣的交易資料結構中，是透過發起者簽署自己的 UTXO（未花費交易輸出），然後填上接收者的位址而建立起來的，過程類似於簽署支票，一張支票就相當於一條比特幣的交易事務，簽署 UTXO 就相當於支票簽名，也就是所謂的 "見證"，這是用來確認支票合法性的。我們知道，支票上的關鍵內容無非就是簽名和接收方以及支付金額，那麼該如何確定這張支票資料的唯一性或者說完整性呢？

在比特幣中會對每一條交易事務資料進行一次雜湊計算，得到一個事務 ID。在計算這個事務 ID 的過程中，都有哪些資料參與了計算呢？答案是整條交易事務，包括那個簽名。那麼這裡就有可以探討的空間，一切就圍繞這個簽名來展開討論，我們從比特幣的交易歷史資料中隨便截取某筆交易的簽名訊息來看：

```
"scriptSig": {
    "asm": "3044022065c13d7cf6557af8ad45dbfd2b0847950e0f11e3c0eb2468ca9a8ad612e21d5
b022064bea5eb078b7c89aad63730dbde1e8dd7dbaa0614b2c0809fa1baedf66eac21[ALL] 036b0714
4610d46dbe4bdcc2ff3ecd68627e645027aac62cc5e9147a6575f7cb55",
    "hex": "473044022065c13d7cf6557af8ad45dbfd2b0847950e0f11e3c0eb2468ca9a8ad612e21
d5b022064bea5eb078b7c89aad63730dbde1e8dd7dbaa0614b2c0809fa1baedf66eac210121036b0714
4610d46dbe4bdcc2ff3ecd68627e645027aac62cc5e9147a6575f7cb55"

}
```

可以看到這個簽名訊息占據的空間還是不少的，如果能夠把這塊簽名訊息從交易事務中隔離開，儲存在另外一邊，就能省出一塊空間來容納更多的交易資料。這些簽名訊息的主要作用就是見證交易資料的來源合法性，而實際上見證的過程只需要進行一次就行了，礦工負責見證交易資料是否得到合法的授權，其他普通的節點只關心接收的結果。見證過後這些簽名資料實際上沒多大用處，節點在接收後可以丟棄這部分資料。這種將見證訊息與交易資料隔離開的設想也

就是 "隔離見證" 的意思。實際上 "隔離見證" 還在一定程度上能解決所謂 "交易延展性" 的問題。

如上所述，交易事務 ID 在計算時將計算整條含簽名的交易資料，而這個簽名是可以被更改的，因為簽名有很多種寫法，攻擊者無法修改交易事務中的輸入和輸出，但是卻能重新修改簽名，進而導致交易事務 ID 的計算值發生變化，一旦被攻擊者更改，雖然不能被竊取比特幣，但是卻有可能導致交易不被網路確認（網路中會同時存在沒有被修改過和被修改過的交易事務，這會導致衝突），而隔離開簽名訊息後，交易事務一旦發起將會完全固化。由於 "隔離見證" 的這些特點，因此這種方案也有不少人支持。

至此，比特幣的擴充方案就有了如下的選擇：

1) 進行 "隔離見證" 並擴充區塊；

2) 僅進行隔離見證，區塊容量保持不變；

3) 僅擴充區塊，不進行隔離見證。

這些方案各有不同的社群成員支持，這些成員主要包括比特幣核心用戶端維護團隊、各大礦池，以及比較有影響力的開發團隊和廣大的社群用戶，對於到底選擇何種方案，各方進行曠日持久的爭論。我們不去細究這裡面潛在的各方利益問題，單就技術角度而言，有一個問題是確定的，那就是無論選擇何種方案，都避免不了會產生比特幣主鏈的分岔，"隔離見證" 或者擴充，都需要修改現有的比特幣原始碼。

這對於傳統軟體來說是隨時可行的事，無論怎麼升級，只要保持相容原有的資料格式就行了。可是對於比特幣這種區塊鏈應用程式，因為它是分散式的，誰也沒有能力強制大家共同升級到一個新版，勢必會導致一旦新版本發布後，網路中會同時存在老版本和舊版本的節點。而對於礦工或者說礦池而言，也會選擇不同的支援方案。那麼網路中新打包出來的區塊有些是舊版本格式的，有些是新版本格式的，彼此之間無論如何也很難做到完全一致，這樣就會導致原先單一的主鏈由於後續產生不同格式的區塊而分岔出兩條鏈，甚至多條鏈。非但如此，當某一方的挖礦運算力明顯占據優勢時，相對弱的那一方所產生的區塊鏈，甚至會因為得不到大多數的節點背書而淪為孤兒鏈，將使得原本牢固的去中心化區塊鏈共識網路變得脆弱，這不是我們所願意見到的。

當然，從長遠來看，如果解決一個問題不得不付出一些代價，分岔也並非完全不能接受，只是這個過程如何過渡還需要仔細衡量。

我們來看一下這些年為了比特幣區塊擴充發生的那些事。

- 2015-Bitcoin XT（比特幣擴充），2015 年提出透過增加資料塊的大小限制來提高交易處理效率，最早建議資料塊大小是 8MB，然後資料塊大小根據交易資料情況自動增長，每兩年容量加倍等，但是事後這個建議沒有得到足夠的支持而最後未被接受。

- 2016-Bitcoin Classic（比特幣經典），2016 年也提出透過增加資料塊的大小限制來提高交易處理效率，但是沒有 Bitcoin XT 那麼激進，最早提出區塊大小從 1MB 擴充到 2MB，然後在後期決定把區塊大小上限交給礦池和交易節點來決定，不過並沒有得到比特幣核心開發團隊的支持。

- 2016- 香港共識，2016 年 2 月 21 日，在香港數碼港，由比特幣業界代表和開發社群代表參與的圓桌會議達成了擴充共識：軟體啟動由比特幣核心開發人員執行在 2015 年 12 月提出的隔離見證，並將區塊大小限制擴充到 2MB；很遺憾，此次共識所達成的兩個行動都逾期了。

- 2016-Bitcoin Unlimited（BU- 比特幣無極限），在 Bitcoin XT 和 Bitcoin Classic 擴充方案夭折之後，Bitcoin Unlimited 提出增加區塊大小的方案是完全取消區塊大小限制，讓用戶查看大多數共識區塊的大小後，決定並自行設定自己區塊的大小。這個方案得到不少礦池的支持。2017 年 1 月發布 1.0.0 版本得到包括 Antpool、bitcoin.com、BTC.TOP、GBMiners 和 ViaBTC 等礦池的支持。至 2017 年 3 月，全球大概有 11% 的節點運作 BU 升級版。但是，比特幣的擴充並不是簡簡單單地將區塊大小限制取消就萬事大吉，擴充涉及很多方面的技術細節並需要大量的測試。果然，2017 年 1 月 19 日 BU 發現重大漏洞，由 bitcoin.com 礦池打包出第 450,529 無效區塊。1 月 31 日進行更新。2017 年 3 月 14 日，BU 全節點遭到攻擊，BU 節點數量大量當機，然後程式碼漏洞一個接一個。2017 年 4 月 24 日，70% 的 BU 節點因為記憶體洩露而出現系統崩潰 [4]。

■ 2017-BIP148，一個由用戶啟動的軟分岔比特幣擴充方案被提出。BIP148 打算繞過礦工和礦池的支持，在 2017 年 8 月 1 號啟動一個用戶歡迎程度來啟動（UASF）的比特幣擴充軟體升級方案，該方案建議 2017 年 8 月 1 號起，啟動比特幣的隔離見證（SegWit）功能。

■ 2017- 紐約共識（SegWit2x），2017 年 5 月 "數位貨幣集團" 公布一個擴充方案，也就是 SegWit2x，即著名的 "紐約共識"：先在獲得 80% 的比特幣運算力支持基礎上首先啟動隔離見證方案，並在 6 個月後獲得 80% 比特幣運算力支持時，啟動將區塊大小從 1 MB 擴充到 2MB 的升級。時至 2017 年 7 月中旬，礦工和礦池基本一致同意在 2017 年 8 月 1 號前實施啟動隔離見證（Segwit2x）方案 [5]。

■ 2017-Bitcoin Cash（BCC），BCC 是 2017 年 8 月 1 日比特幣硬分岔產生的一個新的比特幣區塊鏈變種。當比特幣礦池和交易所 ViaBTC 為了對抗隔離見證（SegWit），挖出第 478,559 區塊，正式宣告比特幣歷史上的第一次硬分岔 [6]。比特幣硬分岔後產生兩個新的幣種：比特幣 (BTC) 和比特幣現金（BitCoin Cash，以下簡稱 BCC），硬分岔前的比特幣所有者會自動分配同時擁有硬分岔後的比特幣（BTC）和比特幣現金（BCC）[7]。BCC 的

4　Quentson, Andrew (24 April 2017). "Bitcoin Unlimited Nodes Crash Due to Memory Leaks". Cryptocoinsnews. Retrieved 15 March 2017.

5　CNBC (July 14, 2017). "Dispute could mean financial panic in bitcoin". Associated Press.

6　Coleman, Lester (July 25, 2017). "Bitmain Clarifies Its 'Bitcoin Cash' Fork Position". CryptoCoinsNews.

7　比特幣現金後改為 BCH，已經不使用原先的 BCC 了。

區塊大小從 1MB 擴充到 8MB，而不引入隔離見證。在 2017 年 8 月 1 日午夜之後，BCC 的市場市值達到繼比特幣和以太坊之後的第三大市值，隨後越來越多的交易所也慢慢開始支援 BCC[8]。

我們可以發現，為了一個區塊擴充竟然產生了這麼多的討論和爭議，一個乍看似乎很簡單的問題卻包含了各種技術考量。不過，就在比特幣社群在方案上懸而未決時，比特幣的兄弟萊特幣在 2017 年 5 月卻率先完成了隔離見證。萊特幣是將比特幣原始碼簡單修改而來的，因此在血統上很接近比特幣。萊特幣成功實行隔離見證啟動的經驗，也給比特幣社群做了一個示範和參考，就技術方案而言，萊特幣實際是透過一個叫"用戶啟動軟分岔"的方案來進行的。讓我們來了解一下。

用戶啟動軟分岔（User-Activated Soft Folk，UASF）是一個很有意思，也備受爭議的軟分岔升級模式。主要是為了避開掌握著大量運算力的礦工和礦池的反對，而將支持升級的決定權交給礦工和礦池之外的所有節點和用戶。這樣就使得區塊鏈核心研發團隊可以避免等待掌握大量運算力的礦池節點的支持。

將軟體升級支援設定在運作全節點的交易所、錢包，還有萊特幣使用者手中。因為只要是區塊鏈全節點（full node），都具有校驗區塊和交易資料合法性的功能。當交易所徵集到大部分用戶的簽名和支持後，新的升級版軟體才會被事先已經安裝的軟體啟動。這樣所有支持軟分岔的交易所和用戶都會安裝新版規則和共識的軟體，進而成功實作大多數人支持的軟分岔。

不過這樣聰明的軟分岔方式有一個問題，就是開發成本太高，軟體更新周期太長，沒有在掌握運算力的礦池那裡直接升級來得高效、直接、快速。當然，這樣明目張膽繞開掌握大量運算力的礦池，也會引起不可預見的後果，那就是其礦池節點也可以自行選擇修改規則發布自己的升級版軟體而強制區塊鏈硬分岔。

---

8 CNorrie, Adam (July 29, 2017). "Bitcoin Cash: Another Fork in the Road for Bitcoin". CryptoCoinsNews.

我們可以看到，對於區塊鏈這種新型的網路軟體結構，有其明顯的優勢，但是也有明顯的問題所在，就區塊擴充這個問題而言是具有代表性的，比特幣、萊特幣、以太坊等其實都會有這樣的問題。區塊容量爆炸一直都是這個領域的難點問題，尤其是對於使用廣泛的區塊鏈系統，這個問題的嚴重程度尤甚。

以太坊相對比特幣、萊特幣等支援更複雜的智慧合約，並且使用廣泛，問題也就更多。目前以太坊社群提出的解決方案有提高 Gas 限制以及分片，提高 Gas 限制相當於提高用戶的使用成本，與其說這是一種技術方案，不如說是一種經濟制裁方案。分片的意思是將區塊資料按照某種分類儲存在不同的節點上，而不像現在所有的節點都保存同樣的副本資料，不過這種方案的爭議也是很大的，可靠性和安全性都有待驗證。說到這裡，有讀者可能會提出，既然靠單個區塊鏈內很難完善地解決這個問題，那有沒有可能將某些交易事務移出去呢？答案是可行，鏈內方案的地雷太多，那麼看看鏈外的方案如何，接下來介紹的側鏈、閃電網路以及多鏈就是這種概念。

5.2 側鏈技術

在了解側鏈技術之前，先看以下的對話。

> Alice：我有兩個不同的數位貨幣錢包：比特幣和以太幣，我可以將比特幣從比特幣錢包位址轉到以太幣錢包位址嗎？
>
> Bob：一般情況下當然不可以，比特幣和以太幣是兩個完全不同技術和架構的區塊鏈，它們的價值不能直接轉換。
>
> Alice：那有什麼辦法可以做到兩個不同的區塊鏈數位貨幣之間直接做價值轉換？
>
> Bob：那就必須引入側鏈，側鏈協定可以將比特幣從主鏈上轉移到側鏈上來。但是需要在比特幣主鏈上先凍結，然後在別的鏈上啟動。

我們知道區塊鏈本質是公共帳本技術，主鏈承載的都是帳本核心交易資料（或價值）。當一筆交易的訊息太大或複雜時，會在不影響帳本資料一致性和安全性的基礎上透過引入側鏈的技術來分流資料量（或價值）。

傳統意義上的側鏈就是指將比特幣（價值）從比特幣主鏈上來迴轉移到與比特幣完全不同特徵和技術架構的區塊鏈上。所以側鏈不是指比特幣（區塊鏈）主鏈上的某個部分，而是指遵循側鏈協定的所有區塊鏈，側鏈這個名詞是相對於比特幣主鏈而言的。側鏈協定是指可以讓比特幣和其他區塊鏈帳本資產在多個區塊鏈之間來回轉移的協定。大家需要注意的是，主側是相對的，沒有說哪種鏈必須是主鏈或者是側鏈，根據需要，任何一種鏈都可以成為另外一種鏈的側鏈或者是主鏈，例如比特幣可以成為萊特幣的側鏈，以太坊可以成為比特幣的側鏈等，側鏈可以是完全獨立的鏈，也可以是必須依賴主鏈生存的鏈。

所以，只要實作側鏈協定，現有的區塊鏈、比特幣、以太坊、比特幣現金、萊特幣、瑞波幣等彼此競爭的區塊鏈都可以成為側鏈，不過，目前側鏈的實作主要還是來自比特幣的各種側鏈系統，把比特幣的資產從比特幣主鏈上轉移下來，這開闢了一條通道，讓用戶可以透過已經擁有的比特幣資產，去培養和孵化一些更創新、更適用的數位貨幣系統或者其他更豐富的應用，由於比特幣本身已經是目前使用最廣泛的區塊鏈系統，因此透過側鏈的擴充，可以充分發揮比特幣網路的價值和作用。比較著名的比特幣側鏈有 ConsenSys 的 BTC Relay、Rootstock 和 BlockStream 推出的元素鏈，非比特幣的側鏈如 Lisk 和的 Asch。我們看一下主鏈和側鏈的關係：

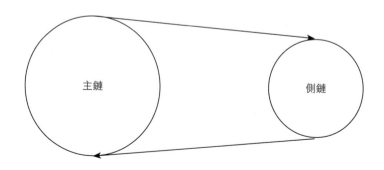

如圖所示，站在軟體的角度，其實就是兩種不同的軟體進行資料互動，一方以另一方的功能和資料為主，來拓展其他的業務功能。如果將圖中的側鏈換成一個普通的軟體用戶端（如錢包軟體），那就不能叫側鏈，因為錢包不是一個區塊鏈系統，這樣講是為了讓大家能夠比較容易瞭解側鏈的角色作用。接下來我們以比特幣為例看一下側鏈的工作方式。

（1）單一託管

為了將比特幣從主鏈上移動到側鏈，比特幣區塊鏈上的比特幣必須首先在主鏈上被凍結，然後在側鏈上啟動，這叫雙向錨定。最簡單的實作雙向錨定側鏈，就是將比特幣主鏈上的資產發送到一個單一託管方，並在側鏈上啟動。其實，這樣單一託管的方式，由一個機構去主鏈上凍結資產的側鏈，與現實中的數位資產交易所的方式都很類似，所以這樣最明顯的問題就是：這是完完全全的中心化解決方案[9]。

我們平時常用的比特幣錢包也是一種單一託管模式的側鏈技術。它保證你的資產凍結在一個節點上保管或者應用。

（2）合約聯盟

簡單地說，就是比特幣主鏈上凍結的資產透過一個多重簽名的位址控制，這個類似於一份智慧合約，雙方或者多方約定一個公證保管規則。比起第一種單一託管，這種方式更加增強安全性，也使得側鏈協定實作得更加順暢。

除了以上兩種方式，還有很多種技術可以實作將區塊鏈主鏈上的資產發送到目標側鏈上，或者從目標側鏈發送到主鏈。為了進一步瞭解，我們看一下側鏈雙向錨定的概念和步驟，先來看示意圖：

---

9 Enabling Blockchain Innovations with Pegged Sidechains. https://www.blockstream.com/sidechains. pdf.

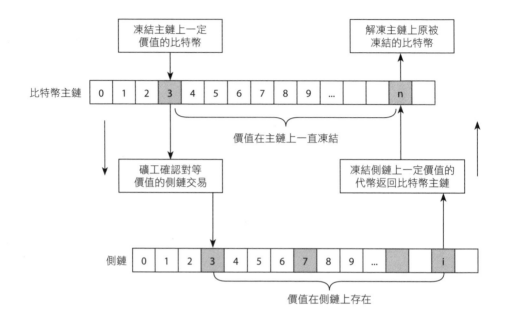

如圖所示，在主鏈與側鏈之間轉移比特幣時，會凍結主鏈中相應數量的比特幣，然後在側鏈上啟動，這也就是所謂的雙向錨定或者說雙向掛鉤，請看以下步驟：

1） 由比特幣持有者發起一筆特殊的交易，將比特幣從一個特殊標識的比特幣主鏈位址上鎖定，然後發送到側鏈的一個特殊處理的位址上。主鏈需要提供工作量證明並被側鏈認可；

2） 主鏈比特幣一旦被鎖定，不會在主鏈上被刪除。鎖定交易一般有一個特定的等待確認期，等足夠大量隨機的節點確認，更有效地防止被假冒和攻擊；

3） 由於側鏈已經同意成為比特幣的側鏈，側鏈將產生跟主鏈轉移過來的資產對等的側鏈資產，並設定合適的所有權，完全按照側鏈的遊戲規則進行；

4） 上述邏輯一般是對等的，可以將資產從比特幣主鏈上轉移出來，也可以用同樣的道理將資產轉移回來。

建立側鏈，在保證比特幣價值的基礎上，把交易/資產轉移到其他完全不同架構、技術和共識機制的新區塊鏈上，也可以說是解決比特幣擴充和效能瓶頸的最好方案。很多比特幣的改進建議，都是各種側鏈的變化。

5.3 閃電網路的設計

閃電網路（Lightning Network）是一個點對點對等網路，完全去中心化的數位貨幣微支付系統。這個微支付系統的概念適用於比特幣、以太幣和萊特幣這樣的數位貨幣，針對以太坊上的以太幣，有一個叫雷電網路的微支付系統，原理類似。閃電網路的優點是它完全基於買賣雙方的獨立雙向支付通道，不需要任何形式的押金擔保，也不需要任何信任的第三方即可實作即時的巨量交易。

閃電網路在實際應用中一般先開闢一個支付通道，並提交給一個微支付網路，這個微支付網路能以多重簽名的方式，確保價值網路安全的單向流動。

最重要的一點是閃電網路實際透過微支付的通道，將交易剝離出比特幣區塊鏈來進行，而且剝離主鏈的交易次數是無限的，這從根本上解決了大量交易都放在比特幣主鏈上進行，進而造成比特幣效能嚴重降低的問題[10]。

閃電網路的本質其實就是智慧合約的應用，實際來說是 RSMC（Revocable Sequence Maturity Contract，序列到期可撤銷合約）以及 HTLC（Hashed Timelock Contract，雜湊時間鎖定合約），基於智慧合約建立一系列相互連接的雙向支付通道。從這個層面來說，閃電網路的應用並不僅限於比特幣網路，它可以是任意加密數位貨幣網路，只要這些網路能支援需要的智慧合約即可，包括上述介紹的側鏈。只要有需要，也可以建立針對側鏈的閃電網路支付通道，我們看以下示意圖：

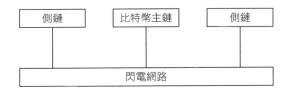

---

10 The Bitcoin Lightning Network: Scalable Off-Chain Instant Payments. https://lightning.network/lightning-networkpaper.pdf.

如圖所示，閃電網路的對象不受限制，只要雙方能建立起支付通道就沒有問題，由於需要智慧合約的支持，因此對於比特幣這種自訂腳本程式化能力有限的系統，需要增加一些必要的操作指令。同時，由於閃電網路在配合使用時，需要經常打開和關閉支付通道，這會加劇原本就壅塞的比特幣網路，因此如果比特幣系統能夠良好地實作隔離見證或擴充，對於閃電網路的真正落地使用能發揮很好的促進作用。大家在查閱資料時，會經常看到閃電網路與隔離見證的字眼，需要注意的是，隔離見證並不是閃電網路實作的必要條件，只不過一定程度上可以簡化閃電網路的設計。

我們現在解釋一下 RSMC 的機制。"序列到期可撤銷合約" 這個名詞乍看很難明白是什麼意思，我們來舉個例子，閃電網路是透過支付通道來進行收支業務的，在通道建立的初期會記錄一個初始的資金分配方案，這個資金從哪來呢？例如 Alice 與 Bob 之間由於雙方的業務關係需要長期頻繁轉帳，而且每次轉帳也都是小額，為了方便，他們打算平時先不進行實際的轉帳，而是先記個帳，到一段時間後再來算個總帳。於是他們共同拿出一筆錢開設一個基金帳戶，假設 Alice 和 Bob 都拿出 50，則初始的分配方案就是 Alice 為 50，Bob 也為 50，這個通道的設立會記錄在比特幣區塊鏈上。

隨著業務的發展，分配開始發生變化，Alice 支付 10 給 Bob，此時最新的分配方案就變成 Alice 是 40 而 Bob 是 60，雙方共同簽名作廢之前的分配方案，更新最新的餘額分配，不過這份新的分配方案並不會立即更新到比特幣的區塊鏈上，因為後續還有雙方的日常業務發生，因此只是記錄在閃電網路區塊鏈上。

果然不久後，Bob 又支付了 30 給 Alice，此時新的分配方案變成 Alice 是 70 而 Bob 是 30，以此類推，在一段時間內，雙方都只是在比特幣的鏈下（閃電網路中）頻繁地記錄著每一次新的餘額分配方案。這種方式其實跟我們平常訂餐或者訂花等行為很類似，我們為了方便。往往也會先預交一部分金額，為了信用保障，可能會委託一個第三方（例如某個支付平台、預訂平台等）託管這個基金，一段時間後，大家簽字認可發生的交易，然後做一次性真正的結算。

那麼，如果到某個時間，Alice 需要用錢了怎麼辦？她可以向比特幣主鏈提交目前最新的分配方案要求結算，在一段時間內如果 Bob 沒有反對，則比特幣區塊鏈就會終止通道，並且按照合約規則自動轉帳分配。如果在這個時間內 Bob 反對並且提交了一個證明，表示 Alice 作弊，使用一個雙方已經作廢的分配方案，則 Alice 會受到懲罰，資金將會罰沒給 Bob。

再來看 HTLC，也就是雜湊時間鎖定合約，這個其實是在 RSMC 的基礎上更複雜了一層，RSMC 的做法相對簡單，中間沒有太多的邏輯，就是一個簡單的餘額分配，只要滿足條件就沒什麼可說的，直接就是轉帳分配，而 HTLC 增加了更多的條件支付，例如 Alice 如果能在 2 天內向 Bob 提出一個正確的密碼 R，則 Bob 就會支付 0.2 比特幣到 Alice，逾期則自動退還到 Bob 帳戶。其實就是玩法更多元，當然實作也就更複雜了。

微支付通道允許交易（支付）雙方反覆無限次地更新交易過程，並且不將中間交易資料寫到公有鏈上，而是將最後的結果上鏈，這樣允許對手雙方不需要建立信任關係，降低交易對手風險。中間的交易流程走的也還是真實的比特幣，各種換手交易和中間結果不真正上鏈。

一般情況下，交易過程是指交易雙方的餘額表從交易前狀態更新為交易後狀態。最核心的問題就是雙方對交易後狀態的共同確認。一旦有一方反悔或不認帳，交易後雙方款項的餘額是處於不確認狀態的。微支付通道透過建立一個基於時間序列的類似多簽名智慧合約的交易方式來解決這個彼此不信任的問題：

1）　Alice 和 Bob 同意建立一筆交易，但是暫時不在鏈上公告廣播；

2）　雙方把幣轉到一個位址上，並提供雙重簽名，同時一致同意交易前的餘額狀態並放上鏈；

3）　雙方同時也建立一筆退款交易，各自拿回自己的幣，同時這個退款交易也不上鏈，這樣雙方事後都可以修改餘額狀態；

4）　當真正發生交易需要更新餘額表時，雙方都生成一個需要提交更新的餘額狀態表；

5) 這樣微支付通道裡的雙方交易餘額表無論在誰手上，都只能有兩種狀態，維繫舊的餘額狀態或承認新的餘額狀態；

6) 任何一方反悔或者不承認新的交易狀態，對手方可以提交證據證明，並透過罰沒機制拿走雙方共同簽名的所有的幣；

7) 交易一方透過提走交易之前共同簽名提供的幣，來懲罰反悔或不承認的一方以確保新的交易餘額狀態得到認可；

8) 雙方都沒有爭議之後，在等待一段時間並獲得網路認可之後的餘額狀態上鏈存證，交易完成。

下面讓我們來看實際的交易例子和過程以充分瞭解閃電網路：Alice 需要透過閃電網路給 Bob 和別的交易對手支付比特幣資產。

步驟 1：建立微支付交易通道（雙向）

雙方同意共同建立一個微支付通道（Micropayment Channel），並存放一部分訂金，我們假設 Alice 打算給 Bob 支付 5 個比特幣，而且 Alice 還想透過這個支付通道經常給 Bob 支付比特幣。這樣雙方協商建立一個彼此對等的單向微支付通道，構成一個雙向微支付通道（就是說，Bob 對比 Alice 做的事情，自己參照對應反向也做一個同樣的動作來建立另一個單向通道）。

為了建立這個通道，Alice 和 Bob 分別往一個 2/2 雙人簽名的位址發送 5 個比特幣，我們暫時叫這個帳戶為 "訂金交易"，未來所有的後續交易只能從這個 "訂金交易" 裡支付。兩個人都必須共同簽名，同時都生成一對自己掌握的針對這個 "訂金交易" 位址的密碼和私鑰，各自保留自己的密碼，但是將自己的私鑰交給對方，算是各簽一半。這個時候的餘額狀態是：

■ Address #1: 0-Alice&Bob（5 BTC）；1-Bob（5 BTC）

■ Address #2: 0-Alice（5 BTC）；1-Alice&Bob（5 BTC）

Alice 現在需要花錢，然後馬上就在 "訂金交易" 的基礎上建立一筆交易，這個交易我們暫時稱它為 "承諾交易"。在這筆 "承諾交易" 中，Alice 把 4 個比特幣劃給自己，另外 6 個比特幣劃給 Bob，然後這個交易發到新的兩人簽名的位址 #3。Alice 發送 "承諾交易" 的位址 #3 有點 "詭異"，那就是 Bob 可以自己獨自解鎖拿走無論誰確認都是屬於自己的 6 BTC，但是前提條件是必須等待當前交易所在區塊鏈區塊之後的第 1000 個區塊被開挖出來，因為這個區塊被加上了一把 "時間鎖"。

而對於 Alice 而言，她也可以獨自打開位址 #3 的鎖，條件是 Bob 必須將自己的位址 #3 的密碼和私鑰都交給 Alice 才行。（由於這個時候 Alice 拿不到 Bob 的密碼，所以無法動用位址 #3 的資金，哪怕是她共同簽名的 4 BTC。）

Alice 對 "承諾交易" 簽名，但是她沒有廣播出去，而是將簽名後的交易交給 Bob。與此同時，Bob 也在做同樣的事情，在位址 #4 建立自己的 "承諾交易" 並簽名交給 Alice 不做廣播。這個時候的餘額狀態是：

■ Address #3: 0-Alice&Bob（4 BTC）；1-Bob（6 BTC）
■ Address #4: 0-Alice（4 BTC）；1-Alice&Bob（6 BTC）

在交換完所有的 "承諾交易" 以及各自的私鑰之後，各自簽名並將自己建立的 "承諾交易" 廣播並確保交易被廣播到區塊鏈上，至此雙通道微支付通道正式打開。由於 "承諾交易" 帶有時間鎖，當正常提交的 "承諾交易" 經過自己提交位址之後的第 1000 個區塊被開挖出來之後。交易由閃電網路確認，最終 #3 的交易結果是：0-Alice（4 BTC）；1-Bob（6 BTC）。#4 的交易結果是：0-Alice（4 BTC）；1-Bob（6 BTC）。

而這個時候任何一方都可以將對手私下交給自己已經 "一半簽名" 的交易進行簽名，並由自己廣播出去，這樣兩個 "承諾交易" 可能發生的情況是：

■ #3：如果 Bob 拿到後提供自己簽名並廣播出去，需要等 1000 個區塊鏈才能開鎖拿到 6 BTC；
■ #4：如果 Alice 拿到後提供自己簽名並廣播出去，也需要等 1000 個區塊鏈才能開鎖拿到 4 BTC。

以上一切正常，然後我們考慮一種情況，就是當 Bob 想再支付 Alice 一個比特幣時，雙方都想在原來的微支付通道上更新交易狀態，使得交易雙方的狀態達到 5-5 分成。然後雙方做如下步驟：

1）雙方都再次建立"承諾交易"，分別是 #5 和 #6，將 5 BTC 簽名分配給自己，然後另外 5 BTC 簽名作為 2-2 多重簽名的一部分加上時間鎖。雙方產生新的密碼和私鑰對，並保管好自己的密碼，然後完成自己的一半簽名並同私鑰交給對方。

2）Alice 和 Bob 都要求必須將第一個"承諾交易"中產生的原來私藏的密碼交給對方。

在這個時候，雙方都可以將彼此簽訂一半的新"承諾交易"簽名並提交確認。任何簽字廣播一方的對手都可以立即得到屬於自己的那一半比特幣。而簽字廣播人則等 1000 個區塊挖出後得到自己的一半，這樣，微支付通道的新狀態獲得更新。

但是，我們不能防止有人會作惡，那就是：例如 Bob 是否可以考慮僥倖想拿自己可控的 #4 的交易狀態再簽名廣播出去，這樣他拿到的將是最初"承諾交易" #4 中的 6 BTC，以此獲利。

其實，現實情況是 Bob 並不能一次獲利，因為他的第一個狀態簽名密碼這個時候已經交到 Alice 手裡。這時如果 Bob 把 #4 拿出來簽名再合法廣播出去，Alice 首先馬上獲得應得的 4 BTC，Bob 自己則需要等 1000 個區塊鏈後才能申請得到 6 BTC。可是 Bob 如果想這樣欺詐是有風險和問題的，那就是這個時候 Alice 已經拿到 Bob 自己的密碼與私鑰，任何時候都可以開鎖獲得本來應該屬於 Bob 的 6 BTC，這樣 Bob 就會偷雞不成蝕把米。同樣，Bob 也擁有 Alice 的第一個密碼和簽名，Alice 如果想偽造之前的交易，Bob 可以一次取走通道裡的所有比特幣。

閃電網會懲罰不誠實的偽造方，確保大家不會作弊。所有的人都會在最新的當前交易狀態合法簽名併合法流通廣播。

步驟 2：建立微支付交易通道（網路）

我們前面講解了如何建立微支付的雙向交易通道實作兩個人之間的支付，現在如果 Alice 想要向第三個人 Carol 支付比特幣該怎麼辦呢？

1） Alice 可以跟 Bob 一樣建立與 Carol 之間的雙向交易通道向 Coral 支付（當然建立通道需要成本）；

2） 如果 Bob 剛好已經跟 Carol 建立了雙向交易支付通道，則 Alice 可以透過已經建立的自己跟 Bob 的交易通道給 Carol 支付，走 Alice → Bob → Carol 通道。

對 Alice 而言，她的疑慮是怕 Bob 沒把錢給 Carol，同時也怕 Carol 否認她收到 Bob 給的錢。

消除 Alice 顧慮的辦法是：

1） 確認 Bob 將錢給 Carol 後，才將錢給 Bob，然後知會 Carol，Bob 會轉交錢給她。

2） Alice 要求 Carol 隨機生成一個密碼，將密碼的雜湊函數結果交給 Alice，並告知 Carol，只有 Bob 將錢給她後，才能將這個密碼給 Bob。同時，Alice 告訴 Bob，只有 Bob 錢給到 Carol 之後，才能拿到 Carol 才知道的密碼，之後交給 Alice 確認後，Alice 才會給 Bob 錢。因為 Bob 用比特幣換到了只有 Carol 才知道的密碼。

而對於 Bob 而言，他的擔憂是：

1） 他需要相信他把錢給 Carol 之後能拿到密碼；

2） 他還需要相信一旦他拿到密碼，Alice 真會給他錢。

雜湊時間鎖合約（Hashed Time-Locked Contract，HTLC）可以解除 Bob 的擔憂：Alice 建立一個 1 BTC 的多重簽名合約。Case 1 對於 Bob，若合約中有他的簽名以及正確的從 Carol 處得到的密碼，即可解鎖。Case 2 對於 Alice，使用 CLTV-Timelock 時間鎖，確保自己的簽名在一個約定的契約期有效，當 Bob 拿到密碼就履行合約將錢給 Bob，同時廣播讓公眾都知道。如果契約逾期，Bob 拿不到密碼或提供不了自己的簽名，Alice 用自己簽名即可解鎖 CLTV-Timelock 拿回自己的錢 1 BTC。

讓我們想像一個這樣的網路，不單單是 Alice 跟 Bob 之間建立這樣的雜湊時間鎖定合約，Bob-Carol 之間也可以建立這樣的 HTLC 合約，我們就可以建立一個：Alice → Bob → Carol →……無數這樣的節點構成了閃電網路 [11]。

步驟 3：完成微支付交易並關閉支付通道

至此，我們看到了閃電網路的巨大的能力，那就是前面所分析與描述的發生在閃電網路的交易，都不需要一筆對一筆地寫到比特幣區塊鏈主鏈上，為比特幣網路節省了許多消耗。

如果這個時候 Alice 與 Bob 想靜悄悄地關閉彼此建立起來的支付通道，他們只要在主鏈上產生一筆交易，將交易通道開通直到交易結束，每個參與方拿到自己最後交易狀態的份額，最後又回到主鏈上來。發生在通道裡的所有交易隱私性就可以保護起來了。

我們熟悉的 Hyperledger Fabric 的通道（Channel）就是利用閃電網路的原理，並以此來保護交易對象的資訊隱私。

當交易對手上方決定關閉微支付通道時回到比特幣主鏈上，其實只需要告訴主鏈一個開通微支付通道合約交易，和一個關閉微支付通道合約交易。期間交易對手們無論交易過多少次，對主鏈來說都無關緊要。這樣，為比特幣提供了一種不在主鏈上做交易的機制和解決方案。可以大大減輕比特幣主鏈的效能瓶頸。

---

11 http://lightning.network.

5.4　多鏈：區塊鏈應用的擴充互動

現在我們看到的很多區塊鏈基礎技術架構都是單鏈形態。但在現實社會各個產業價值網路中，多連結構的技術更符合複雜價值邏輯的實際應用，各行各業或者說各個領域都有可能針對不同的業務情境去構造一條鏈，這些平行的鏈之間會存在資料互動的需求，即便是在同一個業務情境下，也有可能構建一組共同配合工作的鏈來完成複雜的業務邏輯，這個時候各個鏈之間的互動能力就會變得重要起來。我們在此提出用跨鏈連接器，連接多個可根據商業應用情境分別構建起來的價值鏈的多鏈架構概念。

如圖所示，不同的鏈之間可以透過一個專門設計的跨鏈連接器進行互連，跨鏈連接器就類似於機械部件中的連接件，在軟體領域中有個專門的術語叫"中介軟體"，在這樣的一個中介軟體中可以定義大家共同遵循的資料介面規範。各種不同的鏈只要提供針對接口規範的介面實作，就可以進行互聯，既實作了標準化，也確保了鏈本身設計的靈活性。它的工作方式如下：

1） 主鏈作為總帳本，分別在多個價值共識節點之間進行同步，請注意，這裡所說的主鏈是一個相對的概念；

2） 多連結構中，每一條鏈都是自成一個體系的，無論是主鏈還是子鏈，都在自己的節點之間進行資料的複製和傳遞，獨立記帳；

3） 主鏈和子鏈間透過跨鏈連接器保證主鏈對子鏈價值的一致性、合法性、完整性，做跨鏈校驗以及糾正和確認，保證鏈間價值合法合理合規流通；

4） 主鏈和子鏈按照功能和價值網路搭建業務結構，並編寫跨鏈邏輯的實際實作；

5） 單一功能的帳本使用和記錄，在單獨的功能子鏈上進行，校驗後沒有發現跟主鏈或非本鏈資料變動的情況下，只在單鏈自行進行查詢、校驗、記帳等單鏈需要行使的區塊鏈價值網路體系功能，大幅提升價值網路平行計算能力，維繫良好的可擴充性和可利用性。

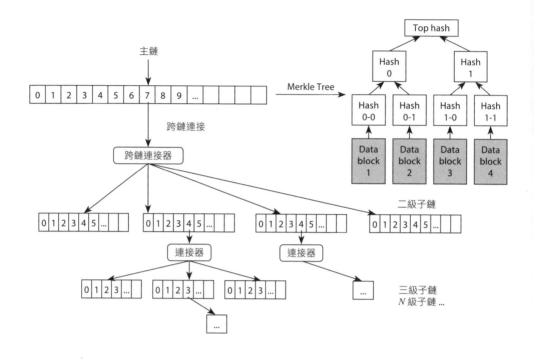

5.5　本章重點心智圖

本章主要是對區塊鏈系統目前出現的各種擴充技術進行一個基本的介紹，主要為側鏈、閃電網路以及多鏈互聯。區塊鏈系統由於其特有的分散式結構設計以及去中心化運作維護的特點，在軟體功能升級、版本變更等事項的處理上也就有了特有的問題，各類擴充技術的出現，無疑是對於這些難題解決的一個破冰方案。當然這些技術方案本身也還有待時間去考量驗證，無論如何，它們都是組成多彩繽紛的區塊鏈技術體系的重要部分。我們來看一下本章的重點心智圖：

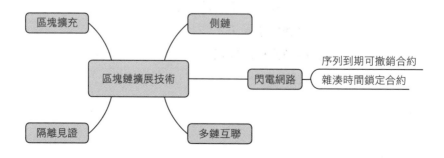

區塊鏈開發平台：以太坊 *Chapter* **6**

6.1 項目介紹

6.1.1 項目背景

區塊鏈技術是建立信任機制的技術，常常被認為是自網際網路誕生以來最具顛覆性的技術。然而自從比特幣誕生後，一直以來都沒有很好的開發平台，想要借助於區塊鏈技術開發更多的應用還是具有相當難度的，直接使用比特幣的架構來開發則很複雜繁瑣。

事實上，比特幣僅僅被設計為一個加密數位貨幣系統，只能算是區塊鏈技術的一個應用，雖然也具備一些指令程式解析能力，但只是非常基礎的堆疊指令，無法用來實作更廣闊的業務需求。以太坊是目前使用最廣泛、支援完備應用開發的公有區塊鏈系統，本章我們就來介紹一下在此系統中應用的開發與部署方式。

與比特幣相比，以太坊屬於區塊鏈 2.0 的範圍，是為了解決比特幣網路某些問題而重新設計的區塊鏈系統。人們發現比特幣的設計只適合加密數位貨幣情境，不具備圖靈完備性，也缺乏保存即時狀態的帳戶概念，以及存在 PoW 機制帶來的效率和資源浪費的問題。

最關鍵的問題是，在商業環境下，需要有高效的共識機制、具有圖靈完備性、支援智慧合約等多應用情境，以太坊即是在這種情況下應運而生。那麼以太坊被設計為一個什麼樣的系統呢？首先它是一個通用的全球性區塊鏈，也就是說它屬於公有鏈，這一點與比特幣是一樣的，並且可以用來管理金融和非金融類型的應用。同時以太坊也是一個平台和程式語言，包括數位貨幣以太幣（Ether），以及用來構建和發布分散式應用的以太腳本，也就是智慧合約程式語言。

比特幣	以太坊
簡單堆疊指令	合約編程語言

如圖所示，這就是以太坊與比特幣最大的一個區別，也因為提供一個功能更強大的合約程式環境，使得使用者可以在以太坊上編寫智慧合約應用程式，直接將區塊鏈技術的發展帶入到 2.0 時代。從智慧合約的設計開發，可以實作各種商業與非商業環境下的複雜邏輯，如眾籌系統、數位貨幣、融資租賃資產管理、多重簽名的安全帳戶、供應鏈的追蹤監控等。應用智慧合約，可以將傳統的軟體系統鏈化，發揮出更強大的管理能力。理論上，我們可以在以太坊上實作一個比特幣系統，而且實作過程相當簡單，只需要寫一個符合比特幣邏輯的智慧合約就可以了。在這方面，以太坊平台相當於隱藏了底層技術的複雜性，而讓應用開發者更著重在應用邏輯及商業邏輯上。

以太坊的發展歷史並不長，2013 年年末，Vitalik Buterin（社群一般尊稱他為 V 神），一位俄羅斯青年發表了以太坊的初版白皮書，計畫就此啟動。此後的計畫進度非常快，僅僅半年多時間就發布了 5 個版本的概念驗證，充分體現了技客（Geek）技術團隊的效率和實力。大概是為了致敬比特幣，團隊開發所需費用是接受比特幣投資。值得一提的是，在開發過程中，以太坊設計了一個特有的叔區塊的概念。我們知道在比特幣中，一旦某個礦工挖礦成功，那麼系統獎勵的比特幣就都是那個礦工的，其他礦工一無所獲，而以太坊中將沒有挖礦成功所產生的廢區塊也納入了獎勵範圍，根據一定規則發放獎勵。直至 2015 年 7 月，官方團隊發布了正式的以太坊網路，一片新的天地就此展開。

以太坊在中國社群的發展也是如火如荼，為了方便中國用戶更加方便快捷地同步以太坊區塊資料，EthFans（中國的以太坊中文技術社群，網址為 http://ethfans.org）發起了星火節點計劃。類似於比特幣的種子節點，星火節點的訊息會被打包到節點文件中，讓社群成員自由下載，透過使用節點文件，本地運作的以太坊用戶端可以連接到更多超級節點，大幅加快了區塊同步速度。我們看一下星火節點的瀏覽頁面（頁面的網址是 https://stats.ethfans.org）：

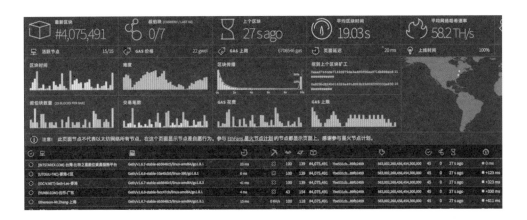

頁面上列出了目前的星火節點名稱，同時也顯示了最新的區塊高度、平均網路雜湊速率等以太坊網路指標訊息。

6.1.2　以太坊組成

以太坊的模組結構與比特幣其實並沒有本質的差別，還是相同的物件，如區塊鏈帳本、共識機制、核心節點、P2P 網路、可程式化邏輯等，雖然很多細節（如區塊的結構、資料編碼方式、交易事務結構等）都有差別，但本質是智慧合約的全面實作，支援全新的合約程式語言，以及為了運作合約增加一個以太坊虛擬機。因此我們在認識以太坊時，基本上可以參照比特幣的結構概念。

如果說比特幣是利用區塊鏈技術開發的專用計算器，那麼以太坊就是利用區塊鏈技術開發的通用計算機。簡單地說，以太坊 = 區塊鏈 + 智慧合約，開發者在以太坊上可以開發任意的應用，實作任意的智慧合約。從平台的角度來講，以太坊類似於蘋果的應用商店；從技術角度來講，以太坊類似於一個區塊鏈作業系統。

我們來看一下以太坊的組成結構：

應用程式			
智慧合約		RPC	
以太坊虛擬機			
區塊鏈帳本	共識機制	挖礦	網路層
底層呼叫函式庫及儲存			

上圖簡易地描繪出以太坊的模組結構。可以發現，正是以太坊虛擬機與智慧合約層，擴展了外部應用程式在區塊鏈技術上的應用能力。若我們想在以太坊的基礎上實作一個比特幣系統，只要在智慧合約層開發一個與比特幣邏輯一致的合約程式就可以了。當然只要你願意，可以根據愛好或者需求去實作任何數位貨幣系統，它們都能透過以太坊網路良好地運作。

值得注意的是，以太坊中的智慧合約是運作在虛擬機上，也就是通常說的 EVM（Ethereum Virtual Machine，以太坊虛擬機）。這是一個智慧合約的沙盒，合約儲存在以太坊的區塊鏈上，並被編譯為以太坊虛擬機位元組碼，透過虛擬機來運作智慧合約。由於這個中間層的存在，以太坊也實作了多種語言的合約程式編譯，網路中的每個以太坊節點運作 EVM 實作並執行相同的指令。

可能有些讀者對這個環節不太瞭解，雖然看結構圖是很簡單，原理也是一目了然，可是細細一想，總覺得不夠清楚。如果說以太坊靠實作一個智慧合約就能實作比特幣，那豈不是說比特幣就是一份合約？讓我們來整理一下這裡的概念。首先比特幣系統當然不只是一份合約程式，只能說比特幣的交易事務就是一份合約，比特幣系統擁有自己的區塊鏈帳本、共識機制、挖礦系統等，這些基礎結構都為一件事服務，就是運作比特幣的智慧合約：比特幣交易事務。

我們知道比特幣之所以被稱為可程式化加密數位貨幣，就是因為其交易事務的結構中擁有鎖定腳本和解鎖腳本兩段指令程式。從技術上來講，比特幣系統就是從執行交易事務中的鎖定腳本和解鎖腳本，完成了比特幣的發行和轉帳交易，也就是說比特幣中的一切機制，都是為了這一固定功能的合約而運作存在的。那麼現在以太坊來了，大家覺得偌大一個系統，就只能運作一種智慧合約，實在是太約束了。如果把鎖定腳本和解鎖腳本的編程能力加強，把交易事務的結構再擴充一下，使智慧合約的能力不只是實作一個數位貨幣的轉帳交易，那就打開了另一片天地。

不管是什麼功能的合約，站在技術角度來講，無非就是執行一組程式後改變了一些值。我們不但可以實作數位貨幣，還可以實作眾籌合約、擔保合約、融資租賃合約、期貨合約以及各種其他金融與非金融的訂單合約，所有這些合約的執行都會被以太坊打包進區塊，這樣就實作了基於區塊鏈的全功能智慧合約。如果說比特幣是二維世界，那麼以太坊就是三維世界，可以容納無數個不同的二維世界。

現在讓我們來更加實際地了解以太坊，畢竟再怎麼神奇強大，總歸也就是一套軟體，接下來認識一下以太坊實際的軟體元件。

以太坊的原始碼是維護在 GitHub 上的，點選連結 https://github.com/ethereum 可以查看，在這個原始碼官網我們可以看到以太坊擁有好多個專案，不像比特幣只有一個 Bitcoin，一目了然。我們先看一下以太坊的核心用戶端：

go-ethereum	**cpp-ethereum**
Official Go implementation of the Ethereum protocol	Ethereum C++ client
● Go ★ 6.2k ⑂ 1.9k	● C++ ★ 1.4k ⑂ 991

圖中可以看到，以太坊有兩種語言版本的核心用戶端：一個是 Go 語言版本，這也是官方首推的版本；另外一個是 C++ 語言的版本。兩種版本的功能和使用是一樣的，只不過用不同的語言實作，對於想要深入了解原始碼的讀者，可以根據自己的語言偏好下載對應的原始碼。

除了核心用戶端外，以太坊還提供了一系列其他獨立使用的工具，例如新的實驗性的合約程式語言 Viper、Solidity，以太坊的 JavaScript 呼叫庫 Web3.js，以太坊官方錢包等。截至 2017 年 7 月，GitHub 官網上已經放了 100 多個各類功能的工具項目，以下整理一些常用的進行說明：

1) go-ethereum。官方的 Go 語言用戶端，用戶端文件是 geth。這是使用最廣泛的用戶端，類似於比特幣的中本哲史核心用戶端，可用於挖礦、組建私有鏈、管理帳號、部署智慧合約等。但是必須注意不能編譯智慧合約（1.6 之前的版本還是內建編譯模組的，1.6 之後就獨立出去了）。該用戶端可以作為一個獨立程式運作，也可以作為一個類別檔嵌入其他的 Go、Android 和 iOS 項目中，它沒有介面，是一個命令列程式。

2) cpp-ethereum。與第一項相同，但用 C++ 實作。

3) EIP。EIP 描述以太坊平台標準，包含核心協定說明、用戶端 API 以及合約標準等。

4) Mist 用戶端。Mist 目前主要是錢包用戶端，未來定義為一個 DAPP 市場交易用戶端，類似於蘋果市場。實際上 Ethereum Wallet 可以看作設定在 MistBrowser 上的一個應用，因此通常也叫 Mist/Ethereum Wallet。Mist 一般是配合 go-ethereum 或者 cpp-ethereum 運作的，如果在 Mist 啟動時沒有運作一個命令列的 ethereum 用戶端，則 Mist 將啟動區塊鏈資料同步（使用綁定的用戶端，通常預設是 geth，因此請注意，Mist 是會攜帶核心用戶端的）。如果想要 Mist 運作在一個私有網路，只要在 Mist 啟動前先啟動節點（也就是 geth）即可，Mist 可以透過 IPC 連接到私有鏈。

5) Solidity 項目。Solidity 使用 C++ 開發，用戶端文件為 solc，跨平台，使用命令列介面。solc 實際上是一個基本的編譯平台，Solidity 是以太坊智慧合約的程式語言。

6）browse-solidity 項目。browse-solidity 是智慧合約瀏覽器版本的開發環境，可以直接在瀏覽器中進行開發、調校、編譯。

7）Remix。Remix 是智慧合約（以太坊稱為 DAPP）的開發 IDE，採用圖形化介面，可以支援智慧合約（DAPP）的編寫、調校、部署，是目前最主流的以太坊智慧合約開發平台。之前還有個 Mix 項目，不過已經不再繼續維護了，Remix 現在可以與 browser solidity 整合在一起使用了。

8）pyethereum 項目。pyethereum 是用 Python 語言編寫的以太坊用戶端。

9）ethereumj 項目。ethereumj 是用 Java 語言編寫的以太坊用戶端，與前面 Go 語言編寫的用戶端 geth 的功能完全相同。實際上，以太坊的相關用戶端遠不止這些，在 GitHub 站台上也能看到很多，這與 Bitcoin 不一樣，因為以太坊是要打造一個生態。

6.1.3　關鍵概念

以太坊在開發時著重在設計虛擬機和智慧合約相關的規範，這是以太坊的主要特點，然而作為一個開闢了區塊鏈 2.0 智慧合約時代的新平台，其特點以及改善之處遠不止這些，本節將說明以太坊中的關鍵概念。

1. 狀態

狀態的概念是在以太坊白皮書中提出的，我們先來擷取以太坊白皮書中提及狀態的幾段文字描述：

> 以太坊的目標，就是提供一個帶有內建的成熟的圖靈完備語言的區塊鏈，用這種語言可以建立合約，編寫任意狀態轉換功能。
>
> 從技術角度講，比特幣帳本可以被認為是一個狀態轉換系統，該系統包括所有現存的比特幣所有權狀態和 "狀態轉換函數"。狀態轉換函數以當前狀態和交易為輸入，輸出新的狀態。

在標準的銀行系統中，狀態就是一個資產負債表，一個從 A 帳戶向 B 帳戶轉帳 X 美元的請求是一筆交易，狀態轉換函數將從 A 帳戶中減去 X 美元，向 B 帳戶增加 X 美元。如果 A 帳戶的餘額小於 X 美元，狀態轉換函數就會返回錯誤提示。

比特幣系統的 "狀態" 是所有已經被挖出的、沒有花費的比特幣（技術上稱為 "未花費的交易輸出"，unspent transaction outputs 或 UTXO）的集合。

一筆交易包括一個或多個輸入和一個或多個輸出。每個輸入包含一個對現有 UTXO 的引用和密碼學簽名，由與所有者位址相對應的私鑰建立，每個輸出包含一個新的加入到狀態中的 UTXO。

看到這裡，不知道大家對狀態的概念是否有一些感覺了。實際上以太坊是站在一個更高的維度來看待區塊鏈帳本中的資料變化。如果不發生任何交易事務，那相當於帳本就是靜態的，就好像是一個化學容器，裡面有各種原材料，一旦發生了化學反應，不管是什麼樣的反應過程，反應結束後，容器中的狀態必然不同。對於區塊鏈帳本，這裡的變化可以是指一筆轉帳，也可以是合約的某個規則被啟動等，總之就是資料動了，以太坊中將變化的過程稱為狀態轉換函數，如下圖所示：

從這樣一種更高層面的抽象，使以太坊的設計具備了實作任意智慧合約的基礎，這裡的狀態資料可以是任何形式的（包括比特幣那種 UTXO 的機制），狀態函數也可以是任何過程的，只要符合業務需求即可，沒有任何限制。

在以太坊的每一個區塊頭，都包含了指向三棵樹的指標，分別是：狀態樹、交易樹、收據樹。交易樹指標就類似於比特幣區塊頭中的梅克爾樹根，交易樹是用來代表區塊中發生的所有交易歷史的；狀態樹代表連線區塊後的整個狀態；

收據樹代表每筆交易對應的收據，所謂的收據是指每一筆交易影響的資料條，或者說是每一筆交易影響的結果。這些都是針對比特幣中單一的梅克爾交易樹的增強，透過狀態樹可以很方便地獲得類似帳戶存在與否、帳戶餘額、訂單狀態這樣的結果，而不用只依靠交易事務去追溯。

我們看一下以太坊中狀態樹的示意圖：

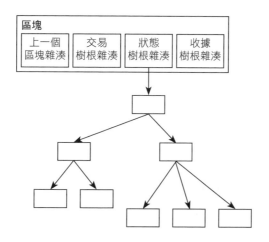

如圖所示，在狀態樹中儲存了整個系統的狀態資料，如帳戶餘額、合約儲存、合約程式以及帳戶亂數等資料。我們在玩遊戲時，有個功能叫存檔，可以把當時的各項遊戲資料都記錄下來，狀態樹在功能效果上與此類似。

再來看一下以太坊原始碼中，是如何在區塊頭中定義這個狀態樹根雜湊的：

```
// 定義以太坊區塊鏈中的區域頭結構
type Header struct {
    ParentHash   common.Hash     `json:"parentHash"         gencodec:"required"`
    UncleHash    common.Hash     `json:"sha3Uncles"         gencodec:"required"`
    Coinbase     common.Address  `json:"miner"              gencodec:"required"`
    Root         common.Hash     `json:"stateRoot"          gencodec:"required"`
    TxHash       common.Hash     `json:"transactionsRoot"   gencodec:"required"`
    ReceiptHash  common.Hash     `json:"receiptsRoot"       gencodec:"required"`
    Bloom        Bloom           `json:"logsBloom"          gencodec:"required"`
    Difficulty   *big.Int        `json:"difficulty"         gencodec:"required"`
    Number       *big.Int        `json:"number"             gencodec:"required"`
```

```
    GasLimit    *big.Int       `json:"gasLimit"      gencodec:"required"`
    GasUsed     *big.Int       `json:"gasUsed"       gencodec:"required"`
    Time        *big.Int       `json:"timestamp"     gencodec:"required"`
    Extra       []byte         `json:"extraData"     gencodec:"required"`
    MixDigest   common.Hash    `json:"mixHash"       gencodec:"required"`
    Nonce       BlockNonce     `json:"nonce"         gencodec:"required"`
}
```

這段原始碼，可以在以太坊原始碼中的 go-ethereum/core/types/block.go 中找到，這是一個自訂結構類型，定義了以太坊中的區塊頭結構，我們可以發現：其中有個屬性 Root，是 common.Hash 類型，說明這是一個雜湊值，並且是 stateRoot（狀態樹根雜湊）。除了這些，還能看到 TxHash 和 ReceiptHash，分別對應了交易樹根雜湊和收據樹根雜湊。

2. 帳戶

在以太坊系統中，狀態是由被稱為“帳戶”的對象和在兩個帳戶之間轉移價值和訊息的狀態轉換構成的，每個帳戶有一個 20 位元組的位址，這個其實就跟銀行帳戶差不多意思，在比特幣中是沒有帳戶這個概念的，或者說比特幣中只有狀態轉換的過程歷史。這裡我們再來對比一下比特幣，假設 Alice 即使用比特幣也使用以太坊，並且初次使用，之前沒有餘額，那麼 Alice 在兩者中的帳本訊息大概是這樣的：

可以看到，以太坊中由於具備帳戶的概念，可以直接獲得當前的餘額，這個餘額相當於 Alice 資產當前的狀態，而比特幣中只有流水帳，要知道目前的餘額，必須經過計算才能得知。

我們來實際了解一下以太坊中的帳戶，既然是帳戶就應有帳戶結構，通常包含下面四個部分。

1）亂數，用於確定每筆交易只能被處理一次的計數器，實際上就是每個帳戶的交易計數，用以防止重放攻擊，當一個帳戶發送一筆交易時，根據已經發送的交易數來累加這個數字，例如帳戶發送了 5 個交易，則帳戶亂數是 5。

2）帳戶目前的以太幣餘額。

3）帳戶的儲存（預設為空）。

4）帳戶的合約程式（只有合約帳戶才有，否則為空）。

這些其實就是以太坊原始碼中的定義，我們常常說要按圖索驥，尋蹤覓跡，任何一個定義，一個邏輯，都要了解它的來源，我們來看看帳戶在以太坊原始碼中的定義描述：

```
// 以太坊中的帳戶對象結構定義
// 這些資料對象會儲存在以太坊中的梅克爾樹中
type Account struct {
    Nonce    uint64
    Balance  *big.Int
    Root     common.Hash // merkle root of the storage trie
    CodeHash []byte
}
```

可以看到，帳戶結構的定義中與上述的四項屬性一一對應，原始碼中就是這麼定義的，其中的 Root 也就是所謂的帳戶儲存空間，是一個根雜湊值，指向的是一棵 patricia trie（帕夏爾前綴樹）。關於 patricia trie 的概念在下面會有介紹，總之就是一種儲存結構，類似梅克爾樹，但更複雜一些。

以太坊中的帳戶是有類型區分的。

（1）外部帳戶

外部所有帳戶，術語叫 EOA，全稱是 Externally Owned Account，這個就是一般帳戶的概念。外部所有帳戶是由一對密鑰定義的，一個私鑰一個公鑰，公鑰的後 20 位作為位址，這個跟比特幣中的公私鑰以及錢包位址類似。外部所有帳戶是沒有代碼的，但是可以透過建立和簽名一筆交易從一個外部帳戶發送訊息到合約帳戶，透過傳遞一些參數，例如 EOA 的位址、合約的位址，以及資料（包括合約裡的方法以及傳遞的參數），使用 ABI（Application Binary Interface）作為傳遞資料的編碼和解碼標準。

（2）合約帳戶

合約帳戶是一種特殊的可程式化帳戶，合約帳戶可以執行圖靈完備的計算任務，也可以在合約帳戶之間傳遞訊息，合約儲存在以太坊的區塊鏈上，並被編譯為以太坊虛擬機位元組碼，合約帳戶也是有位址的，不過與外部所有帳戶不同，不是根據公鑰來獲得的，而是從合約建立者的位址和該位址發出過的交易數量計算得來。

我們可以看到，外部所有帳戶在以太坊中就相當於一把鑰匙，合約帳戶則相當於一個機關，一旦被外部所有帳戶確認啟動，機關就啟動了。

3. 交易

以太坊中的交易，也就是狀態一節中所說的轉換過程。通常提到交易，大家都會習慣性地認為是轉帳交易這種意思，在以太坊中交易的概念是比較廣義的，因為以太坊並不僅僅支援轉帳交易這樣的合約功能。它的定義如下：在以太坊中是指簽名的封包，這個封包中儲存了從外部帳戶發送的訊息。

所謂的交易就是一個訊息，這個訊息被發送者簽名了，如果比較一下比特幣，可以發現比特幣的交易也在這個範圍內，在比特幣中也是透過轉帳發起者簽了一個 UTXO 資料然後發送出去，只不過比特幣中只能發送固定格式的訊息，原始碼中寫死了。

我們來看一下以太坊中的交易格式是什麼，先來看一下原始碼中的定義：

```
type Transaction struct {
    data txdata
    // caches
    hash atomic.Value
    size atomic.Value
    from atomic.Value
}
```

在這個定義中，最主要的就是 data 欄位，這是一個命名為 txdata 的結構類型欄位，代表了真正的交易資料結構，其餘三個都是緩衝欄位，我們來看一下 txdata 的定義：

```
type txdata struct {
    AccountNonce uint64          `json:"nonce"    gencodec:"required"`
    Price        *big.Int        `json:"gasPrice" gencodec:"required"`
    GasLimit     *big.Int        `json:"gas"      gencodec:"required"`
    Recipient    *common.Address `json:"to"       rlp:"nil"` // nil means contract
creation
    Amount       *big.Int        `json:"value"    gencodec:"required"`
    Payload      []byte          `json:"input"    gencodec:"required"`

    // Signature values
    V *big.Int `json:"v" gencodec:"required"`
    R *big.Int `json:"r" gencodec:"required"`
    S *big.Int `json:"s" gencodec:"required"`

    // This is only used when marshaling to JSON.
    Hash *common.Hash `json:"hash" rlp:"-"`
}
```

以下是一些說明。

1）AccountNonce：表示交易的發送者已發送過的交易數，與帳戶結構中定義的亂數對應。

2）Price 與 GasLimit：這是以太坊中特有的概念，用來抵抗拒絕服務攻擊。為了防止在程式中出現意外、蓄意無限循環或其他計算浪費，每個交易都需要設定一個限制，以限制它的計算總步驟，說白了就是讓交易的執行帶上成本，每進行一次交易都要支付一定的手續費，GasLimit 是交易執行所需的計算量，Price 是單價，兩者的乘積就是所需的手續費，交易在執行過程中如果實際所需的消耗超出了設定的 Gas 限制，就會出錯回溯，如果在範圍內則執行完畢後退還多餘的部分。

3）Recipient：接收方的位址。

4）Amount：發送的以太幣金額，單位是 wei。

5）Payload：交易攜帶的資料，根據不同的交易類型有不同的用法。

6）V、R、S：交易的簽名資料。

可能有些讀者會有疑問，從這個交易結構，怎麼看出是誰發出的呢，為什麼只有接收方的位址卻沒有發出方的位址呢？那是因為發送者的位址可以從簽名得知。

我們提到了不同的交易類型，那麼在以太坊中都有哪些不同的交易類型呢？接下來就一一進行說明，為了讓差別一目了然，我們以 Web3.js 的呼叫格式來說明。Web3.js 是一個 JavaScript 函式庫，可以透過 RPC 呼叫與本地節點通訊，實際上就是一個外部應用程式，用來呼叫以太坊核心節點功能的一個呼叫函式庫。

（1）轉帳交易

以太坊本身內建支援以太幣，因此這裡說的轉帳就是指從一個帳戶往另一個帳戶轉帳發送以太幣。我們知道要轉帳，一般來說得要有發送方、接收方、轉帳金額。指令格式如下：

```
web3.eth.sendTransaction({from:"",to:"",value:});
```

from 後面是發送方的帳戶位址，to 後面是接收方的位址，value 後面是轉帳金額。

（2）合約建立交易

有讀者可能會感到奇怪，建立一份合約為何會是交易，又沒有向誰轉帳，我們再次重申一下以太坊中交易的定義：在以太坊中，交易是指簽名的封包。不過，合約在建立時是需要消耗以太坊的，從這個層面來看，也算是一種傳統的交易吧！我們來看一下指令格式：

```
web3.eth.sendTransaction({from: "",data: ""});
```

from 後面是合約建立者的位址，data 後面是合約程式的二進位制編碼，這部分還算簡單。

（3）合約執行交易

合約一旦部署完成後，就可以呼叫合約中的方法，也就是執行合約，在以太坊中執行合約也屬於一種交易，我們來看一下合約執行交易的指令格式：

```
web3.eth.sendTransaction({from: "",to: "",data: ""});
```

from 後面是合約呼叫者的位址，to 後面是合約的位址，data 後面是合約中實際的呼叫方法以及傳入的參數。實際上，轉帳交易也屬於一種合約執行交易，只不過以太幣是以太坊內建的數位貨幣，對於以太幣的合約處理是系統直接自動完成的，不再需要指定一個合約。

以上就是以太坊中的三種交易類型，在後續的章節中會有實際的操作範例，現在我們只要有個基本了解就行了。使用過比特幣的朋友都知道，比特幣是有很多計量單位的，從最小的 "哲史" 到最大的 "BTC"，那麼以太坊中涉及以太幣的交易計量單位有哪些呢？我們來說明一下。

以太幣（Ether 幣）的最小單位是 wei，類似於比特幣中的最小單位是哲史，然後每 1000 個遞進一個單位，如下所示：

- kwei=1000 wei

- mwei=1000 kwei

- gwei=1000 mwei

- szabo=1000 gwei

- finney=1000 szabo

- ether=1000 finney

透過以上的換算關係，我們可以發現，1ether=1000,000,000,000,000,000wei，足有 18 個 0，可別看眼花了，我們使用命令列工具連線以太坊節點時，預設的以太幣計量單位是 wei，如果是圖形介面的錢包用戶端，則一般是 ether，大家在使用時，一定要看清楚計量單位。

交易資料在以太坊區塊中也是有棵樹的，在上述介紹狀態時，我們看過區塊頭的資料結構，其中就有一個交易樹根雜湊，交易樹的概念與比特幣中的梅克爾樹是相同的，只不過儲存的結構與編碼方式有些差別。

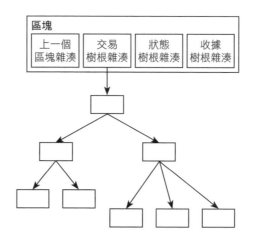

4. 收據

收據這個概念也是以太坊中特有的，字面的意思是指每條交易執行所影響的資料條，在以太坊的區塊頭中儲存有收據樹的根雜湊值，也就是說在每個區塊中，收據和交易以及狀態一樣，都是一棵樹，那麼收據中到底是些什麼呢？我們看一下原始碼中的定義：

```
// 收據對象描述的是交易事務產生的結果
type Receipt struct {
```

```
    // Consensus fields
    PostState          []byte    `json:"root"`
    CumulativeGasUsed *big.Int `json:"cumulativeGasUsed" gencodec:"required"`
    Bloom              Bloom    `json:"logsBloom`      gencodec:"required"`
    Logs               []*Log   `json:"logs"           gencodec:"required"`

    // Implementation fields (don't reorder!)
    TxHash            common.Hash     `json:"transactionHash" gencodec:"required"`
    ContractAddress common.Address `json:"contractAddress"`
    GasUsed           *big.Int        `json:"gasUsed" gencodec:"required"`
}
```

乍看之下有點難懂，不過既然是指交易執行後的影響結果，那就跟交易有關，交易執行後會影響狀態的變更，會消耗 Gas，我們來看一看結構定義中的主要屬性。

1） PostState：這是狀態樹的根雜湊，不過不是直接儲存的雜湊值，而是轉換為位元組碼儲存，透過這個欄位就能透過收據直接連線到狀態資料。

2） CumulativeGasUsed：累計的 Gas 消耗，包含關聯的本條交易以及之前的交易所消耗的 Gas 之和，或者說是指所在區塊的 Gas 消耗之和。

3） TxHash：交易事務的雜湊值。

4） ContractAddress：合約位址，如果是普通的轉帳交易則為空。

5） GasUsed：本條交易消耗的 Gas。

我們可以看到，收據實際上是一個資料的統計記錄，記錄了交易執行後的特徵資料，那麼，這個資料保留下來有什麼用呢？主要還是方便取得某些統計資料，例如我們建立了一個眾籌合約，大家可以往合約位址轉帳，如果我們想要查看過去 20 天內這個合約位址的眾籌情況，從收據就很容易查詢。有讀者可能會問，這樣的查詢就算沒有收據資料的存在也是可以得到的，為什麼還要加上這個資料呢？是的，技術上來說，收據確實不是必需的，我們也發現，比起比特幣，以太坊支援三種梅克爾樹：交易樹、狀態樹和收據樹。其目標無非就是為了方便進行各種資料查詢，提高帳本資料在各種需求之下的統計查詢效率。

不知道大家對於收據樹有沒有一種特別的感覺，如果與比特幣相比，我們發現，尤其像比特幣中的 UTXO，在比特幣中，只有一個 UTXO 帳戶模型，當然嚴格來說比特幣是沒有帳戶的，只不過在這裡我們做一個比較。如果說比特幣中有帳戶的話，UTXO 資料就是比特幣中的帳戶模型，在每一次的交易執行後剩下的就是一個 UTXO 的結果，以太坊中的收據與這個很相像，它也是交易執行後的一個結果，而且收據與交易是關聯對應的，這與 UTXO 的輸出對應輸入也是異曲同工的，就個人的技術傾向，實際上 UTXO 這種模型是非常可靠的，基本上不會發生資料不一致問題。

5. RLP 編碼

RLP（recursive length prefix）直譯過來叫 "遞迴長度前綴"，相當拗口的一個名詞，乍看確實難以瞭解，總之這是一種資料編碼方式。這種編碼方式在以太坊中使用很普遍，是以太坊中對象序列化的主要方式，在區塊、交易、帳戶狀態等地方都有使用，例如交易資料從一個節點發送到另一個節點時，要被編譯為一種特別的資料結構，這種結構稱為 trie 樹（也叫前綴樹），然後根據這棵前綴樹計算出一個根雜湊（上述介紹的狀態樹、交易樹、收據樹都是這種方式），而這棵樹中的每一個資料項都會使用 RLP 的方式編碼。關於 trie 樹的細節稍後再詳談，這裡不再贅述。

既然是一種編碼方式，那就好描述了，我們知道計算機中的資料在本質上都是二進位制碼，而編碼方式就是一種約定的規則，將二進位制資料透過某種格式要求進行組裝，以便於資料傳輸的編碼與解碼。接下來我們就來了解 RLP 的編碼規則，看看它這個拗口的名字到底是怎麼來的。

（1）單位元組資料編碼

對於單位元組資料，如果表示的值的範圍是 [0x00,0x7f]，則它的 RLP 編碼就是本身，這個範圍的資料其實就是 ASCII 編碼，不過要注意的是，這裡說的是單一位元組，如果一個資料的值雖然屬於 ASCII 編碼的值的範圍，但卻不是單一位元組的，那就不符合這個規則，而要使用下面的規則。

（2）字串長度是 0 ～ 55 位元組

RLP 編碼包含一個單位元組的前綴，後面跟著字串本身，這個前綴的值是 0x80 加上字串的位元組長度。由於被編碼的字串最大的位元組長度是 55=0x37，因此單位元組前綴的最大值是 0x80+0x37=0xb7，即編碼的第一個位元組的取值範圍是 [0x80, 0xb7]。這個很容易懂，就是第一個位元組是 "0x80+ 字串位元組長度" 作為前綴，至此我們就瞭解了 RLP 中長度前綴的意思，至於 RLP 中的 R（也就是遞迴）是什麼意思，請接著往下看。

（3）字串長度大於 55 位元組

它的 RLP 編碼包含一個單位元組的前綴，後面跟著字串的長度，再跟著字串本身。這個前綴的值是 0xb7 加上字串長度的二進位制形式的位元組長度，說得有點繞，舉個例子就明白了，例如一個字串的長度是 1024，它的二進位制形式是 10,000,000,000，這個二進位制形式的長度是 2 個位元組，所以前綴應該是 0xb7+2=0xb9，字串長度 1024=0x400，因此整個 RLP 編碼應該是 \xb9\x04\x00 再跟上字串本身。編碼的第一個位元組即前綴的取值範圍是 [0xb8, 0xbf]，因為字串長度二進位制形式最少是 1 個位元組，因此最小值是 0xb7+1=0xb8，字串長度二進位制最大是 8 個位元組，因此最大值是 0xb7+8=0xbf。

請注意在這種情況下，字串前面是一個單位元組的前綴以及字串的長度，多了一個字串長度也要跟著。單位元組的前綴是指 0xb7 加上字串長度的二進位制形式（如上述字串長度是 1024 位元組，則 1024 的二進位制形式為 10,000,000,000，長度是 2 個位元組，所以是 0xb7+2=0xb9，後面再加上字串的長度，1024 位元組長度的 16 進位制是 0x400）。

以上都是對於字串的編碼，接下來看看列表的編碼，難度稍微增加些，其實列表編碼就是在上述的編碼基礎上進行的，列表中包含不止一個字串，每個字串的編碼方式都是一樣的，只不過在整體編碼上有些差別。

（4）列表總長度為 0~55 位元組

列表的總長度是指它包含的項的數量加上它包含的各項的長度之和，它的 RLP 編碼包含一個單位元組的前綴，後面跟著列表中各元素項的 RLP 編碼，這個前綴的值是 0xc0 加上列表的總長度。編碼的第一個位元組的取值範圍是 [0xc0, 0xf7]。

（5）列表總長度大於 55 位元組

RLP 編碼包含一個單位元組的前綴，後面跟著列表的長度，再跟著列表中各元素項的 RLP 編碼，這個前綴的值是 0xf7 加上列表總長度的二進位制形式的位元組長度。編碼的第一個位元組的取值範圍是 [0xf8, 0xff]。

從列表的編碼規則，我們可以看到這裡有用到遞迴的概念，除了前綴以外，其中的編碼都是不斷地重複單個字串的編碼方式對每一個列表項進行編碼，這就是遞迴前綴編碼的稱呼來源。

（6）範例

- 字串："dog" = [0x83, 'd', 'o', 'g']
- 列表：["cat", "dog"] = [0xc8, 0x83, 'c', 'a', 't', 0x83, 'd', 'o', 'g']
- 空字串：'''' = [0x80]
- 空列表：= [0xc0]
- 整數：15 ('\x0f') = [0x0f]

讀者可以根據對規則的瞭解，嘗試寫一個 RLP 編碼程式，體驗一下這種編碼的特點。

6. 梅克爾 – 帕特里夏樹

我們知道，在比特幣系統中有一個梅克爾樹（Merkle Tree）的概念，在每一個區塊頭都有一個梅克爾根，實際上就是一個區塊中交易雜湊樹的根雜湊值，而以太坊中也有類似的結構，透過上述章節的學習，我們知道在以太坊的區塊頭

中有 3 個根雜湊，分別是狀態樹、交易樹和收據樹的根雜湊，對應著各自的樹
結構，那麼這些樹結構與比特幣中的梅克爾樹有什麼差別？嚴格來說，比特幣
中的梅克爾樹叫二叉梅克爾樹，以太坊中的則是梅克爾－帕特里夏樹（有時也
稱為帕夏爾樹），是一種更加複雜的結構，英文全名為 Merkle Patricia Tree，
就是梅克爾樹與帕特里夏樹（以下以其英文名 Patricia Tree 稱呼）的結合。

（1）Patricia Tree

我們來了解一下它的概念，以及在以太坊中到底如何應用。以交易資料為例，
當交易資料從一個節點發送到另一個節點時，必須被編譯為一個特別的資料結
構，稱為 trie（前綴樹），然後計算生成一個根雜湊。值得注意的是，這個 trie
中的每一個項都使用 RLP 編碼（這就是 RLP 編碼的一個應用場合了）。請注意，
在 P2P 網路上傳輸的交易是一個簡單的列表，它們被組裝成一個叫作 trie 樹的
特殊資料結構來計算根雜湊，這表示交易列表在本機上以 trie 樹的形式儲存，
發送給用戶端時序列化成列表。實際上，在以太坊中，使用的是一種特殊的 trie
結構，也就是 Patricia Tree。所以我們知道，比特幣中是將交易資料組裝成一
棵二叉樹然後計算根雜湊，而以太坊中則是組裝成一棵 Patricia Tree 然後計算
根雜湊。因此我們只要認識什麼叫 Patricia Tree 就可以了，梅克爾雜湊的計算
並不特別。

大家看到以太坊關於 Patricia Tree 的介紹，常常會見到 trie 這個東西，這裡經常
提到 Patricia Tree、那裡又變成 Patricia Trie，讓人一頭霧水，我們先整理一下
這些名詞。Patricia Tree 也稱為 Patricia Trie、radix tree 或者 crit bit tree，是採
用 trie tree 的一種結構，trie tree 是一種單詞查詢樹結構，我們看一下範例圖：

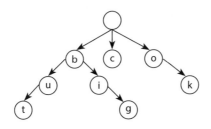

trie 中每個節點儲存單個字元，我們可以看到，but 與 big 兩個單詞共享同一個前綴 b，這種方式可以節約儲存空間，用一般的陣列或 key-value 鍵值對的方式，都無法有效節約儲存空間，trie 的這種方式使檢索資料更為便利，只要定位一個前綴，所有具有同一個前綴的資料都在一起了。然而，我們說 Patricia Tree 是採用 trie tree 的一種結構，但並不相同，在 trie tree 中通常每個節點只儲存單個字元，而 Patricia Tree 的每個節點可以儲存字串或者說二進位制串，這樣就使得 Patricia Tree 可以儲存更為一般化的資料，而不只是一個單詞字元，如下圖所示：

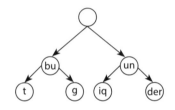

在這樣的樹結構中，每個節點中通常儲存一個 key-value 鍵值對資料，key 用來保存索引、搜索定位的，value 則是節點中實際的業務資料，key-value 是典型的字典資料結構，因此這種結構也稱為字典樹，顧名思義，就是方便用來像查字典一樣檢索資料的結構。實際上我們日常生活中經常會用到這樣的結構，拋開這些技術上的概念，舉例來說，我們在查字典時，利用注音查 "海" 字，會先翻到 "ㄏ" 開頭的目錄，可以發現有很多 "ㄏ" 開頭的字，接著往下查 "ㄏㄞ" 開頭的，還是有很多，最後查到 "ㄏㄞˇ"，即可定位到 "海" 這個字。這其實就是前綴索引樹的應用，所以說很多看起來複雜的技術，在生活中其實經常運用。

好了，到這裡就可以結束了嗎？答案是：沒有！很不幸，以太坊中的樹結構在這個基礎上還要複雜不少，瞭解起來頗費周折。我們來看看以太坊中的 Merkle Patricia Tree 實際上是哪種結構。

我們知道在一棵樹結構中，無論樹的結構有什麼特別的，總歸就是一個個的節點，事實上，以太坊中對節點還進行了不同類型的劃分，分為空節點、葉節點、擴展節點、分支節點，我們先不管這些節點分別有什麼作用，只要知道節點中是 key-value 格式的資料儲存格式就行了。

```
Node=(Key,Value)
```

這些節點資料會被儲存在一個叫 LevelDB 的本機資料庫中，LevelDB 是 Google 開發的高效能鍵值儲存資料庫。那麼怎麼儲存呢？既然是鍵值儲存，那就是有一個 key，有一個 value，value 就是節點的 RLP 編碼，key 則是 RLP 編碼的雜湊值。

```
value=RLP(Node)
key=sha3(value)
```

如上所示，儲存到 LevelDB 中的 value 是節點資料的 RLP 編碼，而 key 則是這個 RLP 編碼的雜湊值，以太坊中使用 SHA3 演算法計算了雜湊值，SHA3 是第三代 sha 雜湊計算演算法。以太坊網路中的核心用戶端會不斷地同步更新這個資料庫以保持與網路中的其他用戶端資料同步，我們看一下原始碼中的定義：

```
type SyncResult struct {
    Hash common.Hash
    Data []byte
}
```

SyncResult 是定義用來同步儲存在 LevelDB 中的 key-value 資料的，顯而易見，這裡定義了兩個欄位類型：一個是樹節點的雜湊值，一個是樹節點中包含的資料，而樹節點的雜湊值，是對樹節點的包含資料進行雜湊計算而來的。

（2）節點類型

目前至止我們知道以太坊中 Merkle Patricia Tree 的節點是儲存在本機的 LevelDB 資料庫中，接下來解析組成這棵樹的節點分別是什麼結構。剛才提到節點有不同的類型，那麼分別是哪些類型？

1） 空節點：表示空的意思，value 中是一個空串；

2） 葉節點：表示為 [key,value] 的一個鍵值對，其中 value 是資料項的 RLP
編碼，key 是 key 資料的一種特殊的十六進位制編碼，葉節點用來儲存業
務資料，葉節點下面不再有子節點。

葉節點	
key	RLP(value)

3） 擴展節點：也是 [key,value] 的一個鍵值對，但是這裡的 value 是指向其他
節點的雜湊值。什麼雜湊值呢？就是上面所說的儲存在 LevelDB 中的節點
雜湊值，從這個雜湊值可以直接定位到某一個節點，也就是說擴展節點相
當於一個指標節點。另外，擴展節點的 key 也被編碼為一個特殊的十六進
位制編碼。我們看以下示意圖，圖中的葉節點 Bob 只是一個假設稱呼，可
以看到擴展節點的 value 部分實際上儲存的是另外的節點的雜湊值，這樣
的對應關係，可以使用擴展節點連接到另外一個節點。

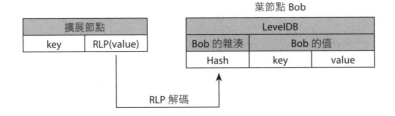

4） 分支節點：葉節點是真正儲存業務資料的，並且葉節點不再有子節點（要
不怎麼叫葉呢），擴展節點是用來指向其他節點的。Merkle Patricia Tree
作為一種前綴樹，主要特點是依靠共享的前綴來提高樹結構的處理效能，
那麼這個前綴就很重要了，對於擴展節點和葉節點來說，節點的 key 具有
前綴的作用。從以上說明，我們知道葉節點和擴展節點的 key 都會被編碼
為一種十六進位制的格式，先不深究到底是什麼樣的格式，有一點我們知
道，既然是十六進位制的資料，那編碼字元的範圍就是 0 ～ F。如果需要
一個節點的 key 能夠包含所有這些字元的範圍，則需要一個長度為 16 的列
表，再加上一個 value，這樣的節點類型稱為分支節點，所以分支節點是一
個長度為 17 的列表，我們看一下分支節點的範例樣式：

分支節點																
0	1	2	3	4	5	6	7	8	9	10	11	12	13	14	15	value

5）樹結構範例：相較於比特幣中的梅克爾樹，以太坊中的設計複雜了很多。當然，由於比特幣中僅支援轉帳交易合約，需要構造的梅克爾樹也就是一棵二叉雜湊樹，自然簡單得多，以太坊中支援更廣泛的智慧合約，也增加了更多的概念，如上所述的帳戶、狀態、收據等，資料種類複雜許多，為了能夠更有效地進行增刪改查操作，並且讓樹的結構更加平衡有效，因此設計出了許多有趣的結構。我們來看一下這些節點類型組合起來的效果：

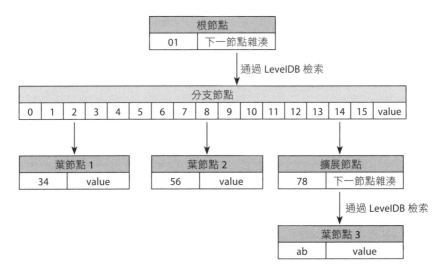

如上圖所示，我們可以看到，一個根節點指向一個分支節點，而分支節點又為下面兩個葉節點和一個擴展節點提供了 3 個前綴（分別是 2、8、14），擴展節點又指向一個葉節點。當然，根據實際的資料構造出的樹會更加複雜，分支節點會有多個，擴展節點也會有多個，葉節點更多。

我們看一下 "葉節點 1"，它的 key 是什麼？是 "01234"。（什麼？圖中標記的不是 34 嗎？）我們先來看一下這個 "01234" 是怎麼來的。首先從根節點的 "01" 開始，然後經過分支節點的 "2"，再到達自己的 "34"，連起來就是 "01234"，那麼 "葉節點 1" 中的 "34" 是什麼呢？這個其實是 "葉節點 1"

中 key 的尾綴部分，在帕特里夏樹中就是依靠這樣的前綴路徑索引來定位到目標節點的。除了"葉節點 1"，其餘的"葉節點 2"、"葉節點 3"以及"擴展節點"也是同樣的索引邏輯。

觀察這棵樹的結構，可以發現這些節點類型的存在，就是要以共享前綴的方式來充分提高存取效率，而且樹的結構比較緊湊均衡，下圖為各節點的 key 列表：

節點	key
根節點	01
葉節點 1	01234
葉節點 2	01856
擴展節點	011478
葉節點 3	011478ab

（3）十六進位制前綴

事情到這裡似乎可以結束了，然而以太坊中的帕特里夏樹還有一個特徵，這個特徵很有意思，如我們在前面看到的，分支節點的結構很特殊，是一個長度為 17 的列表，很容易判斷出來，但是擴展節點和葉節點的長度都是 2（節點的類型判斷在下一節中有詳細描述），那麼對於都是具備（key,value）特徵的葉節點和擴展節點，怎麼區分呢？

很簡單，那就是在這兩種節點的 key 部分增加一個前綴，一個十六進位制字元的前綴，這個前綴字元用來表示節點是葉還是擴充，除了用來判斷類型外，還順便編碼表示 key 長度的奇偶性，實際作法如下：

1）十六進位制長度的字元使用 4 位二進位制表示，也就是半個位元組，在這個 4 位數的二進位制碼中，最低位用來表示 key 長度的奇偶性，第二低位用來表示是否終止（1 表示終止，也就是葉節點，0 表示擴展節點）。

2）這個半位元組的字元，由如下 4 種編碼組成：

節點類型	KEY長度奇偶性	前綴字元（十六進位制）	前綴字元（二進位制）
擴展節點	偶數	0	0000
擴展節點	奇數	1	0001
葉節點	偶數	2	0010
葉節點	奇數	3	0011

我們來看以下範例圖：

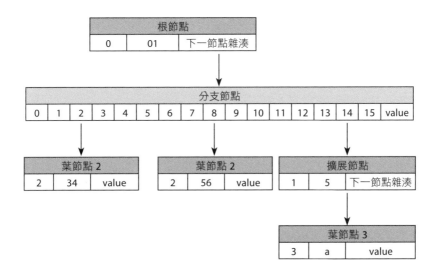

 注意 增加這個特殊的十六進位制前綴並不是屬於節點 key 的一部分，而僅僅是在構建樹結構時附加上去的，我們知道整棵樹所代表的資料，在網路中傳遞時就是一個列表資料，而樹結構是以太坊用戶端接收到資料後另行構造出來的。

（4）節點類型判斷

補充一點，上述那些節點類型在以太坊中是怎麼判斷的呢？我們來看這個 ethereumjs 中的一段原始碼（ethereumjs 是以太坊的 JavaScript 模擬項目，其中實作的邏輯與以太坊是一致的，方便測試使用）。

```
/*
 * Determines the node type
 * Returns the following
 * - leaf - if teh node is a leaf
 * - branch - if the node is a branch
 * - extention - if the node is an extention
 * - unknown - if somehting fucked up
 */
function getNodeType (node) {
  if (node.length === 17) {
    return 'branch'
  } else if (node.length === 2) {
    var key = stringToNibbles(node[0])
    if (isTerminator(key)) {
      return 'leaf'
    }

    return 'extention'
  }
}
```

我們可以發現，只需要從簡單的長度來判斷，長度是 17 的就是分支節點，因為分支節點是一個包含 17 個字元的列表；長度是 2，可能是葉節點也可能是擴展節點，因為這兩個節點都是（key,value）的組合，也就是包含 2 個元素的列表。對於葉節點和擴展節點的區分，就是根據那個特殊的十六進位制前綴，邏輯原理上面已經介紹過，不再贅述。

7. 燃料

在以太坊中這個概念稱為 Gas，可以視為在以太坊平台上執行程式需要付出的成本或手續費。在比特幣中也有類似的概念，我們在轉帳一筆比特幣時，為了鼓勵礦工盡快將我們的交易打包，會設定一定的手續費。以太坊中只不過是擴充了這個概念，在以太坊中建立合約、執行合約等操作都需要支付費用，這個費用的目標也並不只是用來激勵礦工，還能約束以太坊中合約的執行複雜度。我們知道以太坊中支援的合約程式語言是圖靈完備的，不像比特幣只能進行一些簡單的堆疊等操作。

如果在以太坊中編寫一個步驟很複雜，甚至是一個惡意的迴圈合約，該怎麼來對這樣的任性行為做一個約束呢？那就是 Gas 的作用了，Gas 是透過以太坊中合約的執行計算量來決定的，這個計算量可以簡單地認為是運算力資源的消耗，例如執行一次 SHA3 雜湊計算會消耗 20 個 Gas，執行一次普通的轉帳交易會需要 21,000 個 Gas，諸如此類，在以太坊中只要是會消耗計算資源的步驟，都會有標價。

站在技術和經濟的角度來看，利用 Gas 機制，可以鼓勵大家編寫更為緊實高效的合約，避免無限循環計算的執行步驟，根據 Gas 單價設定打包優先度順序等，這是一種自動化的約束機制，以太坊是一種公有區塊鏈系統，在去中心自治的前提下，藉由一個簡單的 Gas，讓程式的執行具備成本，使得以太坊網路不再是一個簡單的軟體網路系統，而且是一個具有金融管控能力的系統。

注意　Gas 並不等於以太幣，這裡有個公式需要說明，以太幣總額 = 消耗的 Gas × Gas 單價，Gas 單價是可以自己設定的，以太坊用戶端通常會設定一個預設的 Gas 單價（0.05e12 wei）以方便使用。在有些操作過程中，例如透過以太幣來購買某個投資代幣，為了搶奪到優先的打包順序，往往會設定一個較高的 Gas 單價。當某個帳戶在發起合約操作時，如果執行過程需要的 Gas 大於帳戶的餘額，則執行過程會被中斷回溯。

6.1.4　官方錢包使用

錢包用戶端是以太坊中針對使用者的一個很重要的工具，類似於比特幣中的錢包功能。作為錢包，其支援的基本功能自然是以太幣的轉帳交易，常見的以太坊錢包有 Ethereum Wallet（這是官方提供的），還有 Parity 以及 imtoken 等，由於以太坊中可以透過智慧合約建立自訂的代幣，因此透過以太坊錢包除了可以管理自己的以太幣外，通常還可以用來管理自己的其他自訂代幣資產。

在本節中，我們要來認識一下 Ethereum Wallet，這個錢包用戶端是由官方提供支援的，擁有漂亮的圖形介面，除了可以用來管理自己的貨幣資產外，還可以用來部署智慧合約，下載網址為 https://github.com/ethereum/mist/releases，大家可以根據自己的作業系統下載對應的版本，下載完畢後可以直接運作安裝，無論是哪個作業系統版本，介面和功能都是一致的。我們來看一下 Ethereum Wallet 運作後的模樣。

1. 啟動

我們可以看到啟動介面上有一行提示：" Ethereum node starting up... "

意思就是啟動一個以太坊節點，但這不是一個錢包用戶端嗎，為何要啟動一個以太坊節點？這是因為在安裝 Ethereum Wallet 時，同時會安裝一個 geth（以太坊節點程式），例如在 Mac OS 系統上，會安裝一個 geth 到 /usr/local/bin 目錄中，Wallet 需要連接到一個以太坊節點才能工作，連接哪個節點呢？就是連接這個本地的 geth 運作後的節點，至於這個運作節點連接主網路、測試網路還是私有網路，則根據不同的設定有不同的選擇。

我們來看一下 Wallet 與 geth 節點的關係：

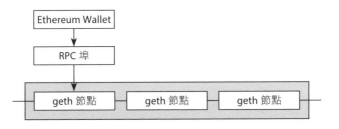

可以看到，Wallet 只是一個前端軟體工具，真正的幕後英雄是那些以太坊節點組成的網路。那麼，話又說回來了，是不是錢包軟體都必須要內建一個 geth 運作節點呢？當然不是，對於一些行動錢包、瀏覽器錢包等類型，用戶並不需要在自己的設備上運作一個以太坊節點，而可以選擇連接到運作在雲端的節點或者一些由服務商提供的節點。

2. 查看版本

Ethereum Wallet 會不斷升級進化，不同的版本在功能和使用上都會有些差異，因此大家在下載使用時，請注意查看一下自己的版本，這裡使用的是 0.9.0 版本，從選單欄中的 "關於" 選項可以查看版本說明。

介面中不但可以看到版本號，還可以看到 GitHub 中的原始碼連結位址。

3. 網路選擇

上面提到 Wallet 連接 geth 的節點，geth 可以設定成連接不同的網路（主網路、
測試網路、私有網路），那麼在首次啟動 Ethereum Wallet 時，會提供設定選
項，如下所示：

我們可以看到介面上提供了兩個選項：一個是 USE THE MAIN NETWORK，
也就是主網路的意思，這個是真正生產環境下的以太坊主網路；第二個是 USE
THE TEST NETWORK，也就是測試網路的意思，這是提供給大家用來學習
試用的，任何在測試網路上進行的操作都是試驗學習用的。因此大家在使用
Ethereum Wallet 時一定要注意當前所處的網路，不要操作錯誤。我們看到測
試網路中有顯示 "RINKEBY"，這是因為以太坊支援多種公共的測試網路，
RINKEBY 是目前最新建立的。

除了這兩個選項，我們還能看到右上角有個字樣 "PRIVATE NETWORK"，這
是私有網路的意思，私有網路就是用戶自己搭建的乙太網路，如果一個 geth 既
沒有連接主網路也沒有連接測試網路，那就是處於私有網路。有讀者可能會有
疑問，測試網路是提供測試使用的，那自己搭建的私有網路是不是也能拿來當
測試網路？從技術角度來說是這樣沒錯，但專門的測試網路是以太坊官方啟動

設立的，本身就是一個公有網路，任何人都可以連接到這個測試網路，方便大家測試學習，而私有網路是用戶自己搭建的，既可以當作自己的生產環境使用，也可以當作自己的測試環境使用。

無論選擇哪個網路，其功能邏輯都是一致的，並不會因為連入的是主網路就有較多功能，測試網路功能也不會比較少，其差別主要是網路號以及一些運作參數不同，值得一提的是對於 RINKEBY 這個公共的測試網路，其共識演算法與主鏈也不同，使用的是一種叫 PoA(Proof-of-Authority，權威證明）的演算法機制，區塊由若干個權威節點來生成，其他節點無權生成，所以也就不再需要挖礦了，這主要是為了方便測試使用。

4. 主帳戶密碼設定

選擇網路之後，下一步就是設定主帳戶的密碼了，錢包要用來保存用戶位址的密鑰訊息，當然必須設定密碼，否則就等於請賊上門。請注意，這個密碼是我們用來保護預設建立的主帳戶，在一個錢包中可以維護多個帳戶位址，通常第一個建立的帳戶位址會被作為主帳戶位址，這是可以更改的。當在錢包中進行各項功能操作（如挖礦）時，預設就是以主帳戶的身份進行，後續我們可以看到相關的操作。先來看一下主帳戶的密碼設定介面：

按照介面所示填寫密碼即可，請使用格式複雜些的密碼（例如使用數字與字母組合，至少 6 個字元等），過於簡單的密碼會無法通過，填寫完後進入下一步，會看到彈出一個提醒對話框，顯示如下內容：

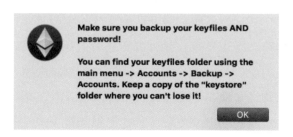

這是提醒用戶備份好自己的用戶密鑰檔，根據介面提示，可以透過選單欄的"帳戶"→"備份"→"帳戶"進入到一個 keystore 目錄，完整備份這個目錄即可。如果是建立在主網路中使用的帳號，這個目錄可千萬不能遺失，這比忘記金融卡密碼還麻煩，一旦遺失或遺忘，找回的機會很渺茫，可能會遭受慘重的資產損失！

5. 等待時學習

設定完密碼，進入下一步後，可以看到提示"Learn while you wait"，意思就是在等待時學點東西。等待區塊資料的同步，本機的區塊鏈帳本資料要與網路中的其他節點同步，我們在介面下方可以看到有進度顯示，這時可以學些什麼？就是了解一些小知識。同時，我們可以看到介面上顯示出一個帳號位址，這個就是主帳號，可以瞭解為錢包中的預設使用帳號位址，當錢包中有很多個帳戶位址時，進行挖礦或者合約部署等操作就會預設以主帳號位址的身份進行，我們看一下介面：

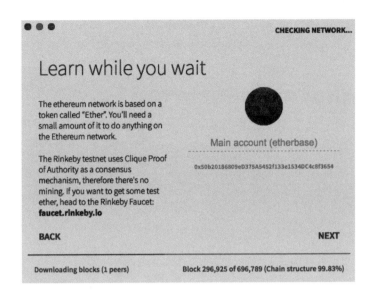

從上圖的文字訊息，我們可以了解到當前進入的測試網路名稱叫 Rinkeby，在這個測試網路中，並非使用一般的工作量證明共識演算法，而是 Clique Proof of Authority（授權證明），因此不需要在 Rinkeby 測試網路中進行挖礦。如果需要獲得一些測試使用的以太幣，可以連線 faucet.rinkeby.io 獲得。

我們接著往下看：

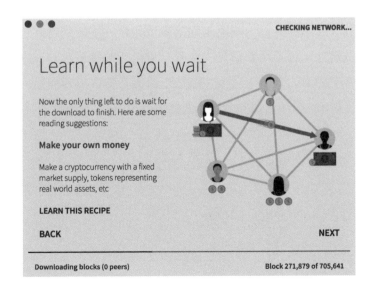

請注意標題連結〝Make your own money〞，這是一個教學的網址連結，告訴你如何建立自己的數位代幣，其實就是建立一份定義數位代幣的智慧合約。值得注意的是，在這份教學中，說明的方法只能用來建立固定數量供應的代幣系統，是有一個初始值的，實際指向的教學位址是 https://www.ethereum.org/token。在後續章節中，我們會示範如何建立一個簡單的、屬於自己的代幣過程，接著往下看：

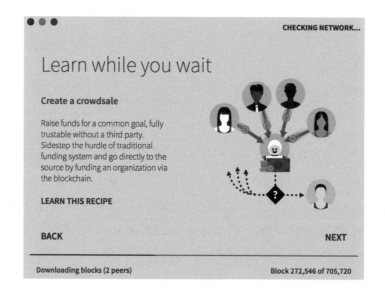

這仍是一個教學的指引介面，剛剛是建立數位代幣，這個是建立眾籌合約，透過以太坊可以建立一個不需要第三方監管、可信任的眾籌合約，由此我們也能看到，以太坊中可做的事情可真多，已然不僅僅是數位貨幣的能力了，所指向的教學位址是 https://www.ethereum.org/crowdsale。繼續往下看：

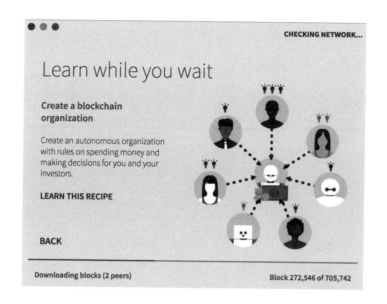

介面中的文字 "Create a blockchain organization" 是指可以建立一個區塊鏈組織，這是什麼意思？剛剛的數位貨幣和眾籌合約，還容易理解。那麼什麼叫建立一個組織？我們知道，組織與公司一樣，是一個機構，在一個機構中有自己的業務運營規則。

舉個例子，建立一個融資租賃的組織，編寫一份智慧合約，包含租賃規則、支付觸發條件、擔保條件等，我們可以看到，幾乎所有的金融類組織都可以架設到區塊鏈上面，這個介面就是一個關於如何在以太坊中建立一個組織的教學指引入口，指向的教學位址是 https://www.ethereum.org/dao。至此，Wallet 的介面引導就結束了，接下來就是等待區塊資料同步完成，在介面的底部有進度顯示，區塊資料同步完成後，下一次再進入 Ethereum Wallet 就可以直接進入到主介面，而不再有前述的這些過程。

6. 主介面

我們進入到主介面，如下圖所示：

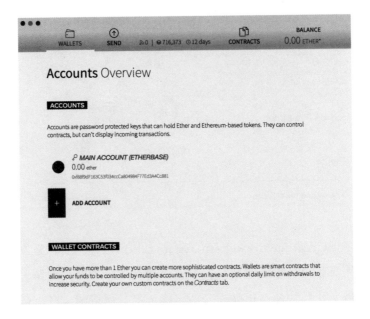

可以看到，其中分為幾個選項，預設進去的便是 "Wallets" 標籤頁面，可以看到已經建立的主帳號的位址，同時在這頁還可以繼續建立新的帳號，按 "ADD ACCOUNT" 按鈕即可，如下圖：

只要輸入密碼即可，操作相當簡單。如果要進行轉帳操作，可以進入第二個標籤頁 "SEND"，如下圖所示：

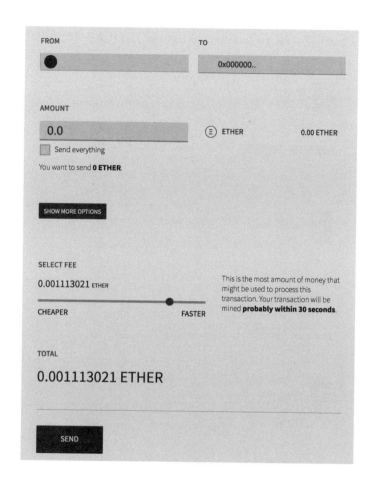

預設的發送位址就是主帳戶位址,在 "To" 一欄中填入目標帳戶的錢包位址,然後在 "AMOUNT" 中填寫轉帳金額,接著可以選擇手續費。如果希望交易事務能被更快打包進區塊,可以選擇更高一些的手續費,礦工會優先處理手續費更高的交易事務。都填寫完畢後,按 "SEND" 即可。

接下來是下一個標籤頁,這是以太坊錢包中很重要的一個功能,那就是智慧合約的管理,如下圖所示。

在本頁可以部署以太坊智慧合約、查看合約以及查看建立在以太坊之上的數位代幣（TOKEN）。我們知道以太坊最大的功能特點就是支援智慧合約，因此這裡的功能操作，是以太坊錢包最大的特色，關於智慧合約的操作，在下面章節中有實際的過程示範，這裡就不再贅述。

我們可以發現，以太坊錢包的主要功能其實就是三項：第一是帳戶位址的管理；第二是轉帳交易的操作；第三是智慧合約的管理。當然，我們這裡說的是以太坊的官方錢包，事實上除了官方錢包，還有一些其他的以太坊錢包軟體，有些僅僅提供了帳戶位址和轉帳交易的操作功能而省去了智慧合約的部署功能，對於一般用戶來說，基本上已經足夠。

6.2　以太坊應用

6.2.1　測試鏈與私鏈

以太坊屬於公有鏈，官方不但提供主鏈，也提供了測試鏈，然而對於想要更進一步瞭解以太坊結構的讀者，就不甚方便。如果在主鏈上進行操作使用，則有問題如下：

1）以太坊上的轉帳交易或者智慧合約部署等都需要消耗以太幣，顯然不適合開發測試的需求；

2）以太坊公鏈的運作節點遍布全球，即便是使用測試鏈，運作速度也是無法達到實驗級的要求，而且不方便去控制網路中的每一個節點；

3）對於公鏈的使用，只是透過用戶端直接去連接使用，但看不到網路，實在難以搭建，畢竟很多細節是看不到的；

4）若在某些場合下只是希望使用以太坊來搭建一個局部的網路，類似於區域網路，那絕對不能直接使用公鏈。

由於以上因素，我們有必要自己搭建一個測試鏈，由於這個測試鏈通常運作在用戶自己的區域網路中，一般情況下並不會開放到公網中，因此這種測試鏈也稱為私有鏈，在本節，我們就來示範一下如何使用以太坊用戶端搭建私有鏈，下面的過程是在 Mac OS 上完成的，若在 Linux 或者 Windows 上操作，過程都是一樣的。

工欲善其事，必先利其器，要搭建私有鏈，自然先要準備好工具，準備材料如下：

1）以太坊核心用戶端可以到官網下載，我們使用官方推薦的 Go 語言版本 geth，下載版本為 1.6.5。為了操作方便，可以將 geth 放到系統的環境變數目錄下。請注意，由於是 Go 語言版本，因此務必保證本機已經安裝了 Go 的運作環境；

2）建立一個設定私有鏈的資料目錄，命名為 ethprivate；

3) 準備一份創世區塊的初始化檔案，我們命名為 genesis.json，放到 ethprivate 目錄中，其內容如下：

```
{
"config": {
        "chainId": 15,
        "homesteadBlock": 0,
        "eip155Block": 0,
        "eip158Block": 0
    },
    "difficulty": "200000000",
    "gasLimit": "2100000",
    "alloc": {
        "7df9a875a174b3bc565e6424a0050ebc1b2d1d82": { "balance": "300000" },
        "f41c74c9ae680c1aa78f42e5647a62f353b7bdde": { "balance": "400000" }
    }
}
```

我們可以看到，其中主要設定了初始的難度值以及兩個初始的錢包位址及其餘額，這些值大家可以根據自己的需要自行設定。但請注意，如果使用的 geth 用戶端版本不是 1.6.x 而是 1.5.x（如 1.5.9），則設定檔案中不能有 config 段，否則會出錯。

接下來是建立私有鏈，建立的過程相當簡單，進入 ethprivate 目錄中，執行如下命令：

```
geth --datadir "./" init genesis.json
```

這行命令中，透過 datadir 參數指定了資料目錄，這裡指定的是當前所在的目錄也就是 ethprivate 目錄，執行完命令後，可以在 ethprivate 目錄下看到生成兩個子目錄：一個是 geth；一個是 keystore。建立完畢後，我們就可以啟動這個私有鏈，命令如下：

```
geth --datadir "./" --networkid 989898 --rpc console --port 0
```

可以看到這裡指定了 networkid，並且開啟了 rpc 服務，當然參數還不止這些，更多的參數應用可以查看 geth 命令的使用幫助。如果要指定埠號，可以執行啟動命令：

```
geth --datadir "./" --networkid 989898 --rpc console --port 30304 --rpcport 8546
```

啟動成功後預設會進入命令主控台，可以利用指令，與私有鏈節點進行連線，我們可以透過 admin.nodeInfo 命令查看節點摘要訊息。請注意，我們現在只是啟動一個節點，如果還需要啟動第二個節點，步驟跟上述一樣。另外建立一個新資料夾，將 genesis.json 複製到目錄中，然後同樣運作初始化，以及啟動節點命令即可。需要注意的是，要指定不同的埠，否則可能會導致埠號占用衝突。若建立多個節點，則節點之間可以透過 admin.addPeer 連接，在本機啟動多個節點或者在不同的計算機上運作多個節點都可以，這樣即可模擬出一個私有鏈網路。

在節點啟動後的主控台中，可以進行各種操作，實際上就是呼叫以太坊節點的 RPC 服務，例如新建一個帳戶位址，可以使用此命令：

```
personal.newAccount
```

建立帳號後，就可以啟動挖礦，挖礦命令如下：

```
// 啟動挖礦
miner.start()
```

```
// 停止挖礦
miner.stop()
```

務必注意，如果希望某個節點上的操作資料要寫入到區塊，並且同步到網路中的其他節點，必須要啟動挖礦。挖礦就是一個區塊打包和傳播同步的過程，同時也只有啟動挖礦，才能讓私有鏈中的主帳號獲得以太幣，進而可以用來繼續測試轉帳交易、合約部署、合約呼叫等功能。

你可能會覺得這種設定私有鏈的方式還是有些麻煩。對於想快速方便進行測試使用以及智慧合約開發的讀者，還有一種設定私有鏈的方式，那就是使用 TestRPC 與 Truffle 組合。TestRPC 是在本地使用記憶體模擬的一個以太坊環境，可以用於搭建測試環境，基於 Node.js 開發，因此使用 TestRPC 首先要安裝 Node.js 環境並且版本要大於 6.9.1。Truffle 是針對以太坊智慧合約應用的一套開發框架。我們來看一下搭建方式。

1）使用 npm 安裝 TestRPC，命令如下：

```
sudo npm install -g ethereumjs-testrpc
```

2）安裝完畢後，可以輸入如下命令，查看版本資訊：

```
testrpc –version
```

3）運作後輸出如下訊息：

```
EthereumJS TestRPC v3.0.5

Available Accounts
==================
(0) 0xb43333d44136f351fd30d20215490432e0f3968d
(1) 0x34f73354540fa4b653bf33568c7ba9f69ad6c84d
(2) 0x047bf66a5be28bb84502f3baaa40b10cb04d44e8
(3) 0x1dc4d3ce33b05e24219f93f28612b9a80e2724de
(4) 0xaa82bb04532d560139eeae495fc6d00706dbc7f7
(5) 0xe2ee5d9e955277b6f5e13d10beb686e069859731
(6) 0xfe023592bc7bbb7dac6051950a0b8774206c1f5b
(7) 0x34b1b1b6a36348912be0b943e3f34db38339a192
(8) 0x860638afa0bbecf8ea5c5808e95108710ec92acc
(9) 0xd7a701bd9cffbf887b1e3f03ac91c68ead3032ec

Private Keys
==================
(0) 6e94ed2e32818d2bb1d58bd0119407096691ec683ed8a43a2975ff6003bb1924
(1) ccc8fca886b7666c0e2707cc9a429d4a1c941dd170b8c0f5f55c71ce966fa835
(2) d0ba307ed8ff2ec12deeb59d0c85884d74735b8ab26329e74cb37966f656634b
(3) c057235669dd341ebb4ce1185b469eeac3d1cd2f763e95aa36e0e22adaa9ce84
(4) 7c6d6a7268fd9f76d2868f650168ba67a2901d427de85357b6a453dfad784db4
(5) 2baaacc4818dfc605b0c91ba5418826a86c09b375861123aa393d7411cce6595
(6) 147d63765df501f94179514459660502b00692b4aab0dfcc2316aea9fc0877dd
(7) bbded13290bcefc551d1cc9bf36921a2e65024b03401014388a6ce52c2159494
(8) 53df9b7d172746d9a0a548f62bc1d21ca78bd6202456221241b36a7fa1cf3b91
(9) 03691c7d31ce9b041d2a66bdc48397b13660f097164d443e3f8ba3f09ae9272e
```

```
HD Wallet
==================
Mnemonic:       trade target identify fun bleak wish sphere emotion journey rose
decide above
Base HD Path:  m/44' /60' /0' /0/{account_index}

Listening on localhost:8545
```

我們可以發現，預設會自動設定 10 個帳戶位址。請注意，以上訊息是動態的，每次啟動時隨機生成，不是固定的。透過最後一行資料的提示，表示 TestRPC 啟動後使用 8545 埠監聽。

4）同樣使用 npm 安裝 Truffle，命令如下：

```
sudo npm install -g truffle
```

5）安裝成功後，輸入 truffle --version，輸出結果如下：

```
Truffle v3.2.5 - a development framework for Ethereum

Usage: truffle <command> [options]

命令:
  init       Initialize new Ethereum project with example contracts and tests
  compile    Compile contract source files
  migrate    Run migrations to deploy contracts
  deploy     (alias for migrate)
  build      Execute build pipeline (if configuration present)
  test       Run Mocha and Solidity tests
  console    Run a console with contract abstractions and commands available
  create     Helper to create new contracts, migrations and tests
  install    Install a package from the Ethereum Package Registry
  publish    Publish a package to the Ethereum Package Registry
  networks   Show addresses for deployed contracts on each network
  watch      Watch filesystem for changes and rebuild the project automatically
  serve      Serve the build directory on localhost and watch for changes
  exec       Execute a JS module within this Truffle environment
  version    Show version number and exit

See more at http://truffleframework.com/docs
```

此處可以看到，輸出了版本訊息 v3.2.5，並且在下面列出了各種可以使用的命令。

6）安裝 solc：

```
sudo npm install -g solc
```

請注意，安裝後的命令是 solcjs，這是用來編譯智慧合約程式的。

7） 運作測試

首先運作 TestRPC，在命令列中直接透過 testrpc 命令可以啟動，接著開始初始化 Truffle 目錄，命令如下：

```
mkdir mytruffle && cd mytruffle
truffle init webpack
```

這個命令其實就是下載一個專案框架，也可以直接從網址 https://github.com/trufflesuite/truffle-init-webpack 下載壓縮包後解壓縮，複製到對應目錄，效果相同。輸入命令後，會獲得如下訊息：

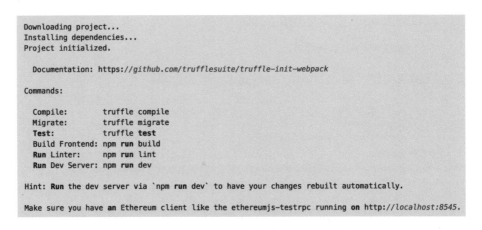

```
Downloading project...
Installing dependencies...
Project initialized.

  Documentation: https://github.com/trufflesuite/truffle-init-webpack

Commands:

  Compile:        truffle compile
  Migrate:        truffle migrate
  Test:           truffle test
  Build Frontend: npm run build
  Run Linter:     npm run lint
  Run Dev Server: npm run dev

Hint: Run the dev server via `npm run dev` to have your changes rebuilt automatically.

Make sure you have an Ethereum client like the ethereumjs-testrpc running on http://localhost:8545.
```

訊息很簡單，就是下載專案框架後進行初始化，初始化完成後，在目錄中生成了如下檔案：

其中，contracts 中存放的是合約，truffle compile 進行編譯時就會在這裡面尋找合約文件，migrations 目錄裡面存放的是 JavaScript 檔，它協助部署合約到以太坊網路中，也就是進行部署任務的步驟。truffle.js 內容如下：

```
module.exports = {
  networks: {
    development: {
      host: "localhost", // 節點位址，如果是私有鏈，一般是本機
      port: 8545,  // 節點 RPC 埠
      network_id: "*" // 自訂網路號
    }
  }
};
```

預設的設定與 testrpc 的參數是一致的，也可以根據需要修改。

8) 啟動 testrpc，也初始化了 truffle，現在開始試著編寫合約。可以看到在 contracts 中已經有幾個範例合約，不用修改，直接建立一個 MyCalc.sol，原始碼如下：

```
pragma solidity ^0.4.11;
contract MyCalc {
  function SumAdd(uint a) returns(uint d) {
    return a + 100;
  }
}
```

這是一段非常簡單的程式碼，合約名為 MyCalc，其中包含了一個方法 SumAdd，傳入一個整數參數，返回一個加上 100 的值，這就是一份智慧合約，智慧合約並沒有我們想像得那麼複雜，與傳統應用軟體開發最大的區別就是，編寫的合約一旦部署到以太坊上，就會被同步到每一個節點中，由整個以太坊網路的基礎設施來確保合約的剛性執行以及不可篡改性。我們先來看一下這份編寫的合約如何部署執行，程式編寫完畢後就可以進行編譯，以太坊中的智慧合約都運作在 EVM（Ethereum Virtual Machine，以太坊虛擬機）上，必須首先被編譯為 EVM 能識別的位元組碼。

9) 回到 mytruffle 的目錄中，進行編譯，執行如下命令：

```
sudo truffle compile
```

10）編譯若沒有問題，則會有如下訊息：

```
Compiling ./contracts/MyCalc.sol...
Writing artifacts to ./build/contracts
```

11）可以看到生成了一個 build 目錄，編譯沒有問題就可以部署了，進入
到 migrations 目錄，編輯 "2_deploy_contracts"，在最後一行插入
"deployer.deploy"（合約名），編輯內容如下：

```
var ConvertLib = artifacts.require("./ConvertLib.sol");
var MetaCoin = artifacts.require("./MetaCoin.sol");
var MyCalc=artifacts.require("./MyCalc.sol"); // 新增

   module.exports = function(deployer) {
    deployer.deploy(ConvertLib);
    deployer.link(ConvertLib, MetaCoin);
    deployer.deploy(MetaCoin);
    deployer.deploy(MyCalc); // 新增
   };
```

12）編輯保存後，執行部署命令：

```
sudo truffle migrate
```

13）請注意，在操作過程中一定要確保 TestRPC 開啟，命令執行成功後，在
TestRPC 中可以看到回應。接下來呼叫合約中的方法，要呼叫合約的功能，
得與 TestRPC 模擬節點互動，首先進入到主控台，命令如下：

```
sudo truffle console
```

14）進入主控台後，進入 MyTruffle 目錄下的 build 子目錄中，找到 MyCalc.
json，打開它找到 abi 的內容段，複製出來，然後回到主控台，執行如下
命令：

```
abi= 複製出來的 abi 內容
```

15）同時在 MyCalc.json 中找到合約的位址，並且在主控台中執行命令：

```
myContract=web3.eth.contract(abi).at("0xc7b8a297b99e473feeaf447993600336482c8a
8a")
```

16）接下來就可以執行合約中的函數。執行如下命令：

```
myContract.SumAdd.call(10)
```

最後就能看到結果。

至此，我們對以太坊的私有鏈設定以及搭建開發測試環境的介紹結束，大家可以根據自己的實際需求進行各項參數的設定。另外也要注意版本變更帶來的一些問題，例如 geth 的不同版本之間會有些差異，1.6 版本去除了內建的 JavaScript 環境編譯功能，而 1.5 版本中是有的，因此在 1.5 版本中可以直接使用相關的合約編程和編譯功能。以太坊是一個開源系統，功能開發也一直處於不斷的進化中，未來也會出現更方便的功能，大家在實際使用過程中可以多留意。

6.2.2　編寫一個代幣合約

在上面幾節中，我們示範了一段合約程式碼的編寫，不過只是一個簡單的加法運算，實在讓人感覺不到智慧合約的特色。在本節，將示範如何從以太坊智慧合約來建立一個數位代幣，我們參照以太坊官網的範例，提供一段最簡單的代幣合約範例，程式碼如下：

```
pragma solidity ^0.4.11;
contract MyToken {
    // 宣告陣列，用以儲存代幣所有人的位址列表
    mapping (address => uint256) public balanceOf;

    // 初始化代幣總額，賦值給合約建立者的帳戶位址中
    // 這是一個建構函數，只會被執行一次
    function MyToken(
        uint256 initialSupply
        ) {
        balanceOf[msg.sender] = initialSupply;
    }

    /* 代幣發送 */
    function transfer(address _to, uint256 _value) {
        require(balanceOf[msg.sender] >= _value);          // 檢查餘額是否足夠
        // 檢查是否會溢出，主要防止循環發送給自己
```

```
        require(balanceOf[_to] + _value >= balanceOf[_to]);
        balanceOf[msg.sender] -= _value;      // 從發送者帳戶中減掉發送的金額
        balanceOf[_to] += _value;             // 在接收者帳戶中增加發送的金額
    }
}
```

從上述程式碼的註釋說明，我們大致了解了本合約程式碼中定義了一個名叫
MyToken 的代幣，提供一個建構函數（constructor），初始化代幣數量，建構
函數中的 msg.sender 是指當前呼叫者的以太坊帳戶位址，由於合約一般都是由
建立者部署的，因此初始化的代幣會執行建構函數，全部記錄進建立者的帳戶位
址中。除了建構函數，本合約還提供一個發送的方法，用來進行代幣轉帳，邏輯
很簡單，參數中包含了一個轉帳目標帳戶位址的參數 _to 和一個轉帳金額參數 _
value，過程就是做一些基本校驗以及更改轉出和轉入帳戶的金額。我們從以太
坊官方錢包來部署，為了方便操作，使用較新的 0.9.0 版，其內建的 geth 是 1.6.5
版，並且支援直接設定為本機單節點私有鏈，我們來看操作步驟。

（1）設定為單節點私有鏈

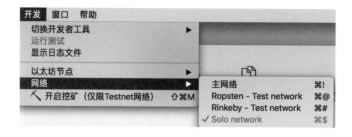

我們可以看到，設定相當簡單，選擇 "Solo network" 即可，選擇後可以建立
一個帳戶，然後按 "開啟挖礦（僅限 Testnet）網路"，可以看到建立的帳戶中
很快就能獲得以太幣，如下所示：

由於部署合約以及呼叫合約方法要消耗以太幣，因此讀者可以根據自己的需要，確保帳戶餘額足夠。

（2）代幣合約部署

從下面的第一個介面，可以部署合約以及查看合約。

我們看到在畫面底端，有一個 WATCH TOKEN 按鈕，這是專門用來查看代幣合約的。請注意，代幣合約和基於以太坊的其他合約（如眾籌合約等）性質都是一樣的，只是程式邏輯不同，官方錢包在這裡專門為代幣合約設定了一個查看的操作，是由於代幣合約的特殊性，方便操作而已。

現在我們來部署代幣合約，在合約介面按 DEPLOY NEW CONTRACT，進入到部署介面，如下面第二個介面。

在這個介面中，我們把編寫的代幣合約程式複製到 SOLIDITY CONTRACT SOURCE CODE 中，程式複製進去後，會自動進行編譯，並將編譯後的位元組碼顯示在 CONTRACT BYTE CODE 中。接下來在右側 SELECT CONTRACT TO DEPLOY 中選擇待部署的合約名稱，我們的代幣合約名稱是 MyToken，選擇好後在下方輸入初始代幣數量，這個數量會提供給建構函數執行，輸入 10,000。一切準備妥當後，按介面底端的 DEPLOY 按鈕，執行部署，此時會彈出如下的介面。

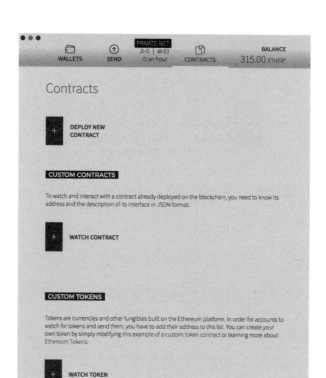

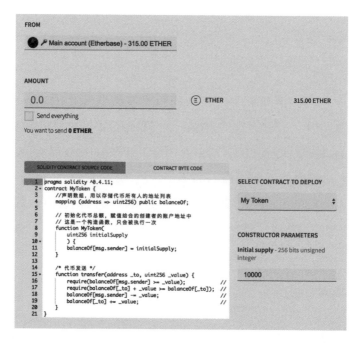

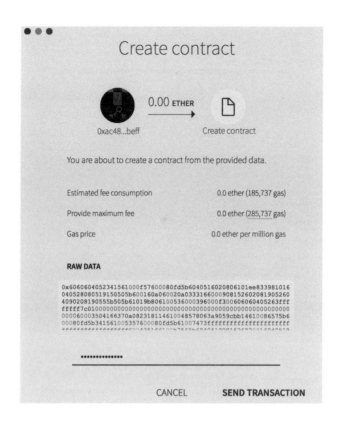

上圖顯示了合約建立的一些摘要訊息，部署的帳戶位址以及需要耗費的 Gas，在主鏈上部署時會根據 Gas 以及 Gas Price 計算出需要花費的以太幣金額，我們現在是在單機私鏈上操作，因此沒有這些限制，可以直接進行部署。按 SEND TRANSACTION 即可發起一個部署交易，執行後回到合約主介面，可以看到底部顯示部署狀態，如下所示：

你可能發現一直顯示著這個狀態，似乎部署不上去，原因可能是沒有開啟挖礦，部署時必須處於挖礦狀態才能成功，開啟挖礦後就部署成功了，部署後可以查看這條部署交易訊息：

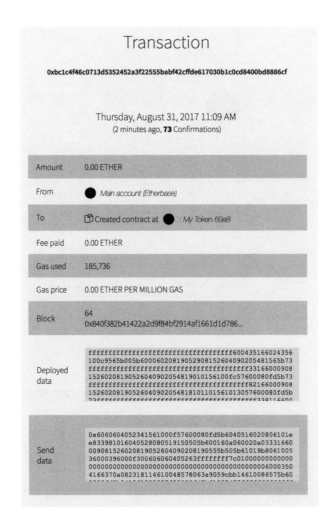

這裡可以看到這條部署交易的帳戶位址、已確認的區塊數、合約部署的區塊高度等訊息，也可以看到部署的合約位址。在以太坊中，部署合約也屬於一種交易事務。部署完成後，我們可以在合約操作的主介面上點開 WATCH TOKEN，讓以太坊錢包以數位貨幣的視角來識別這份智慧合約，如下面第一個介面圖。

在 TOKEN CONTRACT ADDRESS 中輸入合約位址即可，下面是名稱、符合等訊息，可填可不填，完成後按 OK 按鈕引入這個合約，可以看到主介面已經識別到這個合約。如下面第二個介面圖。這裡顯示初始數量為 10,000，至此部署就全部完成了。

你可能會覺得奇怪，這樣簡單的部署，就能創造一種數位代幣？這也太簡單了吧！準確地說，基於以太坊開發數位代幣很容易。如果沒有一個這樣的基礎平台，從頭開發還是有些複雜的，實際上，以太幣本身也是一種合約，只不過合約規則是固化在以太坊程式中的。部署完成後，就可以發送給帳戶位址了，我們建立另外一個以太坊帳戶位址，然後做一次轉帳操作，進入到 SEND 介面，選擇主帳戶並選擇 MyToken 代幣，如下面第三個介面圖所示。

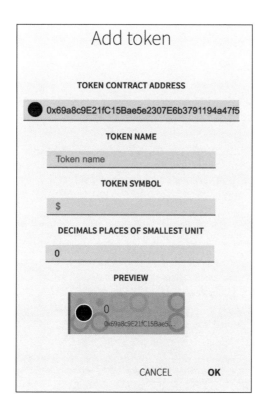

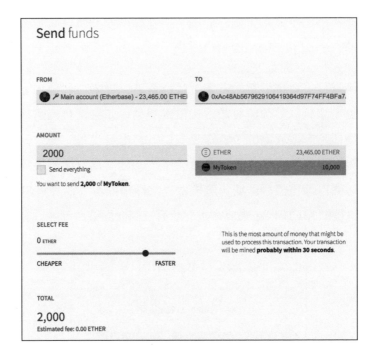

在轉帳金額一欄填入一個金額（如 2000），填寫完畢後按 " 發送 " 即可，我們
分別來看一下主帳戶和接收帳戶的 MyToken 餘額。

1）主帳戶：

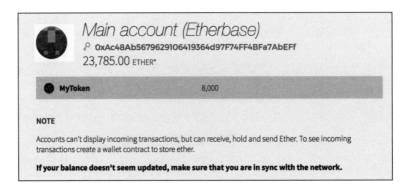

2）接收帳戶：

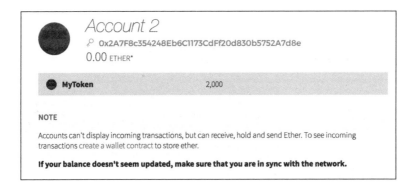

從上述介紹，我們認識了在以太坊中透過智慧合約建立數位代幣的過程，當然我們只是示範了一個最簡單的程式版本。通常對於一種代幣來說，還會有其他多項功能，例如獲得帳戶餘額，獲得代幣總量，設定凍結周期和數量等。以太坊上的智慧合約代幣有一個標準，也就是 ERC20 令牌標準，標準中約定了一系列的事件行為和規則，應用開發者、交易平台、錢包用戶端等多方如果都遵循標準來開發和識別代幣，就可以做到事先的介面對應，類似於一個協定，方便代幣在業務生態中平滑流通。

6.3　本章重點心智圖

以太坊的出現擴充並豐富了比特幣中的腳本思想，使其發揚光大，成為一個通用的智慧合約編程平台。相比於以太坊中其他的特性（如更複雜的梅克爾樹、叔區塊、燃料消耗等），智慧合約是最有價值的功能設計，它讓我們看到了區塊鏈技術可以應用的情境，迄今為止，以太坊仍是使用最廣泛的支援智慧合約開發的公有鏈。

我們看看以太坊的心智圖：

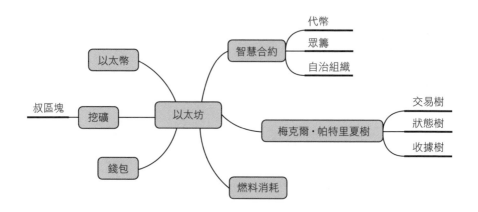

7.1 專案介紹

7.1.1 專案背景

比特幣網路主要的功能，就是維護比特幣這種加密數位貨幣，雖然也能擴充開發，但是功能很有限（未來如果比特幣原始碼經過不斷的升級，能夠完整支援智慧合約等更高級技術後會有改觀）。以太坊網路不但維護以太幣，同時提供智慧合約的開發和部署，這些合約的運作也都是建立在以太坊的基礎之上。就這兩者本身，都只是提供最基本的基礎設施功能，就好像買了一塊地，仲介幫你申請了基本的水電和電話，其他所有的建造都要靠你自己。對於許多使用者來說，建造成本還是太高，實作自己想要的功能頗不便，而更關鍵的是，在許多應用場合，根本不需要數位貨幣這個功能，例如：公司內部的帳本審計；還有很多場合需要有明確的權限控制，如企業的供應鏈系統；更有一些場合不適合運作工作量證明這種共識演算法，如金融機構之間的支付結算。

除了這些，還有一個較大的問題，那就是在一個公鏈系統上，它的資料在理論上都是不完全確定的，因為在公鏈環境下只能做到最終一致性（就好像比特幣會建議一筆交易資料至少要等待經過 6 個區塊的確認才算是比較保險），這對於商業應用不能接受的，於是，超級帳本應運而生。超級帳本實際上是一套開發框架，或一組開發資源。

超級帳本專案正是由 Linux 基金會主導推廣的區塊鏈開源項目，其中匯集了金融、銀行、物聯網、供應鏈、製造等各界開發人員的努力支持，其目標是打造一個跨領域的區塊鏈應用。比起比特幣、以太坊，超級帳本完全就是一個豪門貴族，銜著金湯匙出生。

7.1.2　專案組成

超級帳本專案從建立之初就是一個非常開放的專案組織，由於是針對企業級的服務專案，因此與比特幣、以太坊這些公鏈系統有很大的區別。事實上，超級帳本中的專案提供的都是框架級的服務功能，更多的是針對企業級開發，孵化的專案包含了一系列的企業級區塊鏈技術，例如分散式帳本技術框架、智慧合約引擎、用戶端開發庫、圖形用戶介面、工具庫等，同時也包含很多的範例程式。到目前為止，主要包含如下的框架專案和工具專案。

1. 超級帳本框架

（1）Fabric

Fabric 是 "紡織品" 的意思，致力於在一個共識網路內，對指定資產的訊息進行互換、維護和調閱。Fabric 的架構支援模組的插拔，例如共識模組、會員模組等。它將進一步推廣 "智慧合約" 在容器技術中的應用，進而達成各種商業應用情境。

使用 Fabric 可以開發出比特幣這樣的應用程式，也可以開發出金融資產交換、帳本審計系統等應用，系統中的各個模組（如共識演算法）都可以裝配替換，這非常重要，可以為商業應用提供很靈活的設定。事實上 Fabric 包含眾多的元件模組，例如加密安全、身份鑑權、智慧合約、數位資產、可插拔共識演算法等。這個專案在超級帳本中占據著非常重要的地位，我們所看到的大部分區塊鏈應用，主體功能都可以使用 Fabric 來實作，因此它是一個區塊鏈應用開發的底層設施。目前，全球安全金融訊息服務提供商 Swift 已經正式選擇在自己最突出的區塊鏈專案中使用超級帳本 Fabric 資料庫，如果這個區塊鏈概念驗證（PoC）獲得成功，可以節約高達 30% 與跨境支付相關的和解成本。

（2）Sawtooth

代號 "鋸齒"，它也是一個企業級區塊鏈帳本專案，其主要概念是保持分散式帳本的分散式特徵，並使智慧合約保持安全，這對於企業應用很關鍵。與 Fabric 一樣，Sawtooth 也是高度模組化的，可以根據自己的需要組裝不同的功能模組（如共識演算法策略）。Sawtooth 支援全新的共識機制 Proof of Elapsed Time（時間消逝證明），這個專案來自 Intel 的原始碼貢獻。

（3）Iroha

本專案標目標是將分散式帳本技術便捷地應用於現有的基礎專案上，其特點是實施簡易、採用領域驅動 C++ 設計，提供移動應用的開發支援，還支援一種新的拜占庭容錯共識演算法，名字叫 Sumeragi。這個專案由日本 Sotamitsu 公司提供主要原始碼貢獻。這個專案可以當作是對 Fabric 和 Sawtooth 的補充，主要提供行動端的開發。

（4）Burrow

這個專案最初是由 Monax 和 Intel 孵化，它是一個授權的智慧合約機或者說是一個授權的區塊鏈節點，這個節點可以執行以太坊規範的智慧合約程式。從這個角度來說，相當於以太坊的一個派生（fork）專案，Burrow 是被設計為針對多鏈領域構建的，其主要包含三個元件：共識引擎、以太坊虛擬機及 rpc 閘道。

（5）Indy

這是一個區塊鏈數位身份專案，旨在為區塊鏈生態系統構建數位身份認證工具。這個專案是由 Sovrin 基金會發起的，Sovrin 基金會是為管理世界上第一個自我主權身份（SSI）網路而設立的國際非營利私人組織，這個專案現在也加入了超級帳本的陣營。Indy 專案所支持的概念是 "可驗證的聲明"，這是一種加密認證的在線識別概念，私人資料不會被寫入帳本，哪怕是加密的形式，它與帳本結合，可作為在某個時間存在的證據。

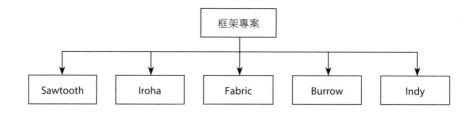

2. 超級帳本工具

（1）Cello

這個工具的主要目標是實作 "區塊鏈即服務"（BaaS）的部署模型，類似於 "軟體即服務" 的思想，這種方式提供一個多租戶的上鏈服務。與目前的雲端服務思想類似，方便區塊鏈應用的生態管理，使用 Fabric、Iroha、Sawtooth 開發的應用都可以透過 Cello 來部署。

（2）Composer

這是一種協作工具，目標是簡化和促進超級帳本區塊鏈應用，目前 Composer 的所有工作都是在 Fabric 上完成的，不過 Composer 的設計可以支援其他的框架技術。各種框架，支援各種智慧合約的不同實作，使用 Composer 可以將這些實作連接在一起。

（3）Explorer

這是一個瀏覽器工具，可以查看或呼叫各種區塊資料、網路訊息、智慧合約等，也可以用來部署合約，類似於錢包這個層級的工具。

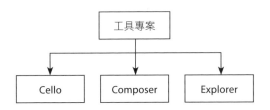

將來超級帳本中的專案可能會越來越多，共同組成一個功能強大且多樣的區塊鏈開發資源。正所謂授人以魚不如授人以漁，立足在技術開發上，提供更多有意義的工具，更有助於推進區塊鏈領域的生態發展。在某種程度上，超級帳本已經是屬於區塊鏈發展的第三代技術了，在數位貨幣、金融等領域之外，全面支援各種情境下的應用開發。

7.2　Fabric 專案

7.2.1　Fabric 基本運作分析

Fabric 專案目標是要實作一個針對商業環境的通用權限區塊鏈底層架構，它是用於開發企業級區塊鏈應用的主要框架。2017 年 7 月 11 日，官方網站宣布發布了 1.0 正式版，代表這個框架可以進入到生產環境的實作階段。本節將會部署並運作一個範例，示範如何使用 Fabric 實作一個智慧合約系統，且部署一個網路。在開始之前，我們來了解一下 Fabric 與比特幣、以太坊這些區塊鏈系統有什麼差別，以及它的運作框架是什麼模樣。

先看一下三者的區別：

	比特幣	以太坊	Fabric
加密數位貨幣	比特幣	以太坊 / 合約代幣	不支援
網路權限	完全公開	完全公開 / 許可	許可
交易事務	匿名	匿名 / 私有	公開 / 機密
共識機制	PoW（工作量證明）	PoW（工作量證明）	PBFT（實用拜占庭容錯）
智慧合約	不支援	支援	支援

從上表可以看出，Fabric 與其他公鏈系統主要的區別，是一個具備許可授權的區塊鏈網路系統，並且不使用需要大量運算力的工作量證明共識演算法，而是使用更適合在商業環境下使用的 PBFT 演算法。既然 Fabric 有許多的不同，那麼它的運作框架是什麼樣的呢？我們就來看一下 1.0 正式版的運作框架圖：

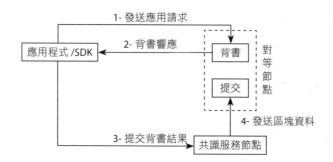

從上圖，我們可以看到對等節點分為兩個角色：一個背書，一個提交。整個運作過程如下：

1） 應用程式透過 SDK 呼叫發送請求到對等節點；

2） 對等節點透過智慧合約執行請求，請求完畢後會進行背書，背書就是節點對請求執行的確認，返回 YES 或 NO，參與背書的對等節點將執行結果返回給應用程式；

3） 應用程式將接收到的背書結果提交給共識服務節點；

4） 共識服務節點執行共識過程，生成區塊資料並發送給對等節點；

5） 對等節點進行交易資料的驗證之後再提交到本地的帳本資料中。

這便是 Fabric 中的一個交易運作流程，提醒一下，Fabric 的版本發布過程中，有過一個重要的版本 0.6 版，這個版本與 1.0 正式版的流程略有差別，這裡不再贅述，讀者在試用 Fabric 時，務必注意版本。接下來我們就開始安裝使用 Fabric 範例。

7.2.2　Fabric 安裝

要使用 Fabric，首先要安裝這個專案框架，本範例在 Mac 上進行，Linux 和 Windows 的步驟類似，不過還是建議使用 Mac 或者 Linux，能省去很多麻煩。至於 Linux 版本，以常見的 Ubuntu 來說，可以使用 16.04 版，如果是 CentOS 則可以使用 CentOS 7，使用較高版本的系統，可以省去很多額外安裝相依函式庫的麻煩。讓我們一步步開始。

（1）安裝 Docker 運作環境

Docker 是一個輕量級的容器環境，類似於虛擬機，但是比虛擬機要輕很多。在一個作業系統中可以運作相當多數量的 Docker 容器，每一個容器中可以運作獨立的服務，容器與容器之間是隔離的，不會互相有干擾。通常在安裝 Docker 時都會連帶一起安裝 Docker Compose，透過 Docker Compose 可以方便地部署多個 Docker 容器實例，我們將使用這些工具來部署 Fabric 節點，每一個節點都運作在一個獨立的 Docker 容器中。安裝時請選擇高於 1.12 的版本，安裝完畢後，可以分別運作以下命令檢查 Docker 和 Docker Compose 的版本：

```
docker -v
docker-compose -v
```

（2）安裝 Go 運作環境

Fabric 使用 Go 語言開發，因此需要安裝 Go 的環境，不再贅述，安裝完畢後不要忘記設定 GOPATH 環境變數。分別使用如下命令查看 Go 的版本以及 GOPATH 的設定：

```
go version
echo $GOPATH
```

（3）安裝 Node.js 以及 NPM

Fabric 提供有多種語言版本的 SDK，可以用於 API 呼叫與 Fabric 構建的區塊鏈服務進行互動。我們使用 Fabric 所提供針對 Node.js 的 SDK 來開發應用，請注意 Node 運作時的版本必須為 6.9.x，這裡使用的版本是 6.9.5，目前官方的 SDK 還沒有支援更高版本的 Node，透過以下命令可以查看 Node 安裝的版本：

```
node -v
npm -v
```

至此，基礎環境就安裝完畢了，接下來安裝 Fabric。

（4）建立目錄

下載官網提供的平台相關的二進位制檔案到建立的目錄中。

```
cd ~ | mkdir fabricsample
cd ~/fabricsample
```

（5）下載 Fabric 元件

```
curl -sSL https://goo.gl/iX9dek | bash
```

利用 curl 工具下載 Fabric 的元件，使用這些檔案就可以設定 Fabric 網路了，下載完畢後，可以看到在目錄中生成一個 bin 目錄，進去後可以看到以下的檔案：

■ configtxgen
■ configtxlator
■ cryptogen
📄 get-byfn.sh
📄 get-docker-images.sh
■ orderer
■ peer

我們說明一下幾個元件的作用：

■ configtxgen：用於生成共識服務啟動以及通道建立所需的設定資料，它
需要一個名為 configtx.yaml 的設定檔案，在這個檔案中包含了 Fabric 節
點網路的定義。

■ configtxlator：可以用來將通道設定訊息轉換為可讀形式。

■ cryptogen：用於生成 x509 標準證書，用於實作身份識別等鑑權功能，
這個命令工具需要使用一個名為 crypto-config.yaml 的設定檔案，在這
個設定檔案中包含需要部署的 Fabric 網路拓撲結構，根據網路結構，
cryptogen 命令可以生成所需的證書函式庫以及密鑰。

■ get-byfn.sh：用來下載名為 byfn 的腳本程式，實際上其中包含了一個下
載命令。

■ get-docker-images.sh：這是一個腳本程式，可以用來下載 Fabric 的各個
元件到本地的 Docker 容器中。

■ orderer：共識服務程式，在超級帳本中將共識服務獨立為一個節點程式，
負責將網路中的交易事務打包進區塊，並使用通道機制訂閱給其他的對等
節點（也可以說是帳本節點）。

■ peer：帳本節點程式，用於維護帳本資料並且運作智慧合約，以下統稱這
種節點為對等節點。

我們可以看到，運作超級帳本的 Fabric，要比運作比特幣或者以太坊複雜很多，
身為一個商業級的聯盟鏈基礎設施，具備許多公鏈系統沒有的元件功能。

除了下載這些檔案，命令腳本同時還安裝了 Fabric 元件的 Docker 鏡像，從 Docker Hub 下載到本機的 Docker 倉庫，使用 docker images 可以查看到分別是：

鏡像	作用	鏡像	作用
hyperledger/fabric-orderer	共識服務節點	hyperledger/fabric-ccenv	智慧合約環境
hyperledger/fabric-peer	對等節點	hyperledger/fabric-javaenv	支援 Java 的智慧合約環境
hyperledger/fabric-couchdb	狀態儲存庫	hyperledger/fabric-tools	Fabric 工具庫
hyperledger/fabric-kafka	分散式訊息隊列	hyperledger/fabric-ca	Fabric 證書管理元件
hyperledger/fabric-zookeeper	分散式協調服務		

這裡需要對 Fabric 的結構和模組做一些介紹。在 Fabric 中，對區塊鏈應用中的各個角色進行了明確的劃分，這也是其高度模組化的一個體現，不再像比特幣這樣一股腦兒都混在一起。Fabric 針對商業應用，因此其本質上是設計為一個私有鏈或者說是聯盟鏈，除了通常的模組元素外，主要特點如下：

1） 具有多種類型的節點，例如負責管理帳本資料的 peer 對等節點、負責提供共識服務的 orderer 共識服務節點、負責鑑權的身份服務節點、負責建立和校驗交易並且維護智慧合約狀態的驗證節點、負責提供用戶端服務的應用節點等。

2） 對等節點之間的帳本資料共享透過一個稱為 channel（也就是通道）的機制來過濾，通道是 Fabric 中一個富有特色的機制，正是透過通道的概念，實作了資料的隔離分發，只有處於同一個通道的節點之間才會分享帳本資料。透過這種機制，在同一個聯盟鏈的對等節點之間，可以根據策略擁有不同的帳本副本資料。

請注意，對於共識服務節點來說是接收所有資料，通道只是與對等節點相關。實際上對等節點是透過向共識服務節點訂閱了不同的主題，而每個主題就是一個通道，它們的關係如下圖所示：

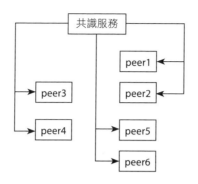

圖中 peer1 與 peer2 訂閱了同一個通道，peer3 與 peer4 訂閱了同一個通道，peer5 與 peer6 訂閱了同一個通道，根據不同的通道訂閱，共識服務根據策略分發不同的區塊資料。我們可以發現，在 Fabric 的設計中充分考慮了作為商業環境使用的安全問題。

透過證書頒發服務進行身份認證與鑑權，這個與傳統的企業級系統是類似的，限制進入系統的用戶，設定不同的權限，作為針對商業使用的系統，這個顯然是必備的，也是與公鏈系統（如比特幣、以太坊等）很大的一個差別。

Fabric 由於具備通道和身份認證，使得對於每一個節點看到的資料都是可以不一樣的，也就是說從邏輯上來看，Fabric 是一個實作了多通道多連結構的一個區塊鏈網路。這是很有意思的，此前的比特幣、以太坊等公鏈系統，每個節點看到的資料都是一樣的，無論是實際的物理資料還是邏輯上的視圖資料都是一致的。Fabric 的這個特點，類似於資料庫系統中的物理表與視圖的概念，設定不同的視圖邏輯以實作不同的資料管控要求。

7.3　Fabric 範例

7.3.1　部署準備

1. 下載範例程式

我們將當前的工作目錄切換到 fabricsample 目錄中，下載官網提供的範例：
git clone https://github.com/hyperledger/fabric-samples.git。

下載完畢後，在目錄下多了一個 fabric-samples 目錄，可看到如下檔案：

其中包含好幾個範例，我們選擇其中的 first-network 來做測試。進入 first-network 目錄，看到如下一組檔案：

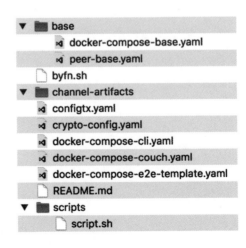

這裡面大多數是 yaml 設定檔案以及兩個腳本檔：byfn.sh 和 script.sh。Fabric 元件的運作需要使用到這些設定檔案，而兩個 sh 腳本則用來控制 Fabric 元件的運作。

查看設定檔案，可以發現這是一個多節點 Fabric 網路範例，包含 4 個對等節點以及 1 個共識服務節點。4 個對等節點分成兩個組織域，大致是如下的運作示意圖：

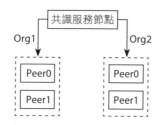

請注意，圖中的範例是指分成兩組，而不是兩個通道。在這個範例中，4 個節點共用一個通道。

2. 查看說明

到現在為止，我們已經安裝好範例程式運作所需的基礎環境，接下來就可以試一試這個 first-network。進入到 first-network 目錄中，會看到一個腳本程式 byfn.sh，透過運作這個腳本可以啟動這個 Fabric 範例網路，同時會啟動一個容器用來執行腳本在通道中加入新的節點以及部署和初始化智慧合約，並且在合約上執行交易。檔案名 byfn 其實就是 build your first network 的縮寫，也就是 "構建你的第一個網路"。大家也可以在終端命令列中以命令 ./byfn.sh -h 查看這個腳本的使用說明，執行結果如下：

```
./byfn.sh -h

Usage:
  byfn.sh -m up|down|restart|generate [-c <channel name>] [-t <timeout>]
  byfn.sh -h|--help (print this message)
    -m <mode> - one of 'up', 'down', 'restart' or 'generate'
      - 'up' - bring up the network with docker-compose up
```

```
    - 'down' - clear the network with docker-compose down
    - 'restart' - restart the network
    - 'generate' - generate required certificates and genesis block
  -c <channel name> - channel name to use (defaults to "mychannel")
  -t <timeout> - CLI timeout duration in microseconds (defaults to 10000)

Typically, one would first generate the required certificates and
genesis block, then bring up the network. e.g.:

    byfn.sh -m generate -c <channelname>
    byfn.sh -m up -c <channelname>
    byfn.sh -m down -c <channelname>


Taking all defaults:
    byfn.sh -m generate
    byfn.sh -m up
    byfn.sh -m down
```

命令中包含了啟動網路、清除網路、重啟網路，以及生成證書和創世區塊等使
用說明。實際上詳細的各個命令參數是如何運作，也可以直接打開 byfn.sh 原始
碼來查看。這就是一個 bash 腳本程式，實際上這個腳本就是透過呼叫我們下載
的 Fabric 元件程式以及範例程式的設定檔案，部署整個範例網路。

```
// 生成證書與創世區塊
byfn.sh -m generate

// 啟動部署在 docker 容器中的 fabric 網路
byfn.sh -m up

// 停止並清除運作在 docker 容器中的 fabric 元件
// docker 中的鏡像並不刪除，相當於 byfn.sh -m up 的逆過程
byfn.sh -m down

// 重啟 fabric 網路
byfn.sh -m restart
```

3. 資料設定

Fabric 是一套半成品的開發框架,用來開發符合我們需求的區塊鏈系統,因此不像比特幣、以太坊可以直接下載運作,而是需要進行一系列的資料設定。按照 Fabric 的運作要求,需要設定好創世區塊、密鑰證書等資料檔案。

(1)生成證書和創世區塊

```
./byfn.sh -m generate
```

執行這個命令需要用到 configtxgen 和 cryptogen,因此別忘了把這兩個命令程式複製到 first-network 目錄中,執行過程中會有提示:

```
Generating certs and genesis block for with channel 'mychannel' and CLI timeout of
'10000'
Continue (y/n)? y
```

按下 y 鍵繼續即可,透過提示我們也能看到,命令將生成證書和創世區塊,同時也可以看到,命令預設建立了名為 mychannel 的通道。若需要建立其他的名稱,可以使用 -c 參數指定,在上述的命令幫助中也有說明。接下來看一下命令的執行過程輸出。

(2)生成證書及密鑰

我們使用 cryptogen 工具來建立證書密鑰,直接在命令列中運作即可,如下所示:

```
Generating certs and genesis block for with channel 'mychannel' and CLI timeout of '10000'
Continue (y/n)? y
proceeding ...
/Users/apple/fabricsample/fabric-samples/first-network/cryptogen


###########################################################
##### Generate certificates using cryptogen tool #########
###########################################################
org1.example.com
org2.example.com
```

命令執行後，可以看到結果提示，其中 org1.example.com 與 org2.example.com 是建立的兩個對等節點組織的域名。在 Fabric 網路中，節點是由節點組織來管理的，無論是普通的對等節點還是共識服務節點，節點組織具有組織名和域名，本例中定義了如下的組織關係：

組織名	組織域名	節點類型	節點主機名	節點全名
Org1	org1.example.com	對等	peer0	peer0.org1.example.com
Org1	org1.example.com	對等	peer1	peer1.org1.example.com
Org2	org2.example.com	對等	peer0	peer0.org2.example.com
Org2	org2.example.com	對等	peer1	peer2.org2.example.com
orderer	example.com	共識	orderer	orderer.example.com

這些生成設定都定義在 crypto-config.yaml 中。以下為 crypto-config.yaml 的主要內容：

```
// 共識節點組織定義
OrdererOrgs:
  - Name: Orderer   // 共識節點名稱
    Domain: example.com // 域名
    Specs:
      - Hostname: orderer
// 對等節點組織定義
PeerOrgs:
  - Name: Org1   // 第一個對等節點組織
    Domain: org1.example.com   // 域名
    Template:
      Count: 2
    Users:
      Count: 1

  - Name: Org2   // 第二個對等節點組織
    Domain: org2.example.com // 域名
    Template:
      Count: 2
    Users:
      Count: 1
```

從檔案內容可以看到有節點組織以及包含的節點數、節點名稱和域名等設定訊息。補充一點對於節點名稱和域名的關係，在 Fabric 中，一個節點的名稱組成如下：

```
{Hostname}.{Domain}
```

例如 org1 組織下管理兩個節點，分別是 peer0 與 peer1，則這兩個 peer 節點的全名是：

```
peer0.org1.example.com
peer1.org1.example.com
```

在生成證書時，會為節點組織以及組織下的每個節點都生成一系列的證書，生成的數位證書和私鑰都儲存在 crypto-config 目錄中，打開可以看到目錄結構：

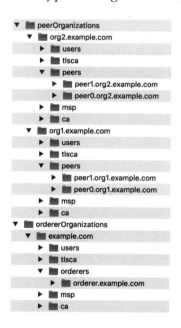

每個組織都會生成唯一的根證書 ca-cert，使用根證書綁定節點（對等節點與共識節點），加入鏈的成員可以使用自己的證書進行取得授權。交易與通訊使用節點的私鑰簽名，驗證則使用公鑰，這便是 Fabric 中的證書體系，實際上就是一套公鑰設施。

（3）生成創世區塊

準備好證書密鑰這些設定資料後，我們就可以開始了。首先建立創世區塊，這是使用 configtxgen 工具來實作的，在命令列中執行此命令，如下所示：

```
/Users/apple/fabricsample/fabric-samples/first-network/configtxgen
######### Generating Orderer Genesis block #############
####################################################
2017-07-20 08:52:03.116 CST [common/configtx/tool] main -> INFO 001 Loading configuration
2017-07-20 08:52:03.140 CST [common/configtx/tool] doOutputBlock -> INFO 002 Generating genesis block
2017-07-20 08:52:03.141 CST [common/configtx/tool] doOutputBlock -> INFO 003 Writing genesis block
```

生成的創世區塊用來啟動共識服務節點，共識服務節點首先擁有區塊資料，然後使用通道與 peer 節點之間進行資料同步。以下的 "通道設定事務" 與 "錨節點" 也都是透過 configtxgen 指令程式生成的。

（4）生成通道設定事務

```
####################################################
### Generating channel configuration transaction 'channel.tx' ###
####################################################
2017-07-20 08:52:03.157 CST [common/configtx/tool] main -> INFO 001 Loading configuration
2017-07-20 08:52:03.160 CST [common/configtx/tool] doOutputChannelCreateTx -> INFO 002 Generating new channel configtx
2017-07-20 08:52:03.160 CST [common/configtx/tool] doOutputChannelCreateTx -> INFO 003 Writing new channel tx
```

主要是對通道的事務規則設定。

（5）生成錨節點

```
####################################################
####### Generating anchor peer update for Org1MSP #########
####################################################
2017-07-20 08:52:03.174 CST [common/configtx/tool] main -> INFO 001 Loading configuration
2017-07-20 08:52:03.177 CST [common/configtx/tool] doOutputAnchorPeersUpdate -> INFO 002 Generating anchor peer update
2017-07-20 08:52:03.177 CST [common/configtx/tool] doOutputAnchorPeersUpdate -> INFO 003 Writing anchor peer update

####################################################
####### Generating anchor peer update for Org2MSP #########
####################################################
2017-07-20 08:52:03.194 CST [common/configtx/tool] main -> INFO 001 Loading configuration
2017-07-20 08:52:03.197 CST [common/configtx/tool] doOutputAnchorPeersUpdate -> INFO 002 Generating anchor peer update
2017-07-20 08:52:03.197 CST [common/configtx/tool] doOutputAnchorPeersUpdate -> INFO 003 Writing anchor peer update
```

錨節點是指通道中能被所有其他對等節點發現，並能進行通訊的一種對等節點。通道中的每個成員都有一個（或多個，以防單點故障）錨節點，允許屬於不同成員身份的節點找到通道中存在的其他節點，相當於節點中的閘道。

7.3.2　啟動 Fabric 網路

經過上述的準備工作後，就可以開始啟動 Fabric 網路了，使用如下命令：

```
./byfn.sh -m up
```

這個命令做的事情不少，需要一段執行時間，而且一不小心還會有如下錯誤
訊息：

```
ERROR: manifest for hyperledger/fabric-tools:latest not found
```

這是因為 byfn.sh 命令要求 Docker 容器安裝的 Fabric 元件的 tag 為 latest 標
籤。不過也無妨，如果元件安裝是正常的，大可直接修改 tag。如果有像上面的
錯誤訊息，可以使用 Docker tag 命令處理，命令格式如下：

```
docker tag 0403fd1c72c7 hyperledger/fabric-tools:latest
```

命令中的 0403fd1c72c7 是 hyperledger/fabric-tools 在 Docker 中的鏡像 ID，
遇到類似問題時，可以採用上述命令的方法修正，請注意要替換成自己 Docker
容器中對應元件的鏡像 ID，其他的 Fabirc 元件也是同樣的處理方式。修正了
tag 之後，重新開始執行 ./byfn.sh -m up，可發現執行了如下的步驟：

序號	過程	作用
1	Creating peer0.org2.example.com	建立 org2 中的 peer0 對等節點
2	Creating peer1.org1.example.com	建立 org1 中的 peer1 對等節點
3	Creating orderer.example.com	建立名為 orderer 的共識節點
4	Creating peer1.org2.example.com	建立 org2 中的 peer1 對等節點
5	Creating peer0.org1.example.com	建立 org1 中的 peer0 對等節點
6	Channel "mychannel" is created	建立名為 mychannel 的通道
7	Having all peers join the channel	將對等節點加入到通道
8	Updating anchor peers for org1	更新 org1 中的錨節點為 peer0.org1.example.com
9	Updating anchor peers for org2	更新 org2 中的錨節點為 peer0.org2.example.com

序號	過程	作用
10	Install chaincode on org1/peer0	在 org1/peer0 節點上安裝智慧合約
11	Install chaincode on org2/peer2	在 org2/peer2 節點上安裝智慧合約
12	Instantiating chaincode on org2/peer2	實例化 org2/peer2 上的智慧合約
13	Querying chaincode on org1/peer0	連線 org1/peer0 上的智慧合約
14	Sending invoke transaction on org1/peer0	在 org1/peer0 上發起呼叫交易事務
15	Install chaincode on org2/peer3	在 org2/peer3 節點上安裝智慧合約
16	Querying chaincode on org2/peer3	連線 org2/peer3 上的智慧合約

執行完畢後，顯示結束符號：

```
========= All GOOD, BYFN execution completed ===========
```

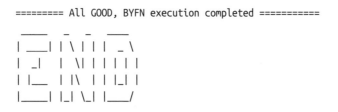

至此，Fabric 範例網路就開始運作了，上述過程中的 org2/peer2 就是指 peer0. org2.example.com，org2/peer3 就是指 peer0.org2.example.com，由於兩個組 織域中分別有 peer0 與 peer1 兩個對等節點，為了便於稱呼，將這 4 個對等節 點依次稱為 org1/peer0、org1/peer1、org2/peer2、org2/peer3。

此時查看一下 Docker 中運作的容器情況，看看 Fabric 的運作元件是什麼狀態， 使用 docker ps 命令查看：

容器ID	鏡像名稱	埠	容器名稱
f13b6eb5987c	dev-peer1.org2.example. com-mycc-1.0		dev-peer1.org2.example. com-mycc-1.0
bb99b6657ca2	dev-peer0.org1.example. com-mycc-1.0		dev-peer0.org1.example. com-mycc-1.0
beace0743b25	dev-peer0.org2.example. com-mycc-1.0		dev-peer0.org2.example. com-mycc-1.0

容器ID	鏡像名稱	埠	容器名稱
edb83ef24b9c	hyperledger/fabric-peer	0.0.0.0:10051->7051/tcp, 0.0.0.0:10053->7053/tcp	peer1.org2.example.com
b2be7d40a31f	hyperledger/fabric-peer	0.0.0.0:7051->7051/tcp, 0.0.0.0:7053->7053/tcp	peer0.org1.example.com
80ab913bb7d9	hyperledger/fabric-peer	0.0.0.0:8051->7051/tcp, 0.0.0.0:8053->7053/tcp	peer1.org1.example.com
3e5e4189ca8a	hyperledger/fabric-peer	0.0.0.0:9051->7051/tcp, 0.0.0.0:9053->7053/tcp	peer0.org2.example.com
6268882b5bfe	hyperledger/fabric-orderer	0.0.0.0:7050->7050/tcp	orderer.example.com
41514af0bd1d	hyperledger/fabric-tools		cli

可以發現，安裝到 Docker 中的 Fabric 節點已經開始運作，其中 peer 是指對等節點，orderer 是指共識節點。除了 5 個節點容器外，還有前面 3 行是指智慧合約容器，系統會為節點上的智慧合約操作啟動一個容器。最後一個是 Fabric 工具元件，也啟動在一個容器中。

我們透過 docker logs 來查看下一個智慧合約的容器日誌。

```
docker logs dev-peer0.org1.example.com-mycc-1.0
// 輸出
ex02 Invoke
Query Response:{"Name":"a","Amount":"100"}
ex02 Invoke
Aval = 90, Bval = 210

docker logs dev-peer0.org2.example.com-mycc-1.0
// 輸出
ex02 Init
Aval = 100, Bval = 200

docker logs dev-peer1.org2.example.com-mycc-1.0
// 輸出
ex02 Invoke
Query Response:{"Name":"a","Amount":"90"}
```

從輸出的容器日誌，我們能看到在啟動網路後運作智慧合約的操作所帶來的 Aval 與 Bval 兩個資產金額的變化，要更詳細地了解運作的智慧合約的內容，請參見 7.3.3 節。

7.3.3　Fabric 智慧合約

經過前面的操作，整個啟動程式完成了一系列的動作，並部署了智慧合約。那麼這份智慧合約是什麼樣的呢？ Fabric 用來搭建商用聯盟鏈系統，而所謂的商用，首要的就是智慧合約的應用，本節我們就來分析一下部署在合約中的原始碼，一窺 Fabric 中智慧合約的究竟。這份原始碼檔案就在我們下載的範例程式目錄的 chaincode 資料夾中。

其中 chaincode_example02.go 就是合約的原始碼檔案，合約程式碼是使用 Go 語言編寫的，我們分段來看一下這份合約原始碼。

（1）引入包

這是 Go 語言中的機制，類似於 C 語言中的引入頭檔案或者 Java 中的導入包，目標是將已經具備的一些功能程式碼直接導入，也可以單純當作現成的函式庫，如下所示：

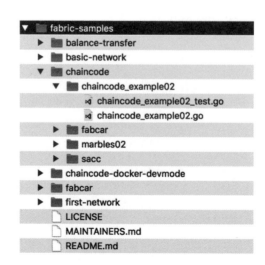

```
package main
import (
    "fmt"
    "strconv"
    "github.com/hyperledger/fabric/core/chaincode/shim"
    pb "github.com/hyperledger/fabric/protos/peer"
)
```

除了標準的 fmt 與 strconv 外，後兩行都是在 Fabric 原始碼中定義的，其中的
shim 包是用於連線智慧合約的介面定義，最後一行引入的是與對等節點通訊相
關的 Prototuf 定義。Protobuf 是 Google 提供的一個開源序列化框架，類似於
XML、JSON。

（2）定義結構類型

這段原始碼定義了一個名為 SimpleChaincode 的結構類型，後續都是定義在這
個結構類型上的方法，這是 Go 語言中類似於 Java 和 C++ 中的類別（class）。

```
// SimpleChaincode example simple Chaincode implementation
type SimpleChaincode struct {
}
```

（3）合約初始化方法

智慧合約是用來定義一套規則的，而規則歸根結底是用來在某個條件下更新合
約中定義的資料的，例如資產金額等，因此我們在使用智慧合約之前，就得先
初始化這些資料。初始化後的合約會寫入在區塊鏈帳本中。

```
// 參數 ChaincodeStubInterface 是一個介面定義，用於部署合約的應用連線和修改帳本資料
// 這個介面定義在 fabric 原始碼的 fabric/core/chaincode/shim/interfaces.go 中
func (t *SimpleChaincode) Init(stub shim.ChaincodeStubInterface) pb.Response
{
    fmt.Println("ex02 Init")

    // 獲得初始化方法接收的參數
    // 這個方法實際是返回兩個值：
    // 一個是呼叫這個初始化方法的函數名稱，一個就是傳入的參數列表
```

```go
    _, args := stub.GetFunctionAndParameters()

    // 定義兩個變數儲存實體對象，可以認為是兩個帳戶
    var A, B string
    // 定義兩個變數儲存實體的資產金額
    var Aval, Bval int

    var err error

    // 如果參數個數不等於 4 則返回一個錯誤
    if len(args) != 4 {
        return shim.Error("Incorrect number of arguments. Expecting 4")
    }

    // 第 1 個參數賦值為實體對象 A
    A = args[0]
    // 第 2 個參數為實體對象 A 的資產金額
    Aval, err = strconv.Atoi(args[1])
    if err != nil {
        return shim.Error("Expecting integer value for asset holding")
    }

    // 第 3 個參數賦值為實體對象 B
    B = args[2]
    // 第 4 個參數為實體對象 B 的資產金額
    Bval, err = strconv.Atoi(args[3])
    if err != nil {
        return shim.Error("Expecting integer value for asset holding")
    }

    // 主控台輸出兩個資產金額
    fmt.Printf("Aval = %d, Bval = %d\n", Aval, Bval)

    // 將實體 A 及初始資產金額更新到帳本資料
    err = stub.PutState(A, []byte(strconv.Itoa(Aval)))
    if err != nil {
        return shim.Error(err.Error())
    }

    // 將實體 B 及初始資產金額更新到帳本資料
    err = stub.PutState(B, []byte(strconv.Itoa(Bval)))
    if err != nil {
        return shim.Error(err.Error())
```

```
    }

    // 返回一個 json 格式的成功回應
    /*
    func Success(payload []byte) pb.Response {
        return pb.Response{
            Status:  OK,
            Payload: payload,
        }
    }
    */
    return shim.Success(nil)
}
```

（4）合約呼叫

以下是合約操作的呼叫方法，透過傳入的指令參數，呼叫不同的操作方法。

```
func (t *SimpleChaincode) Invoke(stub shim.ChaincodeStubInterface) pb.Response {
    fmt.Println("ex02 Invoke")
    // 獲得呼叫本方法的函數名和參數
    function, args := stub.GetFunctionAndParameters()
    if function == "invoke" {
        // 若呼叫方法名為 invoke，則呼叫一個執行從 A 到 B 的轉帳交易的方法
        return t.invoke(stub, args)
    } else if function == "delete" {
        // 若呼叫方法名為 delete，則表示呼叫一個刪除實體對象的方法
        return t.delete(stub, args)
    } else if function == "query" {
        // 若呼叫方法名為 query，則表示呼叫一個查詢實體對象的方法
        return t.query(stub, args)
    }
    // 若沒有找到對應的方法，則回傳 " 無效呼叫方法名稱 " 的錯誤提示
    return shim.Error("Invalid invoke function name. Expecting \"invoke\" \"delete\"
\"query\"")
}
```

（5）轉帳交易呼叫

這份合約中定義的就是 A 和 B 兩個帳戶之間的資產金額轉帳，因此必須提出實作這個功能的方法，例如從 A 轉帳到 B，其過程就是先獲得 A 的金額，然後寫

入到 B，再從 A 中扣除等額的轉帳金額，最後將這些變更更新到區塊鏈帳本中。
我們看到，除了基於區塊鏈這一點外，業務邏輯的實作與普通程式沒有什麼不
同。以下為原始碼：

```go
// 本呼叫方法實作從 A 轉帳一定數額到 B 的交易
func (t *SimpleChaincode) invoke(stub shim.ChaincodeStubInterface, args []string)
pb.Response {
    var A, B string      // 定義 A 與 B 兩個實體對象
    var Aval, Bval int   // 定義兩個變數分別儲存 A 與 B 的資產金額
    var X int            // 交易金額
    var err error

    // 若傳入的參數個數不等於 3，則報出錯誤提示
    if len(args) != 3 {
        return shim.Error("Incorrect number of arguments. Expecting 3")
    }

    // 分別將第一個參數與第二個參數賦值給 A 與 B，這是傳入的兩個實體對象
    A = args[0]
    B = args[1]

    // 從帳本中獲得 A 當前的資產金額，若之前沒有發生過交易則就是初始化的金額
    Avalbytes, err := stub.GetState(A)
    if err != nil {
        return shim.Error("Failed to get state")
    }
    if Avalbytes == nil {
        return shim.Error("Entity not found")
    }
    Aval, _ = strconv.Atoi(string(Avalbytes))

    // 從帳本中獲得 B 當前的資產金額，若之前沒有發生過交易則就是初始化的金額
    Bvalbytes, err := stub.GetState(B)
    if err != nil {
        return shim.Error("Failed to get state")
    }
    if Bvalbytes == nil {
        return shim.Error("Entity not found")
    }
    Bval, _ = strconv.Atoi(string(Bvalbytes))

    // 傳入的第三個參數為交易金額
```

```
X, err = strconv.Atoi(args[2])
if err != nil {
    return shim.Error("Invalid transaction amount, expecting a integer value")
}
// 從 A 轉帳給 B，因此 A 的金額減掉 X，B 的金額加上 X
Aval = Aval - X
Bval = Bval + X
fmt.Printf("Aval = %d, Bval = %d\n", Aval, Bval)

// 將 A 交易後金額的變更寫入到帳本中
err = stub.PutState(A, []byte(strconv.Itoa(Aval)))
if err != nil {
    return shim.Error(err.Error())
}

// 將 B 交易後金額的變更寫入到帳本中
err = stub.PutState(B, []byte(strconv.Itoa(Bval)))
if err != nil {
    return shim.Error(err.Error())
}

// 返回成功
return shim.Success(nil)
}
```

（6）從帳本中刪除實體對象

這段程式實作的功能，是在不需要保留合約中某個對象時進行刪除，例如不需要 A 帳戶或者 B 帳戶時可以刪除掉，當然實際商業環境中的智慧合約，要刪除合約中定義的某個對象，一定需要某些條件或者驗證，這裡只是一個功能範例。

```
func (t *SimpleChaincode) delete(stub shim.ChaincodeStubInterface, args []string)
pb.Response {
    // 若沒有參數則回報錯誤
    if len(args) != 1 {

        return shim.Error("Incorrect number of arguments. Expecting 1")
    }

    // 從參數中獲得需要刪除的實體對象
    A := args[0]
```

```
    // 執行刪除
    err := stub.DelState(A)
    if err != nil {
        return shim.Error("Failed to delete state")
    }

    return shim.Success(nil)
}
```

（7）餘額查詢

功能很簡單，就是查詢合約中定義的帳戶對象的餘額，由於查詢並不會更改合約中的資料對象，因此直接返回結果即可。

```
func (t *SimpleChaincode) query(stub shim.ChaincodeStubInterface, args []string)
pb.Response {
    var A string // 定義一個變數儲存實體對象
    var err error

    // 若沒有參數則回報錯誤
    if len(args) != 1 {
        return shim.Error("Incorrect number of arguments. Expecting name of the
person to query")
    }
    // 將參數中的實體對象賦值給 A
    A = args[0]
    // 從帳本中獲得 A 的金額
    Avalbytes, err := stub.GetState(A)
    // 若錯誤對象不為空則回報錯誤
    if err != nil {
        jsonResp := "{\"Error\":\"Failed to get state for " + A + "\"}"
        return shim.Error(jsonResp)
    }
    // 若金額為空則返回金額為空的結果
    if Avalbytes == nil {
        jsonResp := "{\"Error\":\"Nil amount for " + A + "\"}"
        return shim.Error(jsonResp)
    }
    // 以 json 格式返回餘額結果
    jsonResp := "{\"Name\":\"" + A + "\",\"Amount\":\"" + string(Avalbytes) + "\"}"
    fmt.Printf("Query Response:%s\n", jsonResp)

    return shim.Success(Avalbytes)
```

```
}

// 合約的入口啟動方法，實例化後啟動
func main() {
    err := shim.Start(new(SimpleChaincode))
    if err != nil {
        fmt.Printf("Error starting Simple chaincode: %s", err)
    }
}
```

至此，我們對範例合約原始碼作了一個簡單的註釋分析，可以看出，這是一份功能非常簡單的智慧合約，建立資產對象 / 初始化 / 轉帳交易 / 刪除對象 / 查詢餘額就是這些基本的功能，這就是這個 Fabric 範例網路所部署的智慧合約。

瞭解智慧合約的內容後，再來看一個命令列操作，根據上述的步驟我們已經啟動範例網路，接著再來連線下節點的智慧合約。我們知道這份智慧合約的功能就是兩個實體對象之間的資產金額管理，現在來執行一個查詢操作。首先進入 fabric-tools 的容器命令環境：

```
docker exec -it "cli"   /bin/bash
```

進入命令環境後，查詢一下 a 與 b 的資產金額：

```
peer chaincode query -C "mychannel" -n mycc -c '{"Args":["query","a"]}'
peer chaincode query -C "mychannel" -n mycc -c '{"Args":["query","b"]}'
```

從輸出的結果可以看到 a 的金額是 90，b 的金額是 210，再做一次轉帳操作，從 a 轉 10 到 b：

```
homeaddr=/opt/gopath/src/github.com/hyperledger/fabric/peer
orderercertaddr=/crypto/ordererOrganizations/example.com/orderers/orderer.example.
com/msp/tlscacerts/tlsca.example.com-cert.pem

peer chaincode invoke -o orderer.example.com:7050
--tls    $CORE_PEER_TLS_ENABLED
--cafile $homeaddr$orderercertaddr
-C "mychannel" -n mycc
-c '{"Args":["invoke","a","b","10"]}'
```

執行後，輸出訊息 "Chaincode invoke successful. result: status:200"，這就表示轉帳交易呼叫成功了。按照計算，現在 a 應該是有 80，b 有 220。我們再來查詢一下餘額，查詢方法與上同，可以看到輸出的結果分別是：

```
Query Result: 80
Query Result: 220
```

目前為止，我們已經完整地體驗了 Fabric 網路的部署和使用，以及智慧合約程式的邏輯。在範例中我們只是使用了官方提供的測試用合約原始碼，讀者感興趣可以自行修改範例中的程式碼，體會一下 Fabric 的智慧合約開發。

7.3.4 Fabric 部署總結

基於上述步驟，可以知道透過 Fabric 部署一個智慧合約的節點網路，大致需要經過如下的步驟：

1） 生成必要的檔案，例如節點證書、創世區塊、通道事務設定、錨節點

2） 建立通道

3） 加入節點到通道中

4） 更新錨節點

5） 安裝智慧合約

6） 實例化智慧合約

7） 呼叫執行智慧合約

從部署步驟來看，與以太坊類似，只不過多了一些證書、通道、錨節點等額外的輔助功能。使用 Fabric 元件，部署智慧合約的過程相當簡單，基本上主要工作只是寫出智慧合約檔案，其他的基礎設施功能都已提供好了，利用 SDK 即可進行節點功能的呼叫。這些對於普通的區塊鏈應用開發者來說，就像是入住旅館，除了帶自己的必需物品外，其他設施一應俱全。

另外，超級帳本專案中並不只是一個 Fabric，其他的各個子專案也值得去學習試用，這些都是業界大廠貢獻的原始碼。對於技術開發人員來說，仔細閱讀瞭解其中的原始碼以及文件，對於區塊鏈底層設施的設計會大有幫助。

7.4 本章重點心智圖

超級帳本專案是針對商業應用的，其中的 Fabric 專案可算是相當於以太坊的區塊鏈系統，但針對企業應用，考慮了很多更複雜的特性，例如身份認證、通道等，目標是提高資料網路的安全性。但是有一點需要注意，從技術角度來說，Fabric 只是一個技術框架，並不是一個像比特幣、以太坊這樣的公鏈系統，我們可以透過使用 Fabric 來搭建自己需要的區塊鏈應用系統，自己來部署節點，這是一個很大的區別。

我們來看下面的心智圖。

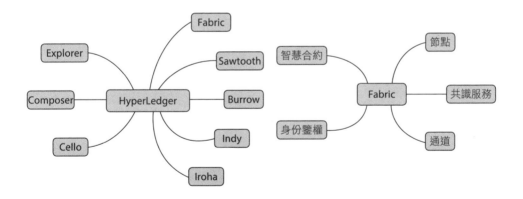

動手做個實驗：搭建微鏈　*Chapter* 8

區塊鏈程式畢竟是電腦軟體，如果去除掉外部的修飾，抹掉思想層面、金融層面、哲學層面的包裝，它就只是一個普通的應用程式，與我們日常使用的聊天軟體、遊戲軟體、影片播放軟體等一樣，沒什麼特別的。如今大家也可以看到各式各樣利用區塊鏈設計的軟體，如前所述，有些是獨立的應用系統，如比特幣、以太坊等；有些是從現有系統開發的，如各種以太坊代幣應用；有些是提供了區塊鏈資產交易功能，如比特股、公信寶等；有些是針對開發者服務的，如萬雲區塊鏈雲平台、布比區塊鏈等。技術發展如此之快，我們上下求索唯恐不及，能不能先不要讓人眼花撩亂，拿出個簡單的例子？是的，這就是本章的目標，讓我們站在程式碼的角度，看看一個最簡單的區塊鏈程式是怎樣組成的。

8.1　微鏈是什麼？

毫無疑問，要開發一個完整可用的區塊鏈應用程式，不是那麼容易的，大家看看比特幣的原始碼、以太坊的原始碼等就知道了。比特幣身為第一代區塊鏈技術的代表，其功能設計比較簡單，即便如此，相信不少初次閱讀原始碼的讀者仍然會覺得有些迷茫。微鏈的目標就是以比特幣為原型，假設我們自己要開發一個比特幣程式（或稱為微幣），會怎麼做？從一個極簡的結構設計說明，以概觀的方式來了解一個區塊鏈應用程式的基本構造。經由微鏈的設計，我們至少可以回答以下問題：

- 一個區塊鏈應用程式需要包含哪些基本模組？
- 一代技術（如比特幣）與二代技術（如以太坊）主要有哪些區別？
- 錢包、挖礦、區塊鏈帳本等到底是怎樣的組合關係？
- 所謂的可程式化數位貨幣到底是什麼意思？
- 區塊鏈應用程式可以當成單機程式運作嗎？

微鏈會採用半原始碼、半偽碼的方式來進行說明，功能模組參照比特幣。你可能會說，為什麼不直接模擬設計一個二代技術產品（如以太坊）來講解呢？以太坊支援的功能更加強大，不但支援數位貨幣還支援各種智慧合約的編寫，目前應用也很廣泛，這個算是現在的主流技術了。我們從簡單的起點，了解清楚主要的程式結構組成，再去瞭解更複雜的以太坊等其他各種區塊鏈應用，事半功倍。

時常有人問起，到底什麼是區塊鏈？網路上有很多資料，各種看不明白的名詞，有人說去中心化，又有人說其實不能叫去中心化而應該叫分散式，然後更有人提到各種應用代幣、去中心交易所、區塊鏈作業系統，看得眼花撩亂，讓人感覺很神秘，好像任何東西只要加點區塊鏈魔法，馬上就能腐朽變神奇，變成能解救千古難題的法寶。

其實我們知道，區塊鏈技術並不是什麼基因突變出來的技術，事實上組成區塊鏈技術的各個部分，在計算機發展領域中早就有了，例如雜湊計算、公開密鑰加密技術、點對點網路通訊，這些都是早已在運用的常規軟體開發技術。區塊鏈應用真正值得稱道的是將這些傳統而成熟的技術巧妙組合，成為一個非常有趣的功能。看過本章微鏈的介紹後，大家也就知道區塊鏈技術真正的偉大之處，並非在技術上，而是在思想上。

8.2 開發環境準備

區塊鏈程式本質上與普通的軟體是一樣的，因此在開發方式上並沒有什麼特別的區別。

從開發語言上來說，凡是圖靈完備的語言都可以用來開發，例如 C++/Java/Go/ 等，還有現在比較流行的 Node. js。目前來說，生產環境的正式程式開發，使用 C++ 和 Go 比較多，例如比特幣就是使用 C++ 開發的，以太坊是使用 Go 開發的（以太坊同時也有其他語言的版本，如 C++、Python）。而一些測試環境的程式會使用 Node. js，例如模擬以太坊環境的 testrpc 程式，testrpc 是使用 JavaScript 開發的，並且以 Node 包的形式發布。可以說，語言選擇上沒什麼限制，選擇自己熟悉的即可，個人比較推薦 Go，運作效率好，且 Go 本身是運作在虛擬機器上的，因此也跨平台，語法也容易上手，不過 Go 目前不太適合開發圖形介面，好在區塊鏈核心程式本來也不需要介面，各種具備使用介面的用戶端，可以用 WebApp 的方式來搭建。

從作業系統環境上來說，比較推薦 Linux 或者 Mac 系統，這不再贅述。

開發工具沒什麼特別要求，以微鏈來說，是使用 go 語言來說明的。編輯器使用 Visual Studio Code 或者 Vim 皆可，編譯則可以直接使用 Go 的編譯命令 go build，如果嫌麻煩，也可以使用一款叫 LiteIDE 的開源整合開發環境。關於 Go 語言的安裝和設定這裡就不贅述了，官網有很詳細的說明。

開發環境的說明基本上就是這樣，大家在實驗編寫程式碼時，不用一開始就考慮太多關於最佳化或者程式結構組織等方面的問題，我們的目標是瞭解區塊鏈程式而不是最佳化區塊鏈程式，這些事等真正開發應用時再考慮不遲。另外，帶著實驗、玩樂的心態來擺弄區塊鏈是最有意思的，很多時候，阻礙我們去創新的，不是技術，而是想法觀念。

8.3 設計一個簡單的結構

現在，我們先來看一下微鏈打算展示哪些功能設計：

- 具備一個微鏈核心，支援同步區塊資料並驗證和儲存區塊資料到主鏈。
- 具備一個錢包功能，可以儲存公鑰私鑰以及帳戶餘額。
- 具備一個挖礦功能，用於打包區塊資料並發行新的微幣。

暫且這樣就夠了，對於一個區塊鏈應用程式來說，大的功能模組其實就是這些。其他各種功能（如區塊資料同步、資料完整性驗證、解鎖與鎖定腳本等），都可以從屬於這三大模組，這些功能之間的從屬關係大致可以如下定義。

（1）微鏈核心

1） 命令互動系統，用於與節點核心進行功能呼叫；

2） 節點 RPC 服務，支援外部程式透過 RPC 的方式連線節點；

3） 節點資料監聽，用於與其他節點進行區塊資料同步以及其他資料交換；

4） 腳本系統，透過腳本的鎖定與解鎖執行交易合約；

5） 區塊鏈帳本維護，用於驗證網路中的區塊資料並打包到主鏈。

（2）錢包功能

1） 密鑰維護，用於維護用戶的公鑰私鑰和錢包位址；

2） 發起交易，發起的交易需要被節點打包到主鏈才有效；

3） 帳務查詢，如餘額以及交易歷史等。

（3）挖礦

1) 區塊生產，用於打包新的區塊資料到主鏈；

2) 貨幣發行，用於獲取新的貨幣獎勵，以達成貨幣發行。

大家可以看到，在這裡將微鏈的功能做了一個模組分類，然後實際實作一個區塊鏈應用時，並不是說一定要去分別實作三個不同的獨立程式，這只是一個邏輯上的分類，例如比特幣就是將挖礦程式獨立出去，在比特幣的核心用戶端功能中沒有挖礦功能。然而以太坊卻在核心用戶端中整合了所有的模組，甚至還包含一個合約程式編寫與編譯的功能（在不同的以太坊用戶端中有差別）。所以，在瞭解一個區塊鏈應用的結構時，不必過於僵化。

這裡有幾點需要提醒一下：

1) 區塊鏈應用程式顯然是一個網路軟體，否則也不存在什麼達成網路共識之類的說法。但是請注意，一個區塊鏈應用是可以單機運作的，甚至不需要聯網。讓我們看一段對話吧！

Alice：不是所有的區塊鏈程式都得連網使用的嗎？

Bob：站在實用角度來講這是對的，例如比特幣有自己的比特幣網路，以太坊有自己的以太坊網路，如果沒有這些網路，對於大家來說也就沒有意義了。但是站在技術角度，它的運作並不一定要上網，你完全可以在自己的電腦上單機運作一個比特幣程式，你的電腦也不需要上網，這並沒有問題。

Alice：……

Bob：聽不懂？這麼說吧，首先，每一個區塊鏈核心節點程式都是獨立工作的，在技術上，節點之間並不需要互相呼叫的功能，也沒有連線某個伺服器的做法，這與我們通常使用的 Apple Pay、LINE、網路遊戲等是完全不一樣的。例如我們使用 Apple Pay 付款，如果 Apple Pay 的伺服器關閉了，或者正好某一段網路故障了，那就沒辦法自己獨立使用 Apple Pay，甚至都無法登入。

Alice：這麼說，我自己在電腦上獨立安裝一個比特幣程式，也不需要上網，就可以自己挖礦嗎？

Bob：技術上可以這麼做，程式也能運作，但我只是說在技術上可以這麼做，身為一個軟體程式，它可以正常運作。實際上，如果不上網，那麼你的節點就是一個孤立的節點，比特幣主網路中的資料你收不到，你自己的交易資料別人也收不到，進而相當於與比特幣的主網路斷開了，你的任何資料變更都不被主網路承認的。

Alice：我明白了，區塊鏈的節點程式都是可以各自獨立運作的，而且也都有各自獨立的副本資料。只不過在運作的過程中，資料的變更需要在網路上廣播出來，讓大家都來驗證一下，認可一下，才能成為大家都承認的合法資料。

Bob：是的，不過有時候為了自己測試方便，可以搭建一個自己的網路，透過網路編號來區分，這個也稱為私有鏈。

2）對於一個區塊鏈應用程式來說，挖礦並不一定是必須的，在分散式的非同步網路環境下，挖礦程式主要作用，是讓各個節點的資料副本達到最終一致，同時礦工獎勵貨幣以發行新的貨幣。換言之，如果在一個區塊鏈程式的運作情境中，擁有良好的網路，有足夠的效能可以做到即時同步一致，挖礦就不是必須的，甚至在某些情境中如果不需要使用數位貨幣，那麼連發行貨幣的功能都是可以不需要的，例如超級帳本的設計、一些商業環境下基於區塊鏈的審計系統等。

3）區塊鏈應用程式在本質上，其實就是一個 P2P 的網路軟體，它的資料儲存格式是區塊鏈的方式，不同的節點之間互相可以同步資料，以演算法作為大家共同遵循的規則來達成共識。

接下來就要開始示範搭建微鏈。

8.4 原始碼解析

8.4.1 目錄結構

我們來看一下微鏈程式的目錄結構，如下所示：

1）cmd：這是主程式目錄，其中包含了入口 main 函數以及一個命令列介面環境，微鏈就在這裡啟動。

2）blockchain：區塊鏈程式，其主要的資料結構就是區塊，其中就定義了微鏈的區塊結構。

3）encrypt：微鏈中使用 RSA 演算法生成私鑰公鑰以及錢包位址，並使用 SHA256 演算法對事務以及區塊計算雜湊值，這些演算法都定義在此目錄中。

4）transaction：比特幣中將一次轉帳交易或者挖礦獲得新幣的動作都稱為事務，微鏈中也一樣。在這個目錄中，定義了事務的資料結構。

5）script：區塊鏈應用中一個非常典型的特點就是可程式化合約，比特幣中使用一組鎖定和解鎖腳本來表示一筆比特幣的所有權，以太坊擴充這個腳本的能力，將其變成圖靈完備的合約編程。微鏈中模擬了比特幣的一組指令，這些功能就定義在這個目錄中。

6）utxo：這是比特幣中發起的一個概念，叫未花費輸出，微鏈中同樣模擬了這個結構。

7）miner：這是挖礦的定義。

8）tinynet：定義微鏈的網路介面，支援 RPC 網路連線以及資料監聽，可以認為是微鏈的網路模組。透過這個模組，可以使外部程式連線微鏈的核心，也可以使不同的微鏈節點之間進行通訊。

9）rundata：作為一個示範程式，沒必要將產生的資料都寫入到硬碟中，也可以記錄在記憶體中，例如區塊鏈帳本資料、UTXO 資料等，以太坊的模擬程式 TestRPC 便是將資料都模擬在記憶體中產生的。

10）utils：定義了一些工具方法，例如堆疊操作等。

以上便是常見區塊鏈應用程式所具備的程式碼目錄結構，從目錄結構的名稱，我們也能看出所具備的功能設定。當然這裡每一個目錄中的功能都是可以有不同的實作的，例如上述的 UTXO，在有些應用中並不使用這樣的結構，而是使用帳戶結構（以太坊與比特幣的區別之一）。另外，透過目錄可以看到，微鏈中整合了核心節點功能、錢包以及挖礦功能。大家在自己進行實驗寫程式時，可以根據自己的瞭解設定工程目錄。

總之，一個區塊鏈應用程式無非就是幾個模組，用一句話來說就是：這是一種軟體，使用區塊鏈的結構儲存資料，可以透過錢包進行轉帳交易等合約性質的事務操作，發生的事務會廣播到其他運作的節點，這些事務資料最終透過礦工以執行挖礦演算法的方式獲得打包權後儲存到區塊連結構的資料中。可以看到，除了特有的區塊鏈資料結構以及挖礦機制，其他的都沒什麼，就是一個普通的軟體而已。

8.4.2　程式碼之旅

本節對程式碼做功能分析，讓大家了解最簡單的區塊鏈程式組成，有興趣的讀者也可以使用自己熟悉的語言環境嘗試編寫。這是一個很有趣的過程，區塊鏈應用本來就是充滿著實驗性的軟體，用它可以實驗各式各樣的想法，能用一套軟體系統來發行貨幣就已經是夠不可思議的了，這完全打破了人們對於軟體作用的認識。

1. 主程式

有過軟體開發經驗的讀者必定知道，再小的程式也會有一個入口的啟動程式，也就是主程式，在主程式中會進行一些系統參數的初始化、命令解譯器的設定和一些服務的啟動，如下所示：

```
package main

import (
    "fmt"
    "os"
    "tinychain/tinynet"
    "tinychain/utils"
    "gopkg.in/urfave/cli.v1"
)
var tinyapp = cli.NewApp()

// 應用初始化
func init() {
    tinyapp.Name = "gtinychain"
    tinyapp.Description = "a tiny example of blockchain procedure"
    tinyapp.Version = clientRevision
    tinyapp.Author = " 白話區塊鏈 "

    // 設定子命令
    tinyapp.Commands = []cli.Command{
        initCommand,
        versionCommand,
    }

    // 設定命令參數
    tinyapp.Flags = []cli.Flag{
        utils.DataDirFlag,
        utils.NetworkIdFlag,
        utils.RPCEnabledFlag,
        utils.RPCPortFlag,
```

```
        utils.ListenPortFlag,
    }

    tinyapp.Action = gtinychain
}

// 啟動命令列主程式
func gtinychain(ctx *cli.Context) error {

    // 發現並連接其他節點
    tinynet.DiscoverNodes()

    // 進行區塊主鏈的資料同步
    go tinynet.SyncBlockchain()

    // 啟動 rpc 與資料監聽服務
    go tinynet.StartRpcServer(utils.Rpcport)
    go tinynet.StartListenServer(utils.Listenport)

    // 啟動命令解譯器
    DoCommandInterface()

    return nil
}

func main() {
    if err := tinyapp.Run(os.Args); err != nil {
        fmt.Fprintln(os.Stderr, err)

        os.Exit(1)
    }
}
```

上述便是主程式的範例程式碼。由於微鏈被設計為一個命令列程式，因此使用一個命令列程式開發框架以便於實作子命令以及命令參數等功能。程式碼中引用的 gopkg.in/urfave/cli.v1 就是一個 Go 語言實作的命令列程式開發框架，這是一個放在 GitHub 上的開源框架，可以從網址 https://github.com/urfave/cli 查看原始碼實作以及詳細使用說明。

我們來看看在主程式中主要做了哪些事情。

1）載入支援命令及命令參數。

載入後，可以在命令列中執行微鏈支援的各種主程式指令。假設微鏈的主程式名是 gtinychain，則可以在命令列中透過 gtinychain version 輸出微鏈的版本號；透過 gtinychain init 進行資料目錄和創世區塊的初始化；透過 gtinychain --datadir 指定微鏈的資料目錄等，以下列出部分支援的命令。

```
// 輸出版本號
gtinychain version

// 預設以當前所在目錄進行微鏈初始化
gtinychain init

// 以當前目錄為資料目錄啟動，這是預設參數
gtinychain --datadir "./"

// 指定 rpc 服務和資料監聽埠啟動
gtinychain  --rpcport 52000 --port 62000

// 根據 ipc 檔啟動 rpc 命令主控台
gtinychain attach --ipcfile='ipc 檔路徑'
```

這裡說明一下微鏈初始化的命令，由 gtinychain init 可以透過讀取設定檔案來初始化一個創世區塊（區塊鏈的第一個區塊），並且可以自動建立出一個錢包位址作為測試使用，錢包位址中也可以初始化一個可用金額，一般在進行初始化時還可以指定一個目錄，那就會用到 --datadir 參數，則命令變成如下形式：

```
gtinychain init --datadir "./"
```

這個命令將當前目錄作為資料目錄進行初始化，我們看看初始化命令大致是怎麼做的：

```
initCommand = cli.Command{
    Action: func(c *cli.Context) {

        // 根據參數指定路徑，建立 Data 與 Keystore
        //utils.Datadir 就是透過參數 --datadir 傳入的路徑
        os.MkdirAll(utils.Datadir+"/Keystore", 0777)
        os.MkdirAll(utils.Datadir+"/Data", 0777)
```

```
            // 在 Keystore 目錄下建立公鑰私鑰檔
            encrypt.GenerateRSAKey()
            // 載入公鑰私鑰
            rundata.SetPrvPubKey()
            // 載入帳戶位址，實際就是對公鑰的格式化處理
            rundata.Account = encrypt.GetWalletAddr()

            // 讀取 datadir 指定目錄下的 genesis 建立創世區塊
            genesisFile, _ := ioutil.ReadFile(utils.Datadir + "genesis.json")
            var gsf GenesisFile
            json.Unmarshal([]byte(string(genesisFile)), &gsf)
            blockchain.CreateGenesisBlock()
        },
```

這就是 init 命令的大致流程，主要任務是建立鑰匙和資料檔案夾，以及建立創世區塊。鑰匙檔案夾（Keystore 目錄）是專門用來儲存建立的私鑰（錢包位址訊息）的，這個檔案夾極其重要，一旦遺失，等於這個錢包位址中的資產就丟了，跟現實生活中丟了錢包是一個道理，所以必須妥善備份。

請注意這裡的 "載入公鑰私鑰" 和 "載入帳戶位址"，通常的區塊鏈應用中並不必須有這麼一個載入的動作，這是為了測試方便，所以將這些訊息載入到記憶體中（以太坊就有一個模擬測試程式叫 TestRPC，是在記憶體中模擬載入整個環境的，目標還是為了便於測試）。實際上這裡的公鑰私鑰建立是屬於錢包的功能，這部分的功能在初始化過程中是可有可無的，如果在初始化時不建立，則可以在節點啟動後透過命令另行建立。

2) 區塊鏈資料同步。通常一個區塊鏈應用在初始運作時，或者說啟動時，都會做一件事情，那就是區塊鏈資料的同步（當然，這裡指的是核心節點，如果只是使用獨立的錢包功能或者挖礦程式，則其本身並沒有同步完整區塊鏈資料的需求），所有的操作都應該要等資料同步完成後才能進行。這是用兩個步驟來完成的：一個是發現其他節點，一個就是從其他節點獲取資料。發現其他節點的方法有很多種，例如透過設計一個 "發現協定" 以廣播的形式尋找同伴，類似於大家約定一個暗號，簡單點的做法可以將其他節點的位址訊息直接載入進來（類似於比特幣的種子節點或者以太坊的星火節點），聯繫上其他節點後，就可以要求其他節點發送資料給自己了，其

實就是一個下載的過程，只不過可以從多個聯繫上的節點同時下載，下載完成後，自己的節點就擁有與網路中的主鏈一致的區塊資料。

3） 啟動服務、RPC 服務和資料監聽服務。在 Go 中可以分別使用 net/rpc 以及 net 包來實作，就是一個網路監聽服務而已。為什麼這裡要搞成兩種網路監聽服務呢？主要還是對比特幣的一個模擬，在比特幣中，如果使用外部命令或程式連線核心用戶端，只能透過 RPC 的方式，並且與核心用戶端要在同一機器上，也就是說禁止以遠程的方式直接連線比特幣的核心用戶端，這是一個安全性的考量。如果是核心用戶端之間或者說是節點之間進行區塊資料同步、資料交換等，則使用專門的資料監聽服務。這兩者的網路埠也是不一樣的。微鏈在這裡只是一個模擬，讀者自己在嘗試時，可以根據需要來決定。

RPC 的小知識

RPC 也就是 Remote Procedure Call，遠程過程呼叫的意思，它是一種網路遠程功能呼叫協定，例如我們打開一款天氣預報的手機 App，軟體向伺服器發送一個獲取天氣情況的功能請求，遠端的伺服器收到請求後取得資料，再將結果回應給手機 App，這就是完成了一次 RPC。

請注意，RPC 只是一種協定規範，不是一個實際的程式實作，這是一個比較廣義的概念，因此有多種實作方式，例如資料的傳輸方式可以承載在 HTTP 或者 TCP 等協定上，而資料的編碼可以採用 json、xml、protobuf 等格式。各種組合都有其優劣，這裡不再贅述。

資料監聽服務的實作在下面章節中有專門介紹，我們先來看一下 RPC 服務的範例程式碼：

```
package main

import (
    "net"
    "net/rpc"
    "net/rpc/jsonrpc"
    "tinychain/blockchain"
    "tinychain/transaction"
```

```go
)

type Account int
type Block int
type Tnc int
type Miner int

///<summary>
/// 根據位址帳號獲得餘額
///</summary>
///<param name="Account"> 位址帳號 </param>
///<param name="RemainAmount"> 回傳餘額 </param>
func (ac *Account) GetBalance(Account string, RemainAmount *int) error {
    return nil
}

///<summary>
/// 根據區塊號獲得區塊訊息
///</summary>
///<param name="BlockNumber"> 區塊號 </param>
///<param name="BlockInfo"> 回傳區塊訊息 </param>
func (ac *Block) GetBlockInfo(BlockNumber int, BlockInfo *blockchain.BlockInfo)
error {
    return nil
}

///<summary>
/// 發送交易事務
///</summary>
///<param name="TransactionInfo"> 建構交易事務 </param>
///<param name="Result"> 回傳執行結果 </param>
func (ac *Tnc) SendTransaction(TransactionInfo transaction.TransactionInfo,
Result *int) error {
    return nil
}

///<summary>
/// 關閉節點服務
///</summary>
///<param name="Signal"> 關閉信號 </param>
///<param name="Result"> 回傳執行結果 </param>
func (ac *Tnc) Close(Signal int, Result *int) error {
    return nil
```

```
}

///<summary>
/// 開啟挖礦
///</summary>
///<param name="Signal"> 開啟信號 </param>
///<param name="Result"> 回傳執行結果 </param>
func (ac *Miner) Start(Signal int, Result *int) error {
    return nil
}

///<summary>
/// 關閉挖礦
///</summary>
///<param name="Signal"> 關閉信號 </param>
///<param name="Result"> 回傳執行結果 </param>
func (ac *Miner) Stop(Signal int, Result *int) error {
    return nil
}

func StartRpcServer(port int) {

    lsn, _ := net.Listen("tcp", ":"+strconv.Itoa(port))
    defer lsn.Close()
    srv := rpc.NewServer()
    srv.RegisterName("Account", new(Account))
    srv.RegisterName("Block", new(Block))
    srv.RegisterName("Tnc", new(Tnc))
    srv.RegisterName("Miner", new(Miner))

    for {
        conn, _ := lsn.Accept()

        go srv.ServeCodec(jsonrpc.NewServerCodec(conn))
    }

}
```

我們可以看到，在 RPC 服務中內建各種支援的命令方法，例如獲取區塊訊息、啟動挖礦等，透過內建的命令解譯器（下面會介紹）可以直接進行呼叫連線，也可以單獨提供一個用戶端程式，透過 RPC 的方式連接連線，上述範例程式示範的是 Go 語言中的 RPC 編寫方法，限於篇幅沒有再說明每個方法的詳細實作，讀者了解是什麼意思即可。在 Go 中，呼叫 RPC 服務也很簡單，下面是個範例：

```go
import (
    "fmt"
    "net/rpc/jsonrpc"
    "strconv"
)

func ClientForBalance(port int) {
    client, _ := jsonrpc.Dial("tcp", "127.0.0.1:"+strconv.Itoa(port))

    var targetAccount = "MIGfMA0GCSqGSIb3DQEB"
    var replyAmount int
    client.Call("Account.GetBalance", targetAccount, &replyAmount)

    fmt.Printf(strconv.Itoa(replyAmount))

}
```

利用 json-rpc 的呼叫，即可達成與 RPC 服務的互動，上述程式碼是呼叫獲取帳戶位址餘額的示範。從上述示範，我們可以看到，雖然區塊鏈應用是一個個獨立的用戶端程式，運作過程中不需要專門連接一個伺服器，但是其本身卻整合了服務端功能，可以供外部連線呼叫。在現實世界中，比特幣、以太坊等區塊鏈應用都整合了類似的服務端，那些運行中的節點，其實就是伺服器。

4）啟動一個命令解譯器，可以輸入微鏈支援的命令與核心進行互動，請看命令解譯器的實作程式：

```go
func DoCommandInterface() {

    client, _ := jsonrpc.Dial("tcp", "127.0.0.1:"+strconv.Itoa(port))
    defer client.Close()
    var cmd string

    for {
        fmt.Print(">>")
        fmt.Scanln(&cmd)
```

```
        if cmd == "exit" {

            // 退出命令主控台
            os.Exit(1)
            fmt.Println("\n")

        } else if cmd == "tnc.getbalance()" {

            // 獲得當前帳號的餘額
            var targetAccount string
            var replyAmount int
            fmt.Print(" 請輸入帳號位址 :")
            fmt.Scanln(&targetAccount)

            client.Call("Account.GetBalance", targetAccount, &replyAmount)

            fmt.Print(strconv.Itoa(replyAmount))

        }

    }
}
```

實際上連接 RPC 服務後，進入一個迴圈，然後接受各種支援的字串指令，這裡
示範了兩個功能：第一個是退出命令解譯器，第二個是取得某個帳號位址的當
前餘額。顯然根據 RPC 服務支援的功能，支援的命令還遠不止這些，但是原理
都是一樣的，常用的命令如下：

- admin.close()：關閉連接的節點服務，注意不是關閉 RPC 服務而是關閉
  整個節點實例的運作。

- tnc.getblocknumber()：獲得當前最新的區塊號。

- tnc.getbalance()：獲得當前帳號的餘額。

- tnc.sendtransaction()：發送一筆轉帳交易。

- miner.start()：開啟挖礦。

- miner.stop()：停止挖礦。

實際支援的命令可以根據需要去拓展，這裡只是一個程式碼範本，這些命令都是透過微鏈的節點核心來執行的。其他的區塊鏈應用也基本都會提供這樣的連線介面，在比特幣中，可以透過圖形介面的用戶端程式進行命令互動的呼叫，也可以透過一個獨立的命令列程式來連線。在以太坊中，則可以在節點程式啟動時，同時啟動一個互動式的主控台來連線節點。

再介紹一個小功能，有時候我們可能希望同時開啟多個命令主控台，例如在 1 號主控台運作挖礦指令，在 2 號主控台運作區塊查詢指令，就像我們日常工作時，經常會為電腦連接多個顯示器一樣。要實作這個功能很簡單，只要在啟動第一個命令主控台時，在某個目錄下生成一個純文字檔，可以命名為 tiynchain.ipc 或者任何其他的名字，檔案中儲存 RPC 服務的連接位址即可，然後透過 gtinychain attach --ipcfile=' 檔案路徑 ' 這樣的命令來啟動一個新的命令主控台。

2. 區塊的定義

一個區塊鏈應用程式，其核心的資料結構就是區塊。一般來說，區塊中包含的訊息主要分為區塊頭和區塊體，區塊頭中包含區塊的摘要訊息，區塊體中包含區塊事務。至於區塊事務是指什麼，取決於不同的應用程式，例如比特幣中主要就是交易訊息，從一個位址到另外一個位址的交易記錄。微鏈也同樣模擬了這一點，我們來看一下區塊的定義：

```
type BlockInfo struct {

    // 區塊編號
    blockNumber int

    // 前一個區塊雜湊
    hashPrevBlock string

    // 交易事務的 merkle 根
    hashMerkleRoot string

    // 區塊打包的時間戳記
    nTime uint32

    // 難度位數
```

```
    nBits uint32

    // 隨機目標值
    nNonce uint32

    // 交易事務
    trans []transaction.TransactionInfo
}
```

從中可以看到，在這個區塊中同時包含了摘要訊息和區塊交易事務。在摘要訊息中，當前區塊透過 "前一個區塊雜湊" 與之前的區塊連接，這也是區塊鏈名詞的來源。其中的區塊編號就是區塊的高度，一個一個區塊透過區塊雜湊連接起來後，每增加一個新的區塊高度就增加 1，當我們需要查詢某個區塊的訊息時，可以提供一個方法傳入區塊編號輸出區塊的說明訊息。交易事務的 merkle 根是對區塊中所有的交易事務進行雜湊計算，構造一棵 merkle 樹而得來，可以用來驗證區塊的完整性。難度位數和隨機目標值是與挖礦有關的參數。

在大多數的區塊鏈應用中，區塊的結構定義基本上都採用了上述方案。這裡的交易事務其實也不僅僅只能用來表示交易。微鏈中只支援數位貨幣的轉帳交易，但是在很多功能比較強大的區塊鏈應用（如以太坊）中，事務的概念是更加寬泛的，除了表示轉帳交易外，也可以表示某個狀態的變更，例如多重簽名、合約有效期變更等。

上述程式中提及的雜湊演算法是 SHA256 演算法，對於實驗程式來說，使用何種雜湊演算法是沒有要求的，如果是正式版的程式，要使用抗碰撞能力較強的演算法。看一下微鏈中的範例程式碼：

```
//sha256
func GetSHA256(msg string) string {
    hData := sha256.New()
    hData.Write([]byte(msg))
    return fmt.Sprintf("%x", hData.Sum(nil))
}
```

這是一個很簡單的用法。

3. 事務的定義

微鏈中參照了比特幣的事務結構，使用輸入和輸出的方式來表示一個交易事務：

```
type OutPoint struct {
    // 事務雜湊
    tranHash string
    // 事務的輸出部分的索引號
    n int
}

type TxIn struct {
    // 指向前一次的輸出
    prevOut    OutPoint
    // 前一次的輸出索引
    sequence   int
    // 解鎖腳本
    scriptSign script.ScriptAction
}

type TxOut struct {
    // 金額
    amount       int
    // 鎖定腳本
    scriptPubKey script.ScriptAction
}

type TransactionInfo struct {
    // 交易事務雜湊
    tranHash string
    // 輸入集合
    txIn []TxIn
    // 輸出集合
    txOut []TxOut
    // 時間戳記
    lockTime int64
}
```

上述程式碼範例中，TransactionInfo 就是事務的結構定義，一項事務在這裡可以瞭解為一筆交易，每一筆交易都有自己的雜湊值，就像 ID 編號一樣，唯一地表示了某一筆發生的交易。我們平時在進行銀行轉帳時，通常會先往自己的帳戶裡存錢，然後再轉出到目標帳戶。換句話說，就是有一個存入和轉出，在這裡也是一樣的，事務的結構中，txin 表示存入或者說來源，txout 表示輸出。如果帳戶裡本來就有錢，不要先存入再轉出，可以直接就轉出，那這裡的輸入還需要嗎？需要，而且必須要。因為在微鏈中並不會把存入的金額記下來，而只會記錄每一筆進帳和出帳的流水帳，因此每一筆的輸出都要指定它的輸入來源，這樣才能確保帳務正確。

至於輸出，很簡單，我們可以看到 TxOut 的結構定義，就是一個金額然後一個鎖定腳本（一段指令程式），關於腳本我們下一節再解釋，這裡可以瞭解為一個標記，標記著這筆交易的接收方，接收方可以利用解鎖腳本（也是一段指令程式）來使用這筆發給自己的金額。

對於輸入，實際上就是指向之前其他事務對自己的輸出，例如別人之前對我有一筆 100 的輸出，現在我把這個輸出作為輸入，輸出或者說轉給另外一個人。因此我們看到在輸入 TxIn 的定義中，主要定義了指向前一次的輸出，然後就是一個解鎖腳本。

我們發現，在微鏈的定義中，除了區塊是一個個串接起來的，交易事務也是串接起來的。要構造一個交易事務，其實就是構造事務的輸入和輸出，下面簡單示範一個挖礦的交易（沒錯，礦工挖礦的收入所得也屬於一種交易，為了區分普通的轉帳交易，這種交易通常稱為 coinbase 交易）。

```
//coinbase 事務的輸入部分
var txIn []TxIn
txIn = make([]TxIn, 1)
txIn[0].prevOut = OutPoint{tranHash: "", n: 0}
txIn[0].scriptSign = script.ScriptAction{InSignData: "", InPubKey: "", OutPubkey: ""}
txIn[0].sequence = 0

//coinbase 事務的輸出部分
var txOut []TxOut
txOut = make([]TxOut, 1)
```

```go
txOut[0].amount = targetAmount
txOut[0].scriptPubKey = script.ScriptAction{InSignData: "", InPubKey: "", OutPubkey:
targetPubKey}

// 事務時間戳記
curTime := time.Now()
timestamp := curTime.UnixNano() / 1000000

// 事務雜湊
var tranHashCoinbase string
// 透過一個方法計算出整條事務的雜湊值
tranHashCoinbase = GetTransactionHash(txIn, txOut, timestamp)

tranInfo.lockTime = timestamp
tranInfo.tranHash = tranHashCoinbase
tranInfo.txIn = txIn
tranInfo.txOut = txOut

return tranInfo, nil
```

在 coinbase 交易中，輸入方比較特殊，並不是來自之前的輸出，而是由系統以
獎勵的方式直接發行。請注意，若是一個礦工挖到了礦（獲得區塊打包權），在
打包一個區塊中的交易時，通常會把屬於自己的 coinbase 交易放到區塊中所有
交易的第一位。打包完成後會將區塊訊息廣播出去，等待其他節點來進行資料
校驗以及同步，當大多數節點校驗通過後，這筆交易就算是被網路認可了。

每進行一次事務交易，就會產生一個新的輸出，這些新的輸出都是屬於某個位
址的可花費輸出，當某個位址的所有者需要向其他人轉帳交易時，可以建立一
筆新的輸入和輸出，這個新的輸入，就是來自於自身的可花費輸出。輸入輸出
的關係如下圖所示：

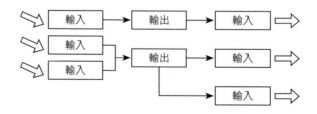

圖中可以看到，事務的輸入輸出中，是彼此銜接的關係，生活中有很多這樣的例子，例如倉庫中的入庫和出貨、銀行帳戶中的存款和取款，透過這樣的流通實作了價值的轉移，因此，帶有金融屬性的區塊鏈網路，是一個可以達成價值傳輸的網路，而且還是去中心化的。

為了方便查閱某個帳戶位址下的可花費輸出，也就是 UTXO（Unspent Transaction Output），通常會單獨設定一個獨立的 UTXO 資料儲存，例如：

```
// 未花費輸出
type UTXO struct {
    TranHash     string
    Sequence     int
    Amount       int
    ScriptPubKey script.ScriptAction
}

// 帳戶的 UTXO
var TinyUTXO []UTXO
```

未花費輸出的結構與事務中的輸出其實是一致的，只不過這裡多了一個 "未花費" 的條件約束，相當於淨值。每當需要對別人進行轉帳時，可以直接到屬於自己的 "未花費輸出" 中去搜索指定，如果想知道自己的位址下一共有多少餘額，也可以透過 "未花費輸出" 來取得：

```
func GetRemainAmount() int {

    var rAmount int
    for _, v := range TinyUTXO {

        rAmount = rAmount + v.Amount
    }
    return rAmount
}
```

總而言之，UTXO 的存在，是為了方便計算某個位址下的可用輸出（餘額）。

4. 腳本的定義

腳本可以說是區塊鏈應用中一個極其重要的特性，我們經常說基於區塊鏈的各種數位貨幣都是可程式化貨幣，基於區塊鏈的各種合約也是可程式化合約，這種特性開啟了可程式化社會的一個新的起點。現在就來了解這個可程式化到底是什麼意思，它大致是怎麼實作的。

在介紹事務時，我們看到在事務的輸入中有解鎖腳本，在事務的輸出中有鎖定腳本。那麼，在一個事務中的這兩個腳本有什麼關係呢？

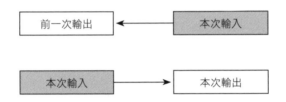

這是一個簡單的示意圖，大家注意其中的 "本次輸入"，在一次交易事務中，是由一組 "本次輸入" 和 "本次輸出" 組成，而 "本次輸入" 又是來自 "前一次輸出"，因此對應 "本次輸出" 的真正來源其實是 "前一次輸出"。這麼說也許還有些抽象，讓我們給這些動作賦予一些角色吧！

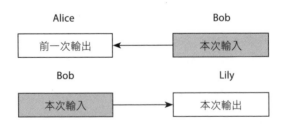

這裡我們假設 Bob 本來是一無所有的，他之所以能夠轉帳輸出給 Lily，是因為先前 Alice 轉了一筆錢給他。Alice 轉帳給 Bob 時，利用鎖定腳本標識了這筆錢的所有權，而這個鎖定的標識只有 Bob 透過自己的鑰匙才能解開，進而能夠使用 Alice 給他的這筆錢，Bob 用來解開這個標識所使用的工具就是解鎖腳本。

Bob 解鎖了 Alice 給他的輸出後，就可以自由地使用 Alice 轉給他的錢了，那麼讓我們站在解鎖與鎖定的角度再來看下圖：

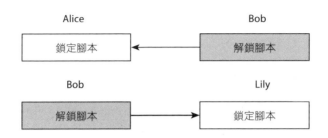

這裡的鎖定與解鎖腳本，其實就是一段驗證程式，原理跟古代的軍隊虎符差不多，在微鏈中，是透過使用公鑰演算法來實作這種虎符機制的，公鑰演算法的原理在這裡不再贅述，在之前的章節中已經有了敘述。

Alice 使用 Bob 的公鑰鎖定自己對 Bob 的轉帳輸出，這段鎖定程式就是 Alice 對 Bob 的輸出鎖定腳本。Bob 在對 Lily 轉帳時，首先解鎖了 Alice 對自己的那筆輸出，透過自己的私鑰解鎖了 Alice 對自己的那段鎖定程式，相當於虎符對上了，然後再使用 Lily 的公鑰鎖定自己對 Lily 的轉帳輸出，進而等到 Lily 想要使用這筆錢的時候，得使用 Lily 自己的私鑰去解鎖 Bob 對自己的這段輸出鎖定。看看，多麼環環相扣的設計啊，這也是比特幣的轉帳事務原理。

 注 意 　上述只是一個舉例說明，並不是說 Bob 對 Lily 的轉帳一定要使用 Alice 對 Bob 的那筆輸出，如果 Bob 有很多人對他轉帳，除了 Alice 還有 Eric、Gerge 等，那麼 Bob 是可以任意選擇要花哪一筆的（反正都是自己的錢）。

讓我們看一下微鏈中的腳本定義吧！

```
type ScriptAction struct {

    // 解鎖腳本中的私鑰簽名
    InSignData string
```

```
        // 解鎖腳本中的公鑰
        InPubKey string

        // 鎖定腳本中的公鑰
        OutPubKey string
}
```

還是以上述的 Bob 為例，在 Bob 要轉帳給 Lily 時，Bob 提供了 Alice 對自己那筆輸出的解鎖腳本，解鎖腳本中包含了自己的私鑰簽名和公鑰，也就是在此時，腳本中的 InsignData 和 InPubKey 都是 Bob 提供的，然後在建立對 Lily 的輸出的時候，使用 Lily 的公鑰來鎖定（因為 Lily 的公鑰只有 Lily 使用自己的私鑰才能解密，所以確保這筆帳款的輸出只有 Lily 的私鑰擁有者才能解鎖），即此時的 OutPutKey 是指 Lily 的公鑰資料。

在微鏈中，生成一個用戶的錢包位址時，過程如下：

實際上無論是比特幣還是以太坊等應用，基本上也都是這樣的一個生成關係。先生成一個私鑰，然後透過私鑰計算出公鑰，接著對公鑰進行加工，產生一個所謂的錢包位址，只是各自的演算法方式和編碼方式有所差別而已，在微鏈中，使用 RSA 演算法作為私鑰公鑰的生成演算法，而錢包位址則直接取得公鑰的前面 20 位（大家自己試驗時可以根據自己的設計來，總之讓私鑰、公鑰和位址符合上面的生成關係即可）。透過這些我們也能看到，實際上並不存在一個真正的所謂的錢包位址，只有私鑰和公鑰，位址只是公鑰經過某種轉化的資料而已。

發起一個交易時，鎖定和解鎖腳本是怎麼工作的？我們先設定一個情境，假設之前 Alice 轉帳 100 給 Bob，現在 Bob 要將這 100 轉帳給 Lily。

1) 第 1 步自然是要構造一個事務。即如之前所述，Bob 要轉帳給 Lily，首先得把 Alice 給自己的轉帳輸出解鎖。過程如下：

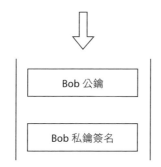

2） Bob 的解鎖腳本將自己的私鑰簽名和公鑰壓入一個堆疊,這個是用來解鎖 Alice 給自己的轉帳輸出,請看程式碼範例。

```go
// 堆疊方法
func (sa *ScriptAction) OP_PUSH(anyData interface{}) {
    myStack.Push(anyData.(string))
}

// 壓入 Bob 的私鑰簽名和公鑰到一個堆疊中
OP_PUSH（BobSign）
OP_PUSH(BobPubKey)
```

堆疊的定義不再贅述,總之就是一個後進先出的儲存結構,這個步驟相當 於 Bob 亮出了自己的身份證,接下來就希望 Alice 給自己的那段輸出鎖定 來驗證自己的身份。

3） Alice 給 Bob 的輸出腳本中包含 Bob 的位址,這個位址要與 Bob 的位址進 行匹配,看看是否一致。怎麼處理呢?首先在堆疊中要給出 Bob 的位址, 然後將 Alice 輸出腳本中包含的 Bob 的位址也壓入堆疊,透過一個方法來 判斷是否一致。

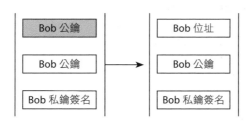

4) 還記得上面講述的私鑰、公鑰與位址的關係嗎？在這一步，首先在堆疊中複製一個 Bob 的公鑰，然後將複製的這個公鑰轉換為位址，這樣就實作了在堆疊中給出 Bob 的位址。請看程式碼範例：

```go
// 將堆疊頂的公鑰資料取出後取得前面 20 位
// 這 20 位作為錢包位址，並且再次壓入堆疊
func (sa *ScriptAction) OP_PUB20() {
    var pubKey = myStack.Pop().(string)
    var s = []rune(pubKey)
    var bfr20 = s[0:19]
    myStack.Push(bfr20)
}
```

程式碼很簡單，就是將公鑰轉換為位址，各個不同的區塊鏈應用有不同的轉換方式，這裡就取得公鑰的前 20 位作為一個例子（比起比特幣中的方法可是簡陋多了）。

接下來將 Alice 輸出腳本中包含的 Bob 位址也壓入堆疊。

以下程式示範了從堆疊中取出兩個資料，並比較是否相等的過程：

```go
// 從堆疊中取出兩個資料，比較是否相等
func (sa *ScriptAction) OP_EQUALVERIFY() bool {
        //myStack.Pop() 會從堆疊中取出堆疊頂資料後，然後在堆疊中刪除掉
    fstData := myStack.Pop().(string)
    sndData := myStack.Pop().(string)
    return strings.EqualFold(fstData, sndData)
}
```

虛線標記的 Bob 位址，就是來自 Alice 對 Bob 的那筆輸出腳本，現在就可以來驗證一下 Bob 的身份，比較堆疊中的兩個 Bob 位址是否一致。如果不

一樣那就有問題了，說明這個 Bob 可能是一個假的 Bob，如果是一致的，說明 Bob 提供的公鑰和 Alice 所提供輸出中 Bob 位址是相符的，則可以在堆疊中刪除這兩個 Bob 位址。那麼，接下來是否就表示 Bob 的身份已經完全認證通過了呢？當然不是，Bob 的公鑰本來就是公開的，誰都可以用他的公鑰來做匹配，因此還需要一步驟，用 Bob 私鑰簽名來匹配這個 Bob 公鑰，如果這一步也是一致的，那 Bob 的身份就算是確定了。

5）Bob 的公鑰私鑰相符。

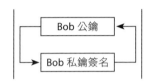

如圖，Bob 提供的私鑰簽名與 Bob 的公鑰進行比對，比對成功後，Bob 就可以建立針對 Lily 的輸出了，同樣地，Bob 使用 Lily 的公鑰建立了輸出腳本（或鎖定腳本），這樣 Lily 想要使用這筆錢，就要以上述同樣的步驟來進行驗證確認。

至此，即示範了微鏈中的鎖定腳本以及解鎖腳本的工作過程，請注意這裡的名詞，一個事務中的輸入腳本就是解鎖腳本，而輸出腳本就是鎖定腳本。這個工作過程也是模擬的比特幣，可以看到，公鑰密碼演算法在這裡發揮了很大的作用，因此，像比特幣這樣的數位貨幣被稱為加密數位貨幣。

5. 關於腳本的一點思考

前面幾節示範了腳本系統是如何工作的。可以發現，在微鏈中，每個位址所擁有的貨幣並不是儲存在一個帳戶的，而是透過一組腳本來證明所有權，不斷轉帳的過程其實就是不斷進行腳本的解鎖和產生新的鎖定，只要這些腳本程式一直能正常運作，這種轉換就能依賴腳本程式生生不息地運轉下去。不需要人為的審核，不需要查看身份證，一切都遵循著既定的規則，這其實就是 "程式即法律" （code is law）的思維。是不是很酷！

那麼，這些腳本除了能夠用於微鏈這樣的轉帳交易，還能做什麼？當然，微鏈是模擬了比特幣的做法，腳本指令是固定的，也因此只能做些交易轉帳的事情。如果對腳本的功能進行擴充呢？例如讓腳本程式可以支援更多的操作，實作更豐富的功能，有無可能？確實是可以的，以太坊就是在比特幣的基礎上，大幅增強了腳本的能力，不但實作了比特幣的所有功能，而且還可以讓使用者自訂腳本，使用以太坊支援的腳本語言進行自訂編程，實作如自訂代幣（在以太坊中使用腳本程式創造自己的數位貨幣）、眾籌合約、自治組織等各種豐富的應用程式。

以太坊透過擴充增強腳本能力，實作了除了數位貨幣以外的其他合約功能，也稱為智慧合約。事實上數位加密貨幣本身就可以看作一種合約，合約的有效條件就是解鎖腳本與鎖定腳本進行匹配。

6. 網路服務

一個區塊鏈應用如果不具備網路服務功能，就只能是一個單機的測試程式，沒有任何實用價值。一般來說，區塊鏈應用至少要具備如下的網路服務功能。

（1）節點發現

通常可以設計一個專門的 "發現協定"，目標就是讓一個個獨立運作的節點之間能夠互相聯繫，這個與我們平時交往新的朋友很類似。例如 Alice 有 10 個好朋友，Bob 有 15 個好朋友，當 Alice 與 Bob 認識後，彼此之間就能互相交換朋友訊息，這樣 Alice 和 Bob 就分別認識了更多的朋友，然後這些朋友之間還能彼此再認識，透過這樣的方式每個人都會認識越來越多的朋友。有時候為了更加方便大家去儘快認識新朋友，還會設定一些種子節點，這些節點會不間斷地長期運作著，剛剛加入的新節點可以首先去認識它們，相當於帶路。

（2）區塊主鏈同步

由於每一個節點都是獨立運作的，大家並沒有一個統一的伺服器作為同步參照，因此只能靠互相之間進行資料同步。例如 Alice 的節點目前的區塊長度是 10，透過網路監聽發現目前網路中最新的主鏈長度已經是 11，則 Alice 節點就會問身邊的朋友要資料，大家都會彼此幫忙。

（3）新區塊驗證

當有礦工打包出了一個新的區塊後，就會將區塊資料廣播出去，以盡可能地讓更多的其他朋友獲知，每一個節點都會敞開大門接收新的區塊資料，接收到後就會進行自己的一輪驗證，通過後就放到自己的倉庫中（區塊主鏈帳本）。

（4）記憶集區維護

區塊的生成是有時間間隔的，例如比特幣 10 分鐘一個區塊，以太坊是 15 秒一個區塊，但是交易並不是間隔發生的，而是無時無刻都會發生。某個節點上發生了一筆交易後就會立即廣播出去，其他的節點會負責接收，這些接收到的交易事務都需要等待驗證以及被打包到區塊。這裡面會有時間差，在沒有被確認到區塊主鏈之前，就會先保持在記憶集區，相當於一個臨時儲藏室。

在微鏈中，會啟動一個資料監聽服務與其他節點進行聯絡，我們看一下程式範例：

```go
// 啟動監聽服務
func StartListenServer(port int) {

    listenSocket, err := net.ListenUDP("udp4", &net.UDPAddr{
        IP:   net.IPv4(127, 0, 0, 1),
        Port: port,
    })
    if err != nil {
        fmt.Println(" 監聽服務啟動出錯 :" + err.Error())
    }
    fmt.Println(" 監聽服務正在運作中 ...")
    defer listenSocket.Close()
    for {
        handleNodeMessage(listenSocket)
    }
}
```

```go
var nCount = 0
// 訊息處理方法
func handleNodeMessage(conn *net.UDPConn) {
    defer conn.Close()
    var bufferData [1024]byte
    var recCommand string

    // 獲取接收到的資料
    for {
        n, clientAddr, err := conn.ReadFromUDP(bufferData[0:])
        if err != nil {
            fmt.Println("handle message error:" + err.Error())
        }

        // 將監聽到的資料指令放到一個字串中
        recCommand = string(bufferData[0:n])
        // 呼叫檢測方法，確保獲得的是一個合法的指令
        if CheckCommand(recCommand) == false {
            continue
        }
        nCount++
        // 首次連接時發送一個歡迎詞
        if nCount == 1 {
            conn.WriteToUDP([]byte(" 歡迎連線 !"), clientAddr)
        } else {
            switch recCommand {
            case "syncblock":
                fmt.Println(" 區塊資料同步請求 ")
                break
            case "transbroad":
                fmt.Println(" 交易事務廣播 ")
                break
            case "nodeexchange":
                fmt.Println(" 節點訊息交換 ")
                break
            default:
                fmt.Println("other")

            }
        }

    }
}
```

```
// 指令格式校驗
func CheckCommand(s string) bool {

    // 一系列的命令格式校驗
    return true
}
```

這是一段監聽服務的程式碼範例，可以看到其實就是一段普通的 UDP 服務，微鏈可以透過這個服務監聽其他節點發送過來的資料同步請求，以及要求交換節點網路位址和埠的訊息等，這是節點與節點之間的網路通道。

7. 挖礦

挖礦的目標是為了維持各個節點之間資料的共識，礦工（運作挖礦程式的計算機）透過執行運算挖礦程式搶奪到區塊資料的打包權，打包後將產生新區塊的訊息廣播到其他節點，並同步給其他節點。而系統也透過給礦工分配挖礦的獎勵來發行新幣，礦工為了得到新幣的獎勵就會持續運作挖礦程式，進而透過這種激勵的方式維持系統的運轉。

挖礦程式要運算怎樣的程式來搶奪打包權呢？在區塊結構的定義中，我們看到有一個難度位數和一個隨機目標值，微鏈中參考了比特幣中的挖礦演算法，對一個難度值進行隨機匹配來搶奪區塊資料的打包權。舉個例子，每一個區塊都有一個難度目標值，例如第一個區塊或者說創世區塊的難度值是 0x000FFF，這是一個既定的數值，在微鏈中認為這個難度值的難度是 1。這其實就是玩一個遊戲，例如我們擲骰子，要求連續擲 6 次，前 3 次必須都是 0，但是後面 3 次加起來的點數不能大於 18。在玩這個遊戲時，就得要不斷地擲骰子，大家一起比賽，看誰先骰出一個符合要求的點數出來。挖礦程式也是類似的原理，就是在不斷做這麼一件事。

1）計算出當前區塊的雜湊值 H。請注意，這個區塊是指礦工整理好準備要打包的新區塊；

2） 在 H 後面附加一個亂數，然後連起來再做一次雜湊計算，看得到的結果是不是符合要求。如果結果不符合要求就更換亂數來繼續嘗試；

3） 如果在挖礦過程中收到了其他節點發送過來的新區塊訊息，表示當前高度的區塊已經被確定了，礦已經被別人挖走了，這個時候就只好放棄。繼續下一個區塊資料的計算。

在這種情況下，為了保持出塊速度的均衡，每隔一段時間就需要調整一下難度，例如微鏈的出塊速度大致維持在 30 秒，則可以設定每個星期調整一次難度。按照 30 秒來估計，一個星期大約會出 20,160 個區塊，則系統設定為每間隔 20160 個區塊調整一次難度值。如此，則新的難度值 = 老的難度值 ×（最近 20160 個區塊的實際出塊總秒數 /604,800），604,800 表示理論上出 20160 個區塊的秒數，利用這樣的公式計算均衡一段時間產生的運算力誤差。

所謂的挖礦過程基本上就是這樣，我們可以看到，為了得到符合要求的結果，就必須找到那個亂數，就得不斷重複嘗試。這是多累人（不，是累 CPU/GPU）的事啊！也難怪大家都稱之為 "挖礦"。當然，目前有不少區塊鏈應用已經發展出了其他的挖礦演算法，有些是不用消耗運算力的，各種變種演算法也是層出不窮。對於這部分的程式碼，讀者可以根據自己的瞭解去實作。

8. 錢包

錢包用戶端在區塊鏈應用中主要用來儲存自己的私鑰，從私鑰就能得知自己的位址上有多少數位資產（不一定是數位貨幣，也可以是一個商業智慧合約），也可以發起一筆轉帳交易或者建立一份合約等。事實上，錢包的功能並沒有一個嚴格的規定，除了標準的私鑰管理以及查詢數位資產等，還可以將錢包的功能通用化，例如可以設計一個管理多種數位貨幣的功能，以便於用戶管理自己的各類數位資產；還可以連接主要的交易平台以方便數位資產的交易，當然這個要與交易平台對接。總體來說，錢包的功能就是提供給用戶一個區塊鏈程式的使用工具。前面示範的發起一個交易事務，查詢一個帳戶位址的餘額等，就是屬於錢包的功能。

8.5　微鏈實驗的注意問題

我們在實驗開發微鏈時，為了減少複雜度，省略了相當多的異常處理，就以上述的微鏈設計來講，是有很多問題沒有考慮的，例如：數位貨幣僅支援整數貨幣；基本上不做錯誤處理；區塊資料維持在記憶體中；不支援建立多個位址；不考慮臨時分岔的情況；出塊的時間戳記順序校驗；沒有嚴格的區塊資料驗證；不支援資料的並行處理……。

很多問題都是並未深入細節的，這一點務必要注意。要開發一個真正能大規模使用的區塊鏈應用，要考慮非常多的細節，任何一個問題的疏忽，都會留下潛在的巨大威脅。目前的知名公鏈系統（如比特幣、以太坊等），在這些年的運作過程中都暴露過很多問題，直到現在也仍然有很多潛在的問題威脅。

不過值得慶幸的是，作為開源軟體專案，社群的力量是巨大的，許多專業且熱心的開發者不斷提出各種改善方案，為系統的健康運轉添磚加瓦。我們在本章從微鏈的功能展示以及程式碼範例，可以大致了解一個區塊鏈程式是如何寫出來的。有興趣的讀者可以根據自己的想像力，按照自己的想法設計一個有意思的區塊鏈應用，從最簡單的開始，逐步完善，為這個領域的發展貢獻一份力量，再好不過。

8.6　本章重點心智圖

如果說區塊鏈技術就像是一片星空等待我們去探索，那麼本章所示範的僅僅只是一粒塵埃，無論是底層設施還是各種應用設計，都有著巨大的想像空間。區塊鏈技術也並不只是獨立的存在，其與傳統的資料平台，或者說區塊鏈的外部世界也在不斷進行融合對接，例如將鏈外資料塞入到鏈內的預言機、見證人、資料審計技術，而不同的鏈之間也在進行多鏈的資料對接，這將是多麼五彩繽紛的情境。我們就從最簡單的微鏈起步，像滾雪球一樣不斷完善和積累，進而邁向未來。下面我們看一下本章的重點心智圖：

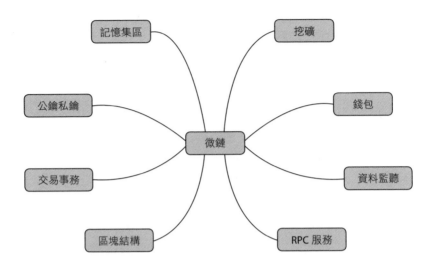

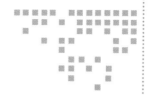

潛在的問題 *Chapter 9*

任何一個軟體系統都很難做到十全十美，在實際的使用過程中，會經受各種問題的考驗。不同類型的軟體都會有自己特有的問題，區塊鏈應用作為一種具有特有功能的軟體系統，也有著自己特有的問題。而本身區塊鏈應用的設計思想就是一種實驗，需要經過時間的考驗。在全世界第一個區塊鏈應用程式比特幣的 "關於" 說明中，也指明這是一類實驗性的軟體系統。

如上圖所示："這套軟體屬於實驗性質。" 事實上從比特幣開始，之後的所有區塊鏈應用系統都是實驗性的軟體，鏈式的帳本結構、去中心化的思想、最終一致性的特點等，這些設計特點能否在實際的商業應用中穩定運作，都需要大量的實驗論證。

事實上，這些年各類區塊鏈應用在使用過程中已經暴露了各種問題，甚至還發生過重大的漏洞事故。區塊鏈技術被認為可以妥善應用在金融、審計、支付、見證等領域，這些領域的軟體系統必須是可靠的，因此在計劃應用區塊鏈技術來提供這些領域的服務時，必然要充分地了解可能會發生的各種問題。人類歷史中，所有技術應用都會經歷一個發展階段，早年的火槍技術容易炸膛，手術技術容易感染，手機也只能用來打電話。一個有發展前景的技術，需要在不斷地發現問題中找到原因，進而改善。

9.1 兩個哭泣的嬰兒：軟分岔與硬分岔

我們知道，所謂區塊鏈就是一個個的區塊資料，透過區塊的雜湊值（相當於區塊的 ID 編號）串聯起來，如此而形成一個鏈條般的帳本資料。

在這裡先問大家一個問題，假設在區塊增長到 2 號時，若此時軟體升級，增加之前版本中不能識別的一些資料結構，會發生什麼事？在傳統的中心化軟體體系中，似乎並沒有什麼問題，無論是 LINE、Apple Pay 等等，經常三不五時升級一下。錯了嗎？

這是因為這些中心化的系統，資料儲存都是集中的，版本管理也是集中的，如果是重大的升級，完全可以設定為若不更新到最新版就不能進行登錄操作，進而確保使用者使用的總是正確的版本。然而區塊鏈先天是去中心的使用方式，一旦有新的軟體版本發布後，很難控制讓每個人都升級到新版本，這就可能導致如下圖所示的問題。在 2 號區塊生成時發布了新的版本，且新的版本增加了之前版本不能識別的資料結構，此時部分使用者升級了新版，部分使用者還沒有升級，這些新舊版本的軟體仍然在各自不停的挖礦、驗證、打包區塊，一段時間過後就會變成這樣：

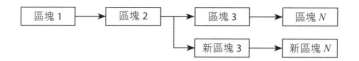

這個就叫分岔，現在讀者應該很容易瞭解了吧！實際上根據不同情況，分岔的情況可以繼續細分為如下兩類。

1. 新版本節點認為老版本節點發出的區塊 / 交易合法

此時對於新版本來說，仍然是可以保留之前的區塊鏈資料，因為完全相容。但是老版本的節點是否能依然接受新版本節點發出的區塊就不一定了。

> 問：新版本能相容老版本的區塊，這個我能瞭解，但是老版本不一定是什麼意思？難道說老版本還能繼續識別新版本？新版本升級之後既然增加新的資料結構，老版本當然不能識別呀？

> 答：這個確實是需要分情況的，例如老版本中有一個備用的資料欄位，這個資料欄位一直都是閒置的，在老版本中也沒發揮什麼作用，而新版本使用了這個備用的欄位。此時由於老版本本來也沒使用這個備用欄位，因此對於新版本發出的區塊是依然能接受的，相當於欺騙了老版本節點。

這種情況下，區塊鏈的生成如下圖所示：

可以看到，此時在區塊鏈中，無論是老節點維護的區塊鏈資料還是新節點維護的區塊鏈資料，都有可能既包含老版本的區塊也包含新版本的區塊。不過實際上，在區塊鏈應用程式進行重大升級時，都會事先取得社群的投票同意，保證大部分的運作節點都願意升級到新版本。這種情況下，由於新版本節點的運算力要大於老版本的節點，所以一旦完成升級後，後續的打包區塊基本都是新版本節點發出來的，也就不太會發生老版本區塊和新版本區塊交錯連結的情況。

2. 新版本節點認為老版本節點發出的區塊 / 交易不合法

這種情況下,新版本節點基本上就是另外一套區塊鏈程式了,如下圖所示:

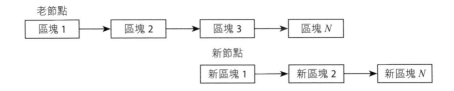

老節點如果還能接受新節點發出的區塊,那麼在老節點維護的區塊鏈資料中,還有可能會插入新版本的區塊,但是對於新節點來說,不再會有老版本的區塊了。不但不接受新產生的老版本區塊,對於之前的老版本區塊也不再認可,因此這種情況下等於新版本的節點單獨另外開闢了一條區塊鏈。

上述解釋了區塊鏈程式由於版本升級的原因導致的幾種可能的分岔情況,實際上站在老節點的角度,無非就是新版本節點產生的區塊自己還能不能認識,透過能不能認識,導致兩種類型的分岔:軟分岔和硬分岔。

(1)軟分岔

老節點不能發現新協定的變化,進而繼續接受新節點用新協定所挖出的區塊,這種情況稱為軟分岔。此時,老節點礦工將可能在它們無法完全瞭解和驗證的新區塊上繼續添加區塊。

(2)硬分岔

當系統中出現新版本的軟體,並且和之前版本軟體不能相容,老節點無法接受新節點挖出的全部或部分區塊,導致同時出現兩條鏈,這種情況稱為硬分岔。

無論是軟分岔還是硬分岔,對於區塊鏈應用來說都是一件重大的事情,如果新版本在沒有取得社群(主要是占據主要運算力的礦池用戶)一致認可的情況下就強制推行升級,很有可能就會導致嚴重的分岔問題,分岔後會發生些什麼是很難預料的。目前比特幣就出現了數個不同的版本,包括 BitcoinCore,還有新推出的 BitcoinClassic、BitcoinXT 及 BitcoinUnlimited（無事務塊大小和費用限制）。而以太坊在經歷了著名的 TheDAO 合約漏洞攻擊事件後直接就進行了硬分岔，分為了以太坊經典（ETC）和以太坊（ETH），這其中又糾結了各種價值觀問題、利益問題等。

那麼，除了上述的版本升級會導致分岔問題，還有別的什麼情境嗎？假設版本都是統一的，還會有分岔產生嗎？當然有，大家要知道，區塊鏈應用程式是沒有一個固定的伺服器來保證資料的一致性，它靠的是網路共識演算法，在非同步網路環境下（我們的網際網路就是屬於非同步網路環境），任何一個節點都是獨立工作的，它可能會被關機，可能處於網路不良好的環境，而在接受其他節點發過來的區塊資料時，也有可能會收到多個臨時版本，需要裁決到底使用哪一個等等。所有節點都只能進行 "最終一致性"，最終一致性就是現在還不一致，但是過段時間大家就會依靠規則互相同步達成一致！

在這些情況下導致的分岔屬於臨時性分岔。以下說明一種情況，在一個節點接收其他節點發送過來的區塊資料時，假設當前區塊號是 10 號，下一個是 11 號區塊。以比特幣為例，要等待礦工發送 11 號區塊出來，而此時，可能會有多個礦工都挖礦成功，也就是說會發送多個 11 號區塊過來，這個時候節點對於接收到的多個區塊會都儲存下來，等待以後的篩選，最終會淘汰掉其他只剩下其中一個納入主連結收（網路會以最終最長的那條鏈為準，這也是為什麼在比特幣中，會建議交易至少等待 6 個區塊確認後才算是確定了）。在沒有決定哪個區塊會進入到最長的那條鏈時，就會臨時性產生分岔，如下圖所示：

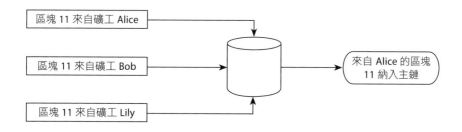

事實上，這種情況的分岔僅僅是一種競爭過程的中間產物。

接下來讓我們來設想另外一種情況。假如某個人,例如 Bob,他組了一個大型的區域網路,這個區域網路很大,橫跨了五大洲,同時這個區域網路不與外網相通。現在在這個區域網路中安裝了大量的比特幣節點程式,這些節點程式可以正常挖礦、驗證、交易等,但資料就是不能與外網相通。這種情況下,如果過了很長時間,某一天突然讓這個區域網路能夠與外網相通,能夠發現到外網的其他比特幣節點,會發生什麼事?當這個區域網路封閉足夠長的時間後再與外網相通,網內和網外的節點還能正常同步嗎?

實際上這種情況會對比特幣的主鏈網路產生比較大的影響。假如把這個封鎖與外網連接的區域網路作為一種攻擊手段,實際上就是一種針對比特幣的 "分割攻擊"。將一批比特幣節點與主網路分割出來的攻擊行為稱為分割攻擊,如果只是延遲一下新區塊的廣播,則稱為 "延遲攻擊",這些情況導致的問題並不是分岔那麼簡單,而是會引起其他問題,例如重複支付或者浪費大量礦工的資源。

當然,這些問題並不只是比特幣會有,只要是區塊鏈應用,都會面臨這些問題。

9.2　達摩克利斯劍:51% 攻擊

我們知道,區塊鏈應用是一個點對點的網路程式,彼此之間透過一個共識規則來進行資料的一致性同步,這個共識規則在軟體中也就是一個共識演算法,例如比特幣中的工作量證明(Proof of Work),以太坊中也是使用工作量證明(根據開發計劃,以太坊會更改共識演算法),還有一些應用會使用其他共識演算法,例如 PoS、DPoS 等。這些演算法各自也有很多變種,無論是哪一類,其目標都是一致的,就是提供一個相對公平也容易遵守的機制來確保節點區塊鏈資料的一致,誰來運作這些演算法程式,那誰就是礦工,也就是運作挖礦程式的節點。礦工透過完成某種證明演算法,得到區塊資料的打包權,可以將網路中已經發起但還沒有打包到主鏈的事務資料打包儲存到新的區塊,並且廣播給其他節點。倘若有人透過某種手段,十之八九的打包機會都被他占有,那會發生什麼事?

我們來舉個例子，在一個村子裡，大家都要做事，做完事後就到會計那去登記一下，記錄今天誰誰誰做了什麼，第二天根據勞動量來分配獎金。這種情況下，這個會計就有很大的權力，於是大家決定不能總是指派某一個人記帳，要經常更換，有人就提出一個辦法，透過擲骰子來決定第二天誰來記帳，每個人擲骰子 6 次，加起來的點數誰最多誰就做第二天的會計（如果點數一樣就繼續投擲，反正最後就會找到那麼一個人），大家都覺得這個辦法不錯。可是有一天有個傢伙練成了一手絕技，每次都能擲最大點，誰也競爭不過他，結果天天都是他來做會計記帳，這個時候等於又回到了之前的問題原點，這個人擁有了對帳本的支配權。

區塊鏈程式也是類似的，例如比特幣是通過工作量證明來競爭打包權的，那就是說誰的運算力大，誰就能有更大機率來獲得打包權。那就好辦了，某人是個"有錢人"，買了很多效能最頂級的礦機（專用挖礦的設備），那他是不是在某種程度上能控制區塊鏈的記帳呢？

事實上就是這樣。目前比特幣的挖礦運算力主要集中在幾個礦池，普通計算機能挖到礦的機率已經很渺茫了。當掌握某個區塊鏈網路中絕對力量的打包權時，就擁有了一定的破壞能力，這種破壞攻擊就稱為 51% 攻擊，為什麼叫 51% 而不是 60% 或者 99% 呢，這只不過是個象徵性的說法罷了，不用太認真。51% 就表示占據了過半的運算力。

話又說回來，當占據了優勢運算力，實際怎麼個攻擊法呢？比特幣中的區塊是一個個銜接對應的，而其中的交易事務也是透過輸入輸出的形式一一對應，就算是隨便修改了一個區塊的交易事務，可是要想記入到主鏈中，還得將區塊發送出去，等待被其他節點驗證後才行，隨便做了一個破壞性的修改，根本就不能得到其他節點的驗證通過，那不等於沒辦法攻擊嗎？OK，我們就來示範一下這個 51% 攻擊是怎麼一個情境，我們就以使用工作量證明機制的比特幣來說明。

我們來設想一下，當打包權掌握在自己手裡後，能做些什麼？

（1）修改自己的交易記錄，偽造交易

我們來看一個例子，看看如何透過這種攻擊從交易所獲得利益。

1）將自己現有的比特幣儲值到某個交易所（這是為了兌換法幣）。

2）自己計算出一個區塊鏈，包含了一條交易訊息，例如發送比特幣到自己位址中。

3）假設這個自己計算出來的區塊鏈的長度為 10，此時先不向網路廣播這個新的區塊，而是先到交易所平台將自己現有的比特幣換成現金提取出來，這個提取比特幣的交易事務會記錄在正常的區塊鏈中。

4）假設當提取現金時，正常的區塊鏈主鏈的長度還是 9，而我構造的區塊鏈的長度已經是 10 了，此時向網路廣播出去，網路會確認我的區塊鏈是正確的，並且會記入到主鏈中去。

5）此時現金已經被我提出來了，而我廣播出去的第 10 號區塊（最新的區塊）中並沒有包含我向交易所儲值的記錄，等於比特幣還在我的位址中。

目前為止，一次攻擊就完成了，上述只是一個與交易所之間的例子，其實還有很多其他生活中的情境，例如某咖啡店支援用比特幣購買咖啡，我支付給咖啡店一定數額的比特幣，此時由於是小額支付，咖啡店並不會等到若干個區塊確認後才煮咖啡（按照比特幣 10 分鐘一個區塊的進度，要等上若干個區塊認證……算了，還是不喝了），這個時候這筆交易還沒有記入到主鏈中去，嚴格說還處於記憶集區，等待被打包，此時我喝著買來的咖啡，然後透過自己的優勢運算力在獲得打包權後將自己的這筆支付記錄去除掉再廣播新的區塊出去，這樣就能不花錢喝一杯咖啡了。

（2）阻止區塊確認部分或者全部交易

這個很簡單，既然區塊打包權在我手裡，那這個區塊裡放入哪些交易事務就是我說了算，只要不違背比特幣交易事務之間的銜接關係，也就可以任意剔除掉一些交易事務，使得有些交易事務長時間得不到主鏈確認。

（3）阻止其他礦工開採到區塊

當運算力優勢非常明顯時，阻止他人挖礦也就是顯而易見能做到的了，這種情況下還會導致其他礦工失去挖礦積極性，導致最後挖礦運算力更加集中在少數優勢運算力的礦工手中。

為了防止運算力資源過於集中進而導致一個去中心自治的區塊鏈系統形式上變成了一個中心化系統，人們也一直在尋求更好的共識演算法，例如 PoS 演算法、DPoS 演算法等。這些演算法不依賴於運算力證明，而是透過持有數位代幣的股權隨機分配或隨機投票選舉代表等方法達到效果。迄今為止，各類共識演算法都各有優劣，有些區塊鏈系統將共識模組開發成一個可裝配的元件，可以根據需要隨時替換新的共識機制，不再像比特幣這樣寫死在程式碼中。

當然，即便是一段時間內，運算力集中在某些礦工手中，也不見得就會馬上受到攻擊，畢竟礦工挖礦是要付出代價的（電費、設備損耗等）。而占據運算力優勢的礦工投入更是不菲，花了這麼多代價，反過來再攻擊網路，使大家不再信任，結果自己挖出的幣也就不值錢了。相信礦工們還是會三思的。

最後提醒一下，51% 攻擊雖然可以占據打包權，可以決定打包區塊中的交易事務，但並不是可以無限制地修改，至少 51% 攻擊無法做到以下的事情：

1）　修改他人的交易記錄（沒有他人的密鑰）

2）　憑空產生比特幣（其他節點不會通過確認，無法達成網路共識）

3）　改變每區塊的比特幣發行數量（其他節點不會通過確認，無法達成網路共識）

4）　把不屬於自己的比特幣發給別人或自己（除非破解密碼）

5）　修改歷史區塊資料（其他節點不會通過確認，無法達成網路共識）

9.3 簡單的代價：輕錢包的易攻擊性

我們先來看一下，通常一個標準的錢包應用由什麼組成。

錢包之於區塊鏈應用程式來說，是一個前端工具，其作用主要是提供給用戶一個互動操作的應用，以便於用戶可以透過錢包來進行密鑰管理、轉帳交易、餘額查詢、合約部署等一系列操作。透過上圖可看到，標準情況下，錢包用戶端是與完整區塊鏈帳本資料在一起的，對於這些保有完整的、最新的區塊鏈拷貝的錢包應用，稱為 "完全錢包"，能夠獨立自主地校驗所有交易事務，而不需藉由其他的節點服務。除了這種完全錢包，另外還有一種錢包只保留區塊鏈的一部分，準確地說是只保留區塊頭而去除了區塊體中的詳細事務資料，因此可以大大減少需要同步的資料量，它們透過一種名為 "簡易支付驗證"（SPV）的方式來完成交易驗證，這也就是所說的輕錢包的概念。

我們知道，當透過錢包進行一次轉帳交易時，需要經過一個支付驗證，再經過一個交易驗證才能有效。支付驗證比較簡單，主要完成兩件事：判斷用於 "支付" 的那筆交易是否已經被驗證過以及得到了多少個區塊的確認。交易驗證就要複雜多了，需要檢查餘額是否足夠，是否存在雙花，腳本能否通過等，通常是由運作完全節點的礦工來完成的。

讓我們來看一個情境：考慮這樣一種情況，Bob 收到來自 Alice 的一個通知，Alice 聲稱她已經從某帳戶中匯款一定數額的錢給 Bob。去中心方式下，沒有任何人能證明 Alice 的可靠性。接到這一通知後，Bob 如何能判斷 Alice 所說的是真是假呢？看看下面的驗證過程：

1）若是交易驗證：Bob 本人想親自驗證這筆交易。首先，Bob 要遍歷區塊鏈帳本，定位到 Alice 的帳戶上，這樣才能查看 Alice 所給的帳戶位址上是否曾經有足夠的金額；接下來，Bob 要遍歷後續的所有帳本，看 Alice 是否已經支出這個帳戶位址上的錢給別人 (是否存在雙花欺騙)；然後還要用驗證腳本來判斷 Alice 是否擁有該帳戶位址的支配權。這一過程要求 Bob 必須得到完整的區塊鏈才行，也就是說 Bob 節點上必須要有完整的區塊鏈資料副本。

是否有足夠金額	是否存在雙花	是否有支配權

2）如果 Bob 只想知道這筆支付是否已經得到了驗證（驗證了就出貨），也就是說自己不想做完整的交易驗證，只希望透過系統來快速驗證兩個東西：支付交易是否已經收錄於區塊鏈中和得到多少個區塊的確認，這種情況下 Bob 節點是不需要有完整的區塊鏈資料副本的。

交易是否已收錄	多少區塊確認

顯然，對於日常的支付需求來說，往往僅做一次支付驗證其實就夠了，更何況，倘若必須隨時隨地都要攜帶完整的區塊鏈副本資料，那可要命了。以比特幣來說，目前的資料大小已經有 100 多 GB，而且還在不斷增長中，怎麼可能到處帶著，更不可能在手機這種移動設備上安裝，如此可用性就太低了。於是 SPV（Simplified Payment Verification，簡單支付驗證）就應運而生了，就是不運作完全節點也可驗證支付的意思，用戶只需要儲存所有的區塊頭就可以了，當然由於只保留區塊頭，因此用戶自己是不能驗證交易的，需要從區塊鏈某處找到相符的交易，才能得知認可情況。

這種 SPV 錢包也就是輕錢包，大大方便了使用，可是問題也顯而易見，由於只是簡單透過區塊頭來驗證一下是否存在交易，相當於警衛在進行登記檢查時，只是看一下通行證是不是在許可範圍內，而不再檢查這個人真正的身份來歷，這個時候安全性就完全取決於通行證本身的真實性。事實上 SPV 錢包是把檢查的主要工作交給同事（其他完整節點），同事若認真負責就不會有問題，同事如果偷懶，那就要出事了。

9.4 忘了保險箱密碼：私鑰遺失

在日常生活中，能夠標識我們身份的就是身份證，每個人都有自己的 ID 編號，我們在銀行辦了卡，如果忘記密碼可以憑身份證去銀行重設；如果身份證遺失，那可就麻煩了，身份證就是我們在這個國家的唯一標識（當然也還有其他證明例如護照、駕照，這裡暫且不表）。那麼，在區塊鏈應用的世界裡，唯一標識一個用戶身份的是什麼呢？答案就是私鑰。在這裡，每個用戶都擁有一對密鑰：公鑰和私鑰。

如圖所示，用戶在辦身份證的時候，系統會首先生成一個私鑰，然後根據私鑰生成公鑰，這兩個是一對，然後再對公鑰進行一些編碼處理得到一個錢包位址，幾乎所有的區塊鏈應用都是這樣一個身份管理過程，只是實際使用的演算法不同而已。可以看出，私鑰是多麼重要，掌握私鑰就什麼都掌握了，可以進行轉帳和任何區塊鏈應用支援的其他操作。

那麼，既然私鑰如此重要，如果不小心遺忘了該怎麼辦？憑身份證去哪重設？不好意思，如果私鑰遺失了，那就是真的遺失了，沒有任何人能夠幫你恢復，假如你的某個錢包位址下有大量的數位資產，那可就心寒了。就目前來說，例如比特幣系統中，就有很多被遺忘了私鑰的位址，其總額加起來價值數十億美元，可是一點辦法都沒有。難道不能破解這個密鑰嗎？既然公鑰是公開的，可以想個辦法推導出私鑰，大不了慢慢去試。就目前世界範圍內廣泛使用的公開密鑰演算法，例如 RSA（基於大質數分解困難度的演算法）、ECC（橢圓曲線密碼）等，還都沒有被破解的先例，如果是去慢慢地試（暴力破解），那在數學機率上是很低的，基本上相當於從唐朝算到清朝也試不出來。

現在的很多錢包軟體，為了追求使用的便捷性，發明很多鑰匙串技術，例如 HD（Hierarchical Deterministic Wallets，階層確定性錢包），使用一個私鑰生成更多的私鑰，進而使用一把私鑰就可以管理自己眾多的位址，那可就更不得了了，如果這把私鑰丟了，那就是丟了整個鑰匙串。

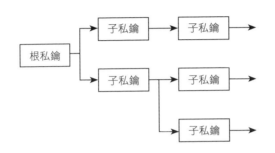

如圖所示，方便是方便，不用記住那麼多的私鑰了，但是方便的反面就是潛在的危險。當然了，這個問題也並非無解，還是可以有一些其他的安全措施，例如製造一個硬體錢包，跟隨身碟一樣往電腦或者手機上一插，透過指紋識別然後啟用私鑰進行操作；或者透過一段自己能記住的話語來生成私鑰，這樣能相對有效地防止遺忘。還有一種做法，那就是使用多重簽名，這個技術要運用到智慧合約，例如 Alice 建立一份資產合約，其中有價值 1000 的數位貨幣。此時 Alice 在合約中做了一個規則，當要一下子提出所有的資金時，必須要他本人和 Bob 同時簽名（多重簽名技術）才行，如果只有一個人簽名，則每天只能提取 10 元，此時如果 Alice 忘記自己的私鑰，則可以透過 Bob 慢慢轉出這筆錢。

9.5　重播攻擊：交易延展性

先解釋一下什麼叫重播攻擊（Replay Attack），顧名思義，重播就是重複播放的意思，因此又稱為重播攻擊或重播攻擊，實際是指攻擊者發送一個目標主機已接收過的封包，來達到欺騙系統的目標。我們來舉個例子。

Alice 家裡安裝了一個語音識別的安全門，每次回家時 Alice 只要對著門口說一句："開門開門，我是 Alice。" 這樣門就會打開，自從安裝了這樣一個門以後，Bob 再也沒辦法偷偷拿 Alice 的鑰匙去她家了（根本就用不著鑰匙啊）。這可怎麼辦呢？於是 Bob 偷偷躲在 Alice 門口的角落裡，等 Alice 回家時，用錄音筆錄下 Alice 的語音口令，等下次 Bob 再到 Alice 家時，只要播放這段語音口令，門就能打開了（欺騙了門的識別系統，系統誤以為是 Alice 的語音口令）。這就是重播攻擊的意思了，合法的主人是使用什麼樣的通訊口令來進行身份認證的，攻擊者截獲這段通訊口令，然後原樣的發送給系統，進而欺騙了系統的驗證。

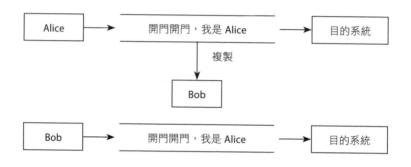

什麼叫交易延展性呢（Transaction Malleability）？延展性是一個形象的稱呼。我們知道，在自然界中，有些材料可以經過各種拉伸、鍛造來改變形狀，但是不會改變材質和質量，例如黃金白銀，歷史上我們都曾經使用過這兩者作為貨幣，無論是整塊的黃金白銀還是碎銀子碎金子，無論是打造成元寶的形狀還是磚頭的模樣，都不影響它本身的材質和質量。我們只要秤一下重量，符合重量需求，就能照常花用（接收者都能驗證通過）。區塊鏈應用的轉帳交易功能，也有這樣的現象（當然，對於已經修改這個問題的應用就不再有這樣的問題了），我們以比特幣為例來說明這個問題是怎麼發生的。

要瞭解這個問題怎麼來的，需要先了解比特幣的交易事務的結構。簡單地說，比特幣在進行轉帳交易時，會構造一條交易資料，這條資料中包含轉帳者的簽名、接收者的位址等重要訊息，就如同一張支票一般，按照格式填好訊息後，簽上名字就發出去了。發到哪？發到比特幣網路中，讓其他節點來共同見證這筆轉帳，只要驗證沒有問題，就會被礦工打包到新的區塊中，這就算是轉帳完成了。可是，大家有沒有注意到，就這麼一張“支票”發送到網路中，就不怕別人篡改嗎？萬一某個節點拿到這張“支票”後，把金額改掉或者把轉帳位址改成自己怎麼辦？放心，這些訊息還真改不了。假設 Alice 轉帳一筆 1000 的金額給 Bob，而我接收到這個發出來的“支票”資料，此時我想進行如下修改：

1）將 1000 的金額改成 800；

2）要想修改金額，得擁有 Alice 的密鑰，因為這部分的訊息是 Alice 用自己特有的密碼簽名蓋章的，沒有密鑰是沒辦法修改的，而且這個密鑰可不像日常生活中的廉價印章可以隨意冒充，這是由特有的密碼演算法決定的；

3）將 Bob 的位址替換成我自己的；

4）要想修改 Bob 的位址，得首先解密這一塊的訊息，因為這一塊的資料是使用 Bob 的密鑰加密的，只有 Bob 才能解開。

真是一籌莫展啊！那我只想破壞，隨便修改掉一些訊息行不行？行是行，可是發揮不了破壞的作用，因為其他節點一旦接收到被修改過的明顯有問題的“支票”會直接驗證不通過，就被扼殺在襁褓裡了。讓我們來看一下這個簡單的示意圖：

如圖所示，比特幣透過現代密碼學技術以及特有的格式設計，確保攻擊者難以對“支票”本身進行破壞性的修改。然而，在比特幣的“支票”中，為了唯一標識這麼一筆交易，針對每張支票都計算出一個 ID 號，相當於每張支票的唯一編號。這個編號是怎麼計算出來的呢？它是將整個支票上的內容包括簽名蓋的章在內，經過一個雜湊計算得出來的，如果這張“支票”的內容就此不發生任何變化，那麼這個編號也就永遠都是那麼一個號，直到被記錄到主鏈區塊中去就算是定案了。

現在還記得前面說的延展性嗎？是的，如果有一個辦法，稍微改變一下支票的某個能修改的訊息，但是仍然保證這張支票是有效的，能夠透過網路中的節點驗證，會發生什麼事？那就會導致支票上的編號發生變化（相當於黃金的形狀變化了，但是材質和質量仍然沒變），編號為什麼會發生變化，因為編號的計算方法確保了只要這張 "支票" 中任何參與計算的內容發生變化，得到的結果就會不一樣。

那麼，延展性攻擊修改了什麼？修改的就是 Alice 的簽名。舉一個容易瞭解的例子，假如有一個數字 1，現在我要修改這個數字 1，但是修改之後要保證它仍然是代表 1，該怎麼修改？很簡單，我可以把它改成 1.0，看到了吧！我只不過是加了個小數位而已，這並不能改變這個數字的數學意義，它還是代表 1，可對於編號的計算方法來說，這就算是內容發生變化，它就會計算出另外一個支票編號。

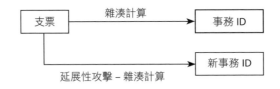

圖中的事務 ID 就是 "支票" 編號的意思，那麼，攻擊者透過這樣的更改能幹嘛呢？它可能會導致以下的後果：

1）接收方無法透過原始的事務 ID 來查詢這筆轉帳；

2）被修改過的交易會與其餘在網路中傳播的原始交易爭搶進入區塊，一旦搶先進入了新的區塊，原始交易就會被網路中的節點拒絕。雖然不影響轉帳本身，但是會帶來迷惑，而攻擊者利用這種迷惑可以達到一些欺騙的目標；

3）阻止原始的交易進入區塊。

這種類型的攻擊就是屬於事務延展性重播攻擊。

這個問題有沒有解決的方法呢？還是有的。其中一項就是隔離見證。隔離見證的方案很簡單，既然是因為簽名被更改導致的問題，那就將簽名從交易資料中分離出來，放到別的地方。這樣做還有一個好處，那就是將簽名資料從交易資料中分離後，相當於節約了儲存空間，等同於擴充了，擴充後就能讓一個區塊容納更多的交易記錄。

當然，這種方法也是很有爭議的，比特幣社群一直都沒有統一意見，其中一個原因就是這實際上是一種軟分岔方案（讀者可以對比一下軟分岔的概念），軟分岔本身是帶有一定的風險的。2017 年 5 月，萊特幣首先完成了隔離見證的啟動。（萊特幣的原始碼與比特幣基本一致，只是共識演算法不一樣，因此有類似問題。）

9.6　程式碼漏洞：智慧合約之殤

9.6.1　TheDAO 事件

提起 TheDAO，不能不提到以太坊，因為這個事件就是以太坊發展過程中發生的一個重大的安全事件。事實上這個事件到最後已經演變為兩種價值觀之爭，而不再只是技術方面的爭論，以太坊也因為這個事件硬分岔為兩個版本：以太坊經典（ETC）和以太坊（ETH）。

先來說一下這個事件吧！以太坊屬於區塊鏈的二代技術，與比特幣這種一代技術的應用比起來，支援更複雜的腳本編程，不但本身實作了數位貨幣，而且還可以讓開發人員透過使用以太坊支援的腳本語言自訂編寫所需功能的智慧合約，這是一個相當跨越的創新。透過智慧合約的實作，人們可以在以太坊上建立自己的數位貨幣（沒錯，你可以在以太坊上建立以你名字命名的數位貨幣）、眾籌合約（類似於一個公開透明的基金帳戶）、自治管理組織（例如建立一個融資租賃公司，建立一個合作翻譯的組織等）。以太坊的這些功能引起了人們極大的興趣，其中就有人透過這些技術特性建立了一份眾籌合約，這便是 TheDAO 事件的開始。

這裡要特別留意 DAO 與 TheDAO 的區別，DAO 是 Decentralized Autonomous Organization 的簡稱，也就是去中心自治組織或者叫分散式自治組織（兩種說法有哲學意味上的差別，這裡就不深究）。DAO 是以太坊智慧合約支援的一個功能，而 TheDAO 是透過這種技術建立並運作在以太坊上的一個智慧合約。這是由德國初創公司 Slock.it 開發建立的，這份眾籌合約一度融資眾籌達到 1.5 億美元，每個參與眾籌的人向眾籌合約投資以太坊（其實以太坊本身支援的數位貨幣，也可以叫以太幣），並且根據出資金額獲得相應的 DAO 代幣，出資人具有審查專案和投票表決的權利。

然而，以太坊本身雖然強健，跟比特幣網路一樣，透過一系列的區塊鏈技術確保了安全，但是建立在其上的智慧合約卻未必如此，比特幣為什麼沒出現過這樣的問題，因為比特幣本身並不支援複雜的腳本編程，只有功能極其簡單受限的堆疊指令，以太坊拓展了腳本的功能，使其成為了功能完備的編程腳本。複雜帶來功能的強大，也帶來更多的危險。

TheDAO 合約的原始碼中存在著一個函數呼叫的漏洞，使得攻擊者可以將 TheDAO 資產池中的以太幣非法轉移給自己。這個問題被發現後，TheDAO 監護人立即提議社群發送垃圾交易阻塞以太坊網路，減緩 TheDAO 資產被轉移出去的速度（這個其實本身又是另一個問題）。2016 年 7 月，以太坊官方修改了以太坊的原始碼，在區塊高度 1,920,000 強行把 TheDAO 及其子 DAO 的資金轉移到另外一個合約位址，透過這種方式奪回被攻擊者控制的 DAO 合約中的幣，但是這樣卻導致以太坊發生了分岔，進而導致變成了兩條鏈：一條為原始的區塊鏈（ETC），一條是分岔出來的新的鏈（ETH）。

可能有朋友會覺得奇怪，怎麼原始的鏈還會一直存在呢？是的，這是因為以太坊作為區塊鏈應用，是一個去中心分散式的系統，軟體升不升級不是創始人能控制的。事實上，ETC 和 ETH 代表了社群的兩種價值觀，ETC 一方認為無論資金發生什麼樣的問題，這個是已經發生的事實，而區塊鏈應用的精神就是不可篡改，帳本已經形成就是形成了，這是必須堅持的原則。ETH 一方認為這是一種違法行為，一種破壞行為，發生在軟體系統上的行為不能違法，不能忽略司法的意義，為了堅持一種信仰而任由破壞者攻擊是不合適的。

無論如何，這個事件的影響是很大的，也讓大家意識到，智慧合約還處於發展的初始階段，區塊鏈應用有很好的創新，很好的技術機制，但當複雜度提高以後，建立在上面的應用也會伴隨著各種風險，同時與此相關的各種法律法規建設以及監管制度也急待探討建立。未來，相信隨著相關的技術標準的逐步建立，程式規範的建立以及底層基礎設施的不斷進化，很多技術上的問題會一一得以解決。往往破壞性的事件充分暴露潛在的問題，反而會促進技術的進步。

9.6.2　Parity 多重簽名漏洞

Parity 是以太坊中使用很受歡迎的一類錢包用戶端，它是使用 Rust 語言開發的，是一種可以用來編寫底層系統的開發語言。Parity 在效能上很卓越，運作速度快，系統資源占有少，區塊資料的同步也很快。另外，雖然 Parity 是一個全節點錢包，但是同步區塊資料的時候對於較早期的區塊只保留了區塊頭而去除了其他資料，因此減少不少的資料體積，透過 Parity 也能很方便地編寫部署智慧合約。要詳細了解 Parity，可以到這個網址查看：https://parity.io/parity.html。

然而，就在 2017 年 7 月 19 日，發生了一個很嚴重的 BUG 事故，問題出在 Parity 錢包的多重簽名合約函式庫程式碼。在函式庫程式碼中存在一個漏洞，使得攻擊者可以越權呼叫合約函數，並將合約中的資產轉入到自己的位址，雖然這個漏洞在發現後立即修補，但是因此而帶來的損失和影響卻很大。說到這裡，大家可能覺得以太坊不是很不安全，先是 TheDAO 事件，又有 Parity 錢包，其實這兩者的問題都是出在智慧合約的編寫上，而不是以太坊本身的問題。

如果做個類比，以太坊相當於 Windows 這樣的作業系統，智慧合約則是運作在上面的應用程式。這些事件的發生也告訴我們，當區塊鏈應用支援越來越複雜的功能時，也會放大各種可能的問題機率，大家在編寫智慧合約時，一定要進行專業的程式審核，任何一個小小的漏洞都有可能導致存入合約中的資產全部遺失。除了要小心合約程式的編寫外，站在發展的角度，我們也急待建立智慧合約的編寫規範、測試規範等，透過標準化的編寫流程來確保安全。

我們看一下 Parity 官方發布的漏洞報告：

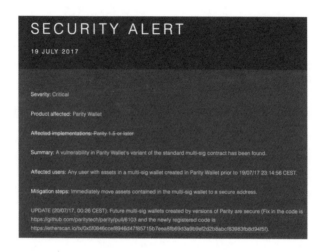

9.7　網路壅塞：大量交易的確認延遲

無論是哪一種區塊鏈應用程式（數位貨幣、智慧合約、去中心的交易系統等），它們的網路都是由一個個獨立的節點組成的，發生在節點中的各種操作（如轉帳交易、合約狀態的變更等），都會以交易事務的資料形式廣播到網路中，透過礦工打包到新的區塊，作為主鏈的一部分而最終確認所有的這些操作。然而，當節點很多，使用量很多的時候，大量發生的交易就會來不及在正常期望的時間內被打包，因為它們都壅塞在網路中，這些等待被確認打包的交易資料通常都維持在節點的記憶集區中。

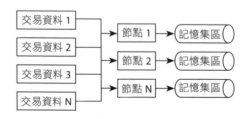

以比特幣來說，每隔大約 10 分鐘會產生一個區塊，而每個區塊還是有大小限制的。目前來說，比特幣一個區塊的大小限制是 1MB，而很多人在以太坊上大量

地進行智慧合約開發以及進行 ICO（Initial Coin Offerings）也導致大量的網路壅塞，實際上對於每一類區塊鏈應用來說，這個問題都是存在的。下圖是從 blockchain.info 網站上獲取的一段時間內的比特幣記憶集區大小統計：

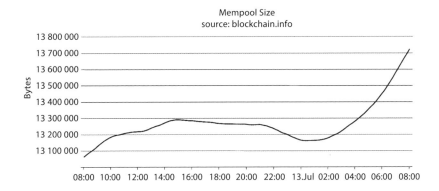

圖中的統計時間區間是：從 2017 年 7 月 12 日的早上 8 點到次日的早上 8 點。資料大小的計量單位是位元組，換算一下，平均也有 12MB 多。我們看到，每時每點都充滿這麼多等待驗證確認的記憶集區交易資料，比特幣平均 10 分鐘確認一個區塊，一個區塊大小還不超過 1MB，可想而知有多麼壅塞。我們再來看看，實際的交易資料確認時間的統計：

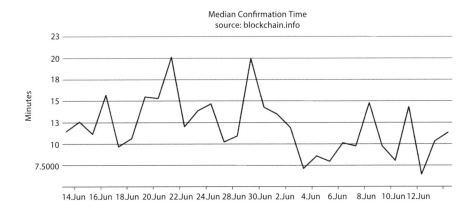

我們可以發現，在大多數時候的確認時間都不止 10 分鐘。隨著擁擠程度越來越甚，如果對交易確認速度和區塊大小等沒有提升的話，將會嚴重影響比特幣的正常使用。其他的區塊鏈應用也是一樣，都要面臨一旦大規模使用後如何解決網路壅塞的問題。

一般大部分區塊鏈應用還會對記憶集區中的交易排列優先度進行處理，例如願意花更多交易費的事務會優先處理等，這將使得使用成本越來越大，對於普通用戶的交易，手續費低的就很難排上了。

9.8 容量貪吃蛇：不斷增長的區塊資料

在說這個問題之前，大家可以試著先去安裝一下比特幣的核心用戶端或者以太坊的用戶端，然後進行主網路的資料同步，看看你的硬碟空間能不能承載。在 2016 年 7 月，比特幣的區塊鏈帳本資料大小才 80GB 左右，而到了 2017 年的 7 月已經是 130GB 之多了。看起來好像問題不大，現在的硬碟動則幾百 GB 甚至上 TB（1TB=1024GB），好像還不至於容納不了這些資料。然而，這裡面潛在的問題，卻並非光靠足夠的儲存容量就能解決，如下圖所示：

如圖所示，區塊鏈資料的大小是一直在增長的，對於運作著完全用戶端的用戶來說，雖然大小的增長可以預先估計，但是這麼大量的資料卻不那麼容易轉移。倘若希望在另外一台計算機上運作完全節點，靠慢慢同步那可是有得等了，要直接複製轉移那可是上百 GB 的資料，而且大小還一直在增長，無窮無盡，只要比特幣一直存在著，資料就會一直在增長。倘若資料量到了 500GB、800GB 乃至上 TB，恐怕到時就連一般硬碟也承載不起了。而以太坊的體積增長更加猛，發展才不過三年左右，由於大量的智慧合約使用，資料量已經超過 200GB 了。這樣的潛在問題會引起哪些後果呢，僅僅是會占據更多的儲存空間嗎？

（1）完全節點數減少

巨大的資料量，除了部分用戶願意提供設備外，大部分普通用戶是不太願意讓自己的電腦被占據掉那麼多的儲存空間，而且這些資料對於用戶來說，似乎並沒有什麼用，日常若只是收發轉帳，有一個錢包用戶端就足夠了。如此，願意安裝完全用戶端的用戶就會越來越少，這對於比特幣網路來說不是一件好事。我們知道，比特幣是一個點對點網路，之所以能夠安全穩定地運作，依靠的就是大量的節點，無論是挖礦節點還是核心節點，這些是組成比特幣網路的基石。如果完全節點數大大減少，對比特幣系統來說是很有危害的，等於慢慢就變成一個中心化的網路系統，比特幣的意義將不復存在。

（2）驗證緩慢

我們知道，無論是哪一類區塊鏈應用，用戶端發起的每一筆交易事務或者合約狀態變更等，只要是放入區塊鏈帳本的資料，都要經過節點的驗證，節點會怎麼去驗證？又沒有伺服器去直接查詢，唯一的做法就是與本地的帳本資料進行校驗，例如檢查餘額對不對、來源合法不合法等，那麼在一個巨量的資料儲存中進行資料的校驗匹配，速度效率能快嗎？就好像手裡拿了一本族譜，上面記錄了從春秋時期到現在的人口繼承關係，現在有人提了個問題，要查一下某人是不是某個名人的後裔，需要去翻這本族譜。在浩如煙海的條目中，能迅速回答這個問題嗎？這顯然是很困難的。同理，區塊鏈應用巨大的資料量會導致資料的驗證速度變慢，降低了區塊鏈網路的處理效率。

有讀者可能會說，像各種網路商城，它們的資料量也很大，而且恐怕還遠遠不止一兩百 GB，可是並沒有發現使用這些軟體的功能有多延遲多緩慢啊。這是因為這些系統構造了一整套規模龐大的負載均衡系統，在全國分布有成千上萬台伺服器，總而言之就是將資料進行了切分，將用戶使用的請求分攤到很多的伺服器上去。那區塊鏈程式能不能這麼做？

就目前來說，還是很困難的。首先區塊鏈應用基本都是開源系統，任何人都可以免費下載軟體原始碼，免費運作在自己的設備上，沒有任何官方會為此而收費，而構建一個龐大的叢集系統，需要大量的設備及人力成本投入；其次，對於區塊鏈應用而言，每個節點必須能夠獨立運作，尤其是具備完全功能的完全節點，節點之間並沒有什麼依賴，而如果將一個節點的運作拆分成一個叢集，事情將會變得非常複雜，先不說技術上的複雜性，本身也很難保證一個節點能夠順利連線整個的區塊資料，如果一個節點上的資料被切分到多台設備上，那誰能保證這些資料能夠一起可靠的存在，而且這樣的話就必須保持這些叢集伺服器是聯網的，否則節點將很難獨自去驗證資料或者連線區塊資料，這就增加了不可靠的因素。區塊鏈應用的概念就是透過一個分散式、去中心化的網路結構，透過一套可靠的共識規則實作自治管理系統。如果一個完全節點自身都不能保證總是能可靠地連線完整的區塊資料，那還談何自治管理呢？

關於這個問題的解決，目前有兩個概念：其一就是區塊資料的壓縮，也就是剔除掉區塊鏈帳本中那些已經完全老舊的交易事務；其二就是，同樣使用區塊鏈技術來實作一個去中心分散式的自治儲存系統。當然，這些都只是一些假設性的概念，真正要解決問題，還需要做大量的實驗論證。

9.9　本章重點心智圖

區塊鏈系統作為一種新型的軟體設計技術，在擁有諸多優點的同時，必然也會遇到各種問題，這是一個成長的過程，我們不必因為存在一些問題而去拒絕或者害怕使用。在人類歷史的發展過程中，科技的進步往往不是一帆風順的，有時候甚至無法斷定方向是否正確，而只有不斷地摸索和實驗。本章總結了一些潛在的問題，也是為了告知大家，區塊鏈技術之門已經打開，前方會有寶藏也會有陷阱，我們需要做的，就是勇敢向前走。

讓我們看一下本章的重點心智圖：

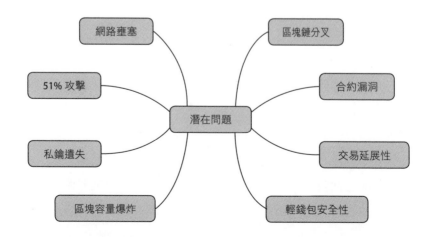

後記：*Postscript*
區塊鏈與可程式化社會

A.1　未來世界：可程式化社會

在漫長的農耕時代，人們建立了各種制度規範，也創造了各種工具，一切似乎都在有條不紊地進行著。由於交通不便，為了與遠方的朋友保持聯繫，人們透過寫信來交流；為了方便人們出門在外花費，建立錢莊銀號使人們能在異地取款；為了確保生意往來的信用，人們透過字據契約來約定事項……等等。社會大概就是這個樣子吧！大家互相配合，各自在自己的角色位置發揮著作用，雖然很多事情還是不那麼方便。

不過這些還是會繼續發展進化，從前以為跟遠方的朋友只能寫信交流，後來有了電話，再後來有了網際網路；從前以為儲存資料只能是一卷一卷的紙張裝訂，後來有了資料庫系統，再後來有了雲端硬碟；從前以為跟朋友玩耍只能是逛街、吃飯或唱歌，後來有了網路遊戲，再後來有了開心農場；從前以為出門旅行，不是步行就是馬車，後來有了汽車，再後來有了火車和飛機；這發生的一切都在不斷改變著我們的生活方式，改變著人們相處的方式。在沒有網路之前，能想像可以隨時跟遠在千里的陌生人聊天嗎？能想像買個東西只要在網頁上點選嗎？能想像隨時隨地可以了解別的地方發生了什麼新聞嗎？是的，生產力的發展、科技的進步，大大提高了我們的生活效率，不但如此，也拉近人與人之間的距離，一切都是那麼便捷舒適，生活大概就是這樣了吧！

還有什麼是沒有改變的嗎？讓我們想一想，物質如此豐富，科技如此發達，我們早已處在文明發達的社會了，可是有一些事，卻是千年以來都沒怎麼被改變過的。例如貨幣的發行，從原先的黃金白銀到後來的紙幣，透過中央政府監製發行，這種方式就一直沒有實質性改變過；還有商業契約，從古代到現代，也都是立個紙質的字據契約，簽上名字蓋個章，最多再按個手印；還有金融買賣交易，在我們通常的思維中，就得有個機構開設一個平台，然後大家註冊登記，再進去交易；再說一個更普遍的，人類彼此之間相處了那麼長的時間，一代一代共同在地球上生存了千萬年，可是人們之間的信任如何，君不見任何的商業活動，基本都免不了要有個第三方擔保吧！這個第三方怎麼擔保？還得是有個合約，簽個字、蓋個章等等。這些並沒有發生太大的變化。可是，只要社會在發展，終究是會有改變的，直到比特幣的出現。

比特幣的出現，讓人感到為之一振。透過軟體，依靠網際網路，就那麼一組合一搗鼓，突然就能產生貨幣出來，即便是作為程式設計師的自己，也仍然是感到很不可思議，古語說"書中自有黃金屋"，但那個畢竟只是一個想像和比方啊！比特幣可是實實在在的一個存在。貨幣是什麼？貨幣是需要信用支撐的，我若是拿塊石頭去店裡買東西，人家一定會以為我是神經病。我要是自己隨便開發一款軟體，然後提供一個叫"XX幣"的虛擬貨幣，能用嗎？當然是不能用了，因為沒人相信這東西有什麼價值啊！可是比特幣憑什麼能讓人接受呢？不管比特幣在法律上是不是被認可為貨幣，它確實是人們願意花錢來購買的東西，也就是說它帶有價值、帶有信用。它透過一組技術，成功實作了一種透過軟體和網路能製造信用和價值的方法，而且這種信用和價值還能夠流通。如果你手裡有一台機器，它能製造信用，這是什麼概念？不單單可以用來發行所謂的數位貨幣，任何我們人類需要使用到信用的地方都有用武之地，這種信用製造機器是什麼？就是我們現今發展的如火如荼的區塊鏈技術。

區塊鏈技術，為解決信任和價值傳遞問題提供了一個新穎而實用的方案，我們可以不用只是依靠紙質合約了，將裡面的條款編寫成智慧合約，部署在區塊鏈系統上，系統將會嚴格地按照事先的約定條件來執行，沒有人能夠篡改，也沒有人能夠撕毀。

一切看起來好極了，可是有人問，那只是能用在商業合約上嗎？還能有什麼應用嗎？不然也談不上什麼虛擬社會呀。正是如此，我們來看一些情境，例如可以在區塊鏈系統上建立公司，公司的每一筆業務都可以永久性記錄在區塊中，公司與公司之間的合約可以透過智慧合約來實作，即便是帳務審計，也是相當方便。區塊鏈系統的資料不可篡改性以及隨時隨地的聯網能力，還有先天的公開透明（帶許可權限的區塊鏈系統可能需要一個特有的令牌），這一切都使得公司的經濟業務運作極其便捷。除了建立公司還能建立什麼呢？太多了。它可以用來記錄歷史，想想看，假設原始社會是記錄在 0 號區塊，一直到現在，我們打開這個歷史區塊鏈，可以看到各個時期的內容景象，那是多麼令人嘆為觀止啊；還可以用來記錄醫療健康訊息，再也不用擔心找不到本子，而且醫療機構之間可以共享病歷訊息，提高對病人的診斷能力。舉凡這些等等，社會的各個方面都會被覆蓋到。

隨著人們對區塊鏈技術的認識加深，大家終將意識到，與其說這是一類技術，不如說這是一類思想，它代表一種價值觀，公正透明、信任協作的價值觀。我們將沿著歷史發展的路線，從最初的黃金屋（加密數位貨幣）走到智慧合約，再走向更有前景的可程式化社會。

A.2　文明的波動：未來已至

文明，這是一個很大的概念，當我們順著歷史的時間軸往回看，可以看到一幅幅波瀾壯闊的人類文明發展畫面，從曾經那麼的野蠻落後，到現代的工業文明。可嘆的是我們只能在這滾滾歷史長河中見證那麼片刻，幸運的是我們正在見證的是一個偉大的時代，從來沒有任何一個時代，知識和科技能夠以如此爆炸般的速度在發展，如果不是回頭看一看，真是在不知不覺中就這麼被時代帶著走了。看看我們身邊現在那些耳熟能詳的名詞，人工智慧、量子通訊、虛擬實境、核融合、區塊鏈等。我們曾經一直都在小說中、在電影中想像著未來的樣子，甚至在動畫片中描繪著各種未來的情境，所有這些都表示人們是多麼憧憬著更加發達的未來文明。是的，我們總是希望未來快點來，神話可以變成現實，不可能都一個個變成可能。當一個個難題被破解、一扇扇門被打開，我們努力望著遠方，試圖看清那遙遠的縹緲未來，激動時刻的未來，還需要等待多久？

古云："大音希聲，大象無形"，我們正在等待那想像中的未來。我們以為還要等待很久很久，可是誰又知道，未來的步伐正在不知不覺快速向我們走來，甚至已經站在我們的前面，一個科技文明的新起點已經開啟了。不知從何而起，似乎什麼都有可能發生、什麼都可能被實作，我們習慣相信科技總能夠解決一切問題，也總會創造出越來越多的驚嘆。文明的發展就像是河流一樣，每時每刻都靜靜地朝著一個方向在流動著，而總會在某一刻，一顆包裹著新科技的石子落進了河流中，激起新文明的浪花，並且產生連續的波動，波動所到之處，皆會發生改變。我們就在這一次又一次的波動中，從遙遠的蠻荒，趕向文明的未來。

區塊鏈技術就是這其中的一顆石子，就在某年某月某日，它就這麼滾落了進來，在它的附近開始激起一些漣漪，然後有人發現這種技術真是太妙了，它能創造出數位貨幣，能建立信任網路，能用來解決太多的問題，於是產生越來越多的波動，越來越多的人們開始討論這種新思想。傳統的概念開始發生變革，難以解決的問題開始有了解決方案，它終於開始爆發了。

讓我們做好準備，每個人都將會成為新技術文明中的一員，站在風口浪潮之前，迎接這已來到的文明波動！

白話區塊鏈

作　　者：蔣勇 / 文延 / 嘉文
企劃編輯：莊吳行世
文字編輯：江雅鈴
設計裝幀：張寶莉
發 行 人：廖文良

發 行 所：碁峰資訊股份有限公司
地　　址：台北市南港區三重路 66 號 7 樓之 6
電　　話：(02)2788-2408
傳　　真：(02)8192-4433
網　　站：www.gotop.com.tw
書　　號：ACD017600
版　　次：2018 年 10 月初版
建議售價：NT$380

國家圖書館出版品預行編目資料

白話區塊鏈 / 蔣勇, 文延, 嘉文著. -- 初版. -- 臺北市：碁峰
　資訊, 2018.10
　　面 ;　　公分
　ISBN 978-986-476-942-1(平裝)
　1.電子貨幣　2.電子商務
563.146　　　　　　　　　　　　　　　　　107016943

讀者服務

- 感謝您購買碁峰圖書，如果您
  對本書的內容或表達上有不清
  楚的地方或其他建議，請至碁
  峰網站：「聯絡我們」\「圖書問
  題」留下您所購買之書籍及問
  題。(請註明購買書籍之書號及
  書名，以及問題頁數，以便能
  儘快為您處理)
  http://www.gotop.com.tw

- 售後服務僅限書籍本身內容，
  若是軟、硬體問題，請您直接
  與軟體廠商聯絡。

- 若於購買書籍後發現有破損、
  缺頁、裝訂錯誤之問題，請直
  接將書寄回更換，並註明您的
  姓名、連絡電話及地址，將有
  專人與您連絡補寄商品。

- 歡迎至碁峰購物網
  http://shopping.gotop.com.tw
  選購所需產品。